Un cadavre sur la route de l'Élysée

Du même auteur

Femmes au pouvoir. Récits et confidences (avec Anne Cécile Sarfati), Stock, 2007.

L'Irresponsable : une présidence française (1995-2007), Stock, 2006.

L'Affaire Dumas : dernière édition avant procès, Stock, 1998 ; 2000.

Hervé Gattegno

Un cadavre sur la route de l'Élysée

Les derniers secrets de l'affaire Markovic

Flammarion

ISBN : 978-2-0804-2634-5

À Anne Cécile, toujours là.

« En politique, vous le savez comme moi, il n'y a pas d'hommes mais des idées, pas de sentiments mais des intérêts ; en politique, on ne tue pas un homme : on supprime un obstacle, voilà tout. »

Alexandre Dumas,
Le Comte de Monte-Cristo

Avant-propos

Si les scandales appartiennent à l'histoire de la République, rares sont ceux qui en ont changé le cours. L'affaire Markovic est de ceux-là. Entre l'automne 1968 et le printemps 1969, elle a provoqué la rupture entre le général de Gaulle et son dauphin présomptif, Georges Pompidou, précipitant le départ du premier et entraînant l'avènement du second. Ainsi une sordide histoire criminelle, par une succession d'événements imprévisibles, a-t-elle ébranlé un régime et atteint le pouvoir.

Je l'admets sans honte, j'ai toujours eu de l'intérêt pour la haute politique et une certaine fascination pour la basse police ; cette intrigue avait donc tout pour m'attirer.

Trop jeune pour m'en souvenir et pas assez pour l'ignorer, je savais vaguement avant d'entrer dans la presse ce que la mémoire collective en a retenu : le meurtre d'un jeune Yougoslave, ami d'Alain Delon, une enquête policière à tiroirs, la rumeur de soirées libertines impliquant l'épouse de Pompidou, un règlement de comptes entre gaullistes. C'était beaucoup et peu à la fois. Longtemps, j'ai consulté avidement tout ce qui portait sur le sujet. De vieux journaux, un ou plusieurs chapitres dans les biographies de l'ancien président et celles de l'acteur du *Samouraï*, des résumés plus ou moins fournis dans des recueils historiques.

Un seul ouvrage digne de ce nom, paru en 2011, est consacré à l'affaire* ; documenté et enlevé, il m'a pourtant laissé sur ma faim. Je remercie son auteur, Jean-Pax Méfret, d'avoir accueilli l'annonce de mon projet avec élégance, jusqu'à me confier les quelques papiers qui lui restaient. Deux documentaires de télévision** sont également dignes d'attention ; s'ils sont précieux pour les images et témoignages qu'ils exhument, les limites du genre les rendent nécessairement frustrants.

Comme journaliste d'enquête dans un quotidien du soir et pour plusieurs magazines, j'ai arpenté durant trois décennies les coulisses de notre démocratie. J'ai croisé des requins et des fauves, levé quelques lièvres, hurlé le moins possible avec les loups. J'ai souvent pensé qu'aucune des grandes « affaires » que je suivais n'était à la hauteur du dossier Markovic – dans quel autre trouve-t-on le président en exercice, deux Premiers ministres, des stars de cinéma, des caïds de la pègre et des agents secrets ? Aussi enviais-je par avance celui ou celle qui y consacrerait un jour le temps dont je ne disposais pas.

Rien de tel ne s'est produit. Faute de pouvoir lire ce récit, j'ai donc résolu de l'écrire.

Je ne prendrai pas le lecteur en traître : il n'apprendra pas ici le nom de l'assassin. On conviendra qu'il était illusoire d'espérer apporter une solution incontestable à un mystère vieux de plus d'un demi-siècle. Pour autant, j'ambitionne d'en éclairer les angles morts. Si l'enquête est

---

* *La Sale Affaire Markovic* (Pygmalion). Quoique paru moins longtemps après les faits, *La Vérité sur l'affaire Markovitch* (Lanore, 1976), du général Claude Clément, mêle trop les considérations personnelles et les hypothèses romanesques pour que l'on puisse s'y référer.

** *L'Affaire Markovic*, de Reynold Ismard et Catherine Ehrel (France 3, 2011), et *L'Affaire Markovic, Coups bas chez les gaullistes*, de Cédric Condon et Jean-Yves Le Naour (France 5, 2019).

restée inachevée, c'est principalement parce que la justice a manqué de jugement, puis de courage, et que la politique s'en est mêlée et a tout obscurci. J'ai tenté de remettre de l'ordre dans cet imbroglio.

J'ose le dire : dans ce *thriller* hors-norme, les coupables sont moins les auteurs du crime que ceux qui ont cherché à l'exploiter. Allant au plus vite, historiens et commentateurs se sont souvent contentés d'énoncer que ces comploteurs acharnés à la perte de Pompidou évoluaient au sommet de l'État, autant dire auprès de son chef, Charles de Gaulle. Encore fallait-il le démontrer et compléter l'inventaire. Je m'y suis efforcé.

Derrière les ministres invariablement cités, René Capitant et Maurice Couve de Murville, on découvrira que d'autres ont prêté la main à la cabale, éminences grises et agents de l'ombre, officiers ou fantassins, gaullistes de gauche et de droite, de sac et de corde, chevaliers blancs et avocats marrons. À leurs yeux, Pompidou incarnait le rival, le gêneur, l'ingrat ou le traître, c'était selon. Comme dans *Le Comte de Monte-Cristo*, tous avaient un intérêt à lui vouloir du mal. Le fait divers leur offrait une occasion dont ils furent les larrons.

La maladresse, la fourberie et la crédulité ont fait le reste. Sans oublier la cruauté ni le complotisme, qu'on n'appelait pas encore ainsi : cette propension à souscrire aux théories les moins plausibles du moment qu'elles accusent les dirigeants. La calomnie n'étant pas passée de mode, il faut d'ailleurs se demander ce qu'il adviendrait d'un prétendant attaqué aujourd'hui de la sorte, face à la toute-puissance des réseaux sociaux, avec leurs cohortes d'imprécateurs lynchant plus vite que leur ombre.

« Je ne relaterai pas les faits tels qu'ils se déroulèrent en cette fin d'année 1968 ; j'aurais pu le faire, ayant tous les documents à ma disposition », assure Pompidou dans ses

*Mémoires**. Ne pouvant en dire autant, j'ai puisé une foule de détails dans les ouvrages de personnages clés et d'observateurs privilégiés. Le *Journal* tenu de 1965 à 1974 par Jacques Foccart**, conseiller très spécial de De Gaulle puis de Pompidou, a constitué pour moi une source inestimable, de même que les ouvrages de deux grands journalistes : *Le Tourment et la Fatalité*, de Raymond Tournoux (Plon, 1974), et le formidable *Duel de Gaulle-Pompidou*, de Philippe Alexandre (Grasset, 1970). Je tenais ce dernier pour un maître et un ami ; je regrette infiniment qu'il ne puisse voir comment j'ai poursuivi nos conversations sur ce sujet qu'il connaissait si bien. En mettant en scène ce roman noir de la politique, je n'ai cessé de penser à lui.

Compte tenu du temps écoulé, je n'ai pu m'entretenir qu'avec de rares témoins directs. La plupart des protagonistes ont disparu de longue date, à commencer par Georges et Claude Pompidou. Leur fils, Alain Pompidou, m'avait encouragé, lors d'un entretien informel en 2017, à mener ce travail le plus loin possible. Hélas, les circonstances l'ont empêché de m'apporter son aide le moment venu. Édouard Balladur, jadis proche collaborateur de son père, m'a consacré plusieurs heures. L'ancien ministre Michel Roussin, gardien de nombreux secrets, a accepté d'en réveiller certains pour moi. Claude Bardon, grand policier dont l'affaire Markovic a marqué les débuts, s'est replongé avec passion dans ses souvenirs. Je leur en suis très reconnaissant.

Je dois à Roland Dumas un hommage particulier. À cent ans passés, sa mémoire manque de précision mais il l'a sollicitée à ma demande autant qu'il a pu. Avocat de

* Georges Pompidou, *Pour rétablir une vérité*, Flammarion, 1982, p. 259.

** Cinq tomes publiés chez Fayard, à partir de 1997.

la famille Markovic, il m'a surtout ouvert ses archives avec une générosité d'autant plus remarquable que j'ai consacré jadis maints articles et un livre à le tourmenter.

Par pure curiosité, j'avais recueilli il y a des années les confidences de l'ancien juge René Patard, sans savoir quel usage j'en ferais. Natif d'Alsace, il avait pris sa retraite à Marseille, où je n'ai jamais assez de bonnes raisons de passer du temps. Ce meurtre fut l'affaire de sa vie. Il s'en voulait moins de ne pas l'avoir élucidé que de n'avoir conservé aucune pièce de la procédure… Ce n'est qu'après sa mort, en 2017, que la providence m'a fait tomber sur les cahiers où il tenait la chronique de son instruction. Leur lecture m'a permis, en quelque sorte, de le regarder travailler comme s'il m'avait fait une place dans son bureau, voire dans son esprit.

Outre ce document inespéré, j'ai sollicité et obtenu l'accès dérogatoire au dossier judiciaire et aux notes administratives du ministère de la Justice. Ma très grande gratitude va à celles et ceux qui y ont contribué : Marie Ranquet et Aude Roelly, de la Direction des Archives nationales, Boris Dubouis, des Archives départementales de Paris, ainsi que le procureur général de Versailles, Marc Cimamonti, qui a vite partagé mon intérêt pour cette matière inestimable. En feuilletant les originaux jaunis des premiers interrogatoires, les photographies du cadavre et les notes internes de la Chancellerie, j'ai eu l'impression d'être Carter entrant dans le tombeau de Toutankhamon.

Je sais gré aussi à Agnès Wojciechowski, gardienne de la mémoire du barreau de Paris, et à la bâtonnière, Julie Couturier, de m'avoir permis de consulter les archives de Me Jacques Isorni. Et à Éric Roussel et Patrice Duhamel, experts reconnus du pompidolisme, de m'avoir nourri et orienté avec bienveillance.

À l'inverse, je ne puis que déplorer le refus opposé par Alain Delon à toutes mes sollicitations, directes et indirectes. Si je comprends sa réticence à fouiller dans de mauvais souvenirs, je regrette d'avoir dû me contenter, pour faire entendre sa voix, des réponses qu'il a formulées devant la police, les juges et la presse, entre 1968 et 1976. Peut-être aurait-il pu, si longtemps après, contribuer à faire avancer la vérité sur la mort de celui qui avait été son ami.

Les personnages

Au moment où commence l'affaire Markovic, en voici les principaux protagonistes :

Georges Pompidou : député du Cantal, ancien Premier ministre, cinquante-sept ans. Il espère succéder au général de Gaulle, dont il a été le collaborateur dès la Libération.

Alain Delon : acteur, trente-deux ans. Depuis son premier film, *Quand la femme s'en mêle*, tourné en 1957, il est considéré comme le meilleur espoir du cinéma français.

François Marcantoni : gangster, quarante-huit ans. Ancien employé des arsenaux de Toulon, engagé dans la Résistance, il a effectué plusieurs séjours en prison et se déclare gérant de débits de boissons.

Maurice Couve de Murville : Premier ministre, soixante et un ans. Ministre des Affaires étrangères pendant dix ans, il a succédé à Pompidou à Matignon après Mai-68 et se veut le plus zélé des gaullistes.

René Capitant : ministre de la Justice, soixante-sept ans. Grand juriste et résistant, il est l'un des fondateurs et le leader du courant des « gaullistes de gauche ».

Bernard Tricot : secrétaire général de la présidence de la République, quarante-huit ans. Haut fonctionnaire venu de la gauche, il est le premier collaborateur du général de Gaulle à l'Élysée.

Jacques Foccart : secrétaire général aux Affaires africaines et malgaches, cinquante-cinq ans. Il est le plus proche conseiller de De Gaulle pour les questions de renseignement, la diplomatie secrète et les affaires sensibles.

Michel Jobert : principal collaborateur de Pompidou, quarante-sept ans. Haut fonctionnaire, il a été son conseiller à Matignon avant d'y diriger son cabinet. Il anime le cercle d'élus et d'amis censés travailler, le jour venu, à sa campagne présidentielle.

Raymond Marcellin : ministre de l'Intérieur, cinquante-quatre ans. Avocat, député du Morbihan et maire de Vannes, il est l'un des dirigeants des Républicains indépendants, le parti de Valéry Giscard d'Estaing, tout en revendiquant son soutien à Pompidou.

René Patard : juge d'instruction au tribunal de Versailles, quarante-quatre ans. Entré dans la magistrature en 1947, il a été en poste à Hazebrouck et au Havre, puis affecté au parquet en Algérie de 1961 à 1965.

Jean-Jacques Lajaunie : procureur de la République, cinquante ans. Magistrat depuis seize ans, il dirige le parquet de Versailles depuis 1963.

Jean Samson : commissaire de police, cinquante-sept ans. Ancien instituteur, il a intégré la police après la Libération. Il est chargé des enquêtes criminelles au SRPJ de Versailles.

Claude Bardon : commissaire de police, trente et un ans. Parachutiste en Algérie, entré dans la police en 1960 après des études de droit, il a effectué des missions d'infiltration du milieu avant de rejoindre le SRPJ de Versailles.

Guy Chavanon : procureur général de Paris, cinquante-neuf ans. Ancien directeur du cabinet de Jean Foyer au ministère de la Justice puis chef du parquet de la Seine, il est le supérieur hiérarchique du procureur de Versailles.

Pierre Arpaillange : directeur des affaires criminelles et des grâces au ministère de la Justice, quarante-quatre ans. Magistrat et ancien directeur du cabinet de deux gardes des Sceaux (Jean Foyer et Louis Joxe), il supervise l'action des parquets et l'évolution des affaires « signalées ».

Jacques Isorni : avocat, cinquante-sept ans. Défenseur de Philippe Pétain en 1945, antigaulliste fervent, député de Paris de 1951 à 1958 sous l'étiquette du Centre national des indépendants et paysans, le parti d'Antoine Pinay. Il sera désigné par François Marcantoni pour assurer sa défense.

Roland Dumas : avocat, quarante-six ans. Résistant à vingt ans, député de la Haute-Vienne sous la IVe République, proche du leader socialiste François Mitterrand, il plaide pour *Le Canard enchaîné* et dans de nombreux dossiers politico-judiciaires. Il se constituera partie civile au nom de la famille Markovic.

1

Deux hommes en vue

La fin de la journée s'étire chaudement sur les collines de Ramatuelle. Il est bientôt 19 heures, le 3 octobre 1968, quand deux inspecteurs sonnent à la porte de La Capilla. C'est dans cette luxueuse villa dont la terrasse offre une vue dégagée sur le golfe de Saint-Tropez qu'Alain Delon s'est installé avec ses proches, le temps du tournage de *La Piscine*, le film qui marque ses retrouvailles à l'écran avec Romy Schneider. L'arrivée des enquêteurs ne le surprend pas. De Paris, son imprésario Georges Beaume l'a prévenu au téléphone :

« Stevan a été tué. La police veut t'interroger. »

Dans *La Piscine*, le romancier raté qu'interprète Delon subit les questions sournoises d'un inspecteur à qui on ne la fait pas. La scène a été tournée trois jours plus tôt ; voilà que la réalité rejoint la fiction. Face aux vrais policiers, assis autour de la table du salon, l'acteur se dit « bouleversé et choqué » mais il reste maître de lui, à l'image des personnages qu'il a l'habitude d'incarner. Sensible mais froid.

« Rien ne m'avait préparé à apprendre une telle nouvelle », déclare-t-il[1].

Stevan Markovic était son ami. Un jeune Yougoslave qui vivait chez lui, à Paris, dans son hôtel particulier de l'avenue de Messine. Delon l'a accueilli, entretenu, présenté à ses relations. Grâce à lui, l'immigré venu de Belgrade sans un sou a fréquenté les restaurants chics et les boîtes à la mode, côtoyé du beau monde, découvert la vie rêvée des stars. Aux premières loges, il a assisté à son irrésistible ascension, vu l'étoile montante du cinéma français en devenir l'étoile filante. L'acteur a brûlé les étapes, travaillé pour les plus grands réalisateurs – Visconti, Verneuil, Melville –, séduit le public et les critiques.

En cet automne 1968, Alain Delon n'a pas encore trente-trois ans et déjà vingt-huit films à son actif, presque toujours avec le premier rôle, dont plusieurs chefs-d'œuvre – *Plein Soleil*, *Rocco et ses frères*, *Le Guépard*, *Mélodie en sous-sol*, *Le Samouraï*. Il a joué les jeunes premiers, les mauvais garçons et les tueurs à gages, et même prêté ses traits au général Chaban-Delmas, héros de la Libération et président de l'Assemblée nationale, dans *Paris brûle-t-il ?*. Toujours dans son sillage, Markovic a servi de « doublure » pour la mise au point des lumières dans plusieurs films – le dernier, dont Delon partageait l'affiche avec Charles Bronson, portait un titre prémonitoire : *Adieu l'ami*.

Aux inspecteurs, l'acteur explique que son protégé devait « justifier d'un travail pour obtenir des papiers en règle et résider en France comme réfugié politique ».

« J'avais donné mon amitié à Stevan, ajoute-t-il ; quand je le fais, c'est sans réserve et même si cela peut étonner certaines personnes, j'estime que je n'avais pas à m'immiscer dans sa vie privée. Je suis donc incapable de dire quelles pouvaient être les ressources exactes de Stevan. »

Il assure ne pas savoir non plus qui pouvait vouloir le tuer. Markovic avait une réputation de playboy et de flambeur, avancent les inspecteurs. Les parties de poker et les conquêtes – féminines et masculines, semblait-il – occupaient ses soirées et ses nuits ; tant de succès ne lui valaient-ils pas quelques jalousies, des rancunes ?

« Je ne connais personne, dans quelque milieu que ce soit, qui aurait pu en vouloir à Stevan de lui avoir pris sa femme ou son amie, tranche Delon. Parmi les Yougoslaves, Stevan était aimé et craint à la fois, sa personnalité ressortait incontestablement du lot. Il passait pour le chef de file, à tous les points de vue : politique, intellectuel, présence, force physique. Les rapports entre Stevan et moi étaient différents : j'admirais sa personnalité et j'appréciais ses qualités de cœur. Malgré notre amitié, je devais me séparer de lui puisque je quitte mon appartement de l'avenue de Messine. »

Les deux hommes ne se sont pas revus depuis le début du mois d'août, assure le comédien. Lui est descendu dans le Var pour tourner *La Piscine*, dont les prises de vues ont commencé le 19. Markovic devait le rejoindre le 25.

« Il n'est pas venu, je ne me suis pas inquiété », indique Delon.

Mais à la fin de septembre, un certain Uros a surgi dans ses bureaux parisiens et insisté pour lui parler d'urgence. Il se présentait comme un camarade de Markovic. La secrétaire, Bernadette Rey, lui a passé Delon au téléphone. Au bout du fil, l'individu paraissait « absolument paniqué » et a soufflé : « Stevan a disparu. » Il a parlé d'un rendez-vous auquel Markovic devait se rendre, le dimanche 22 septembre, « une partie de cartes avec un nommé François Marcantoni ». Il l'a vu monter à l'arrière d'un taxi à bord duquel se trouvait déjà un passager, et depuis, aucun signe de vie.

Delon raconte qu'il a tenté d'apaiser Uros – Stevan allait sûrement rentrer, il était coutumier de tels « agissements impromptus ». Or quatre jours après, le même garçon a sonné à la porte de Nathalie Delon, encore plus pressant ;

il voulait à tout prix rencontrer son mari. L'acteur a alors chargé sa secrétaire d'acheter un billet d'avion pour Nice au Yougoslave, de lui remettre un peu d'argent et, dans la nuit du 26 au 27 septembre, Uros se présentait à La Capilla.

Alain Delon revoit son visiteur « effrayé » et « livide », tenant des propos embrouillés et peu cohérents. Uros se pensait en danger, craignait d'être suivi. Au risque de « trahir l'amitié » qui le liait à Markovic, il voulait alerter : « Stevan est devenu fou, il a un besoin pressant d'argent, il est prêt à tout. » L'acteur lui a conseillé de rentrer à Paris et de se renseigner auprès de Marcantoni – une « vieille connaissance », indique-t-il aux policiers, dont il « ne connaît pas les activités » mais qu'il a pris soin de faire prévenir par Georges Beaume. Par la suite, Uros lui a confirmé s'être entretenu avec Marcantoni.

« Ce n'est pas l'homme que j'ai vu dans le taxi avec Stevan », a-t-il certifié.

L'audition d'Alain Delon se prolonge dans la nuit. Souvent, le téléphone sonne et il décroche sans se soucier de la présence des inspecteurs. Eux se détournent par discrétion, sauf à un moment précis où, visiblement stupéfait, il leur fait signe d'écouter son correspondant – Djorge Markovic, un cousin de Stevan. Comme l'écouteur est défectueux, Delon répète à voix haute ce qu'il entend :

« Quoi, tu as vu le cadavre ? Il a une balle dans la tête[2] ? »

Les policiers, perplexes, ne relèvent pas. Avant de quitter la capitale, ils ont lu dans le rapport d'autopsie que Stevan Markovic avait été battu à mort ; aucune mention de coups de feu. Delon ne s'émeut pas non plus. Souvent entouré de Yougoslaves, il connaît leur propension à en rajouter, pour la frime ou dans le macabre. Les inspecteurs choisissent de ne pas signaler ce curieux coup de fil dans leur compte rendu. Sur le coup, la décision paraît raisonnable : s'ils avaient voulu mentionner cet appel, il aurait fallu indiquer tous ceux qui l'ont précédé, donc reprendre le procès-verbal depuis le début, demander à Delon l'identité de tous ses interlocuteurs, vérifier, prendre en note, retaper à la machine l'ensemble des déclarations. Aussi harassés qu'intimidés, ils renoncent à faire du zèle, éludent ce détail et reprennent le cours de l'audition.

Ils mettent un point final à leur procès-verbal à l'aube du 4 octobre, à 1 h 45 du matin.

Quand il les raccompagne à la porte, Alain Delon ne sait pas encore que sa vie va bientôt ressembler à l'un de ses films. Un polar sombre et mouvementé, dont il partagera la vedette avec une autre célébrité qui ne s'y attend pas plus que lui.

Le 4 octobre 1968, en début de soirée, Georges Pompidou fait son retour à l'Élysée. La Ve République a dix ans pile, mais c'est là pure coïncidence. Le couple de Gaulle l'a invité à dîner en compagnie de son épouse, Claude. Premier ministre pendant six ans et trois mois, Pompidou a quitté Matignon le 10 juillet et, depuis cette date, il n'a pas revu le Général, qui l'avait pourtant assuré vouloir garder avec lui « des relations particulièrement étroites ». Après leur séparation, de Gaulle lui a écrit une lettre à sa façon, élégante et emphatique, qui se concluait par ces mots : « Je souhaite que vous vous teniez prêt à accomplir toute mission et à assumer tout mandat qui pourraient vous être un jour confiés par la nation [3]. » Plus tard, pour justifier son limogeage, il a inventé cette formule qui fera florès :

« Après tout ce qu'il a fait (...), il était bon qu'il fût, sans aller jusqu'à l'épuisement, placé en réserve de la République [4]. »

Bien que le secrétaire général de la Présidence, Bernard Tricot, soit également convié ce soir-là, les retrouvailles avec Pompidou ne figurent pas à l'agenda officiel. Le Général n'aime pas mélanger la politique et les relations personnelles avec les affaires de l'État ; la table a donc été dressée dans l'appartement privé, dans l'aile ouest du palais. Après le repas, les hommes s'installent dans les fauteuils de velours vert pour fumer et parler de l'avenir :

« Il faut vous préparer, et il faut qu'on le voie », recommande de Gaulle[5].

Des rencontres choisies, des voyages à l'étranger, de rares apparitions à l'Assemblée, où Pompidou siège dorénavant comme simple député du Cantal. C'est ainsi, par petites touches, qu'on transforme un ancien chef de gouvernement en futur président.

« Il m'a fait la description exacte de tout ce que je ne devais pas faire, de tout ce que je devais faire, c'est-à-dire me tenir tranquille, ne pas prendre part, rester discret », raconte l'ex-Premier ministre[6].

Pour lui, les conseils du grand homme valent mieux qu'une approbation ; il y voit un encouragement. Dans l'après-midi, l'éditorialiste du *Monde* Pierre Viansson-Ponté, dont les articles sont scrutés par le microcosme politique, a écrit à son propos qu'il « n'est plus le dauphin mais le prétendant » à une succession d'ores et déjà ouverte.

C'est que, depuis les « événements » du mois de mai, l'astre gaullien a pâli. Les Français l'ont compris ; aucun ne l'a constaté de plus près que Georges Pompidou. Si le Général a surmonté la crise, c'est en grande partie grâce à son aide. C'est le Premier ministre qui a rétabli l'ordre sans provoquer une guerre civile – de Gaulle était prêt à faire tirer sur la foule. C'est lui aussi qui a négocié avec les syndicats pour mettre fin à la grève qui paralysait le pays – de Gaulle ne voulait rien céder. Lui encore qui a plaidé pour la dissolution de l'Assemblée nationale – de Gaulle aurait préféré un référendum. Lui, enfin, qui a mené la campagne des élections législatives jusqu'au triomphe – de Gaulle en a pris ombrage.

De ce printemps insurrectionnel, le Président est sorti affaibli et le Premier ministre, renforcé. Le rapport entre eux s'est modifié. Il n'y a plus le suzerain et son vassal, le stratège et l'exécutant ; ils sont désormais comme deux alliés, dont l'épreuve a révélé la complémentarité, mais aussi les différences – à commencer par celle de l'âge. À soixante-dix-sept ans, de Gaulle ressemble à un vieux monarque sorti d'un livre d'histoire. Pompidou en a cinquante-sept, il incarne la relève. C'est pourquoi sa mise à l'écart était inéluctable. Avec le recul, l'intéressé en convient avec lucidité : « Il était souhaitable qu'un Premier ministre devenu trop encombrant s'effaçât au profit d'un autre qui ramènerait la fonction à sa dimension constitutionnelle[7]. »

Pour réaffirmer sa prééminence, de Gaulle a remplacé Pompidou par son antithèse. À l'Auvergnat rond et madré succède un aristocrate champenois sec et hautain, peu familier des arcanes de la politique : Maurice Couve de Murville. Un inspecteur des finances reconverti en diplomate, à la silhouette et au style britanniques, qui se considère comme le gaullisme personnifié puisqu'il a porté pendant dix ans – jour pour jour – la parole du Général autour de la planète en tant que ministre des Affaires étrangères. Les « barons » – ainsi appelle-t-on les plus anciens compagnons de l'homme du 18 juin, piliers du régime – savaient depuis longtemps que l'heure de « Couve » viendrait ; seule sa défaite aux législatives à Paris, en mars 1967, a retardé l'échéance*. Pompidou

* Candidat dans le 7e arrondissement, Maurice Couve de Murville fut battu par le député sortant, Édouard-Frédéric Dupont.

lui-même anticipait cette promotion : il a appuyé sa nomination aux Finances dans son dernier gouvernement, afin qu'il complète son expérience pour se préparer à la suite. Mais à présent qu'il est dans la place, Maurice Couve de Murville entend avoir autorité sur la majorité parlementaire et lance vers son prédécesseur des regards soupçonneux. Il n'a pas digéré que les députés de l'UDR ovationnent leur collègue du Cantal à sa première apparition sur leurs bancs, ni qu'ils lui décernent le titre de « président d'honneur ». Quand Couve et Pompidou se croisent dans les couloirs du Palais Bourbon, les deux se disent à peine bonjour.

Désireux de ne pas trop se montrer sans pour autant s'effacer, Georges Pompidou a pris ses quartiers dans un immeuble proche de l'Assemblée, boulevard de Latour-Maubourg, où le ministre de l'Intérieur, Raymond Marcellin, lui sous-loue des locaux. L'y ont rejoint ses collaborateurs les plus proches : Michel Jobert, Édouard Balladur, Anne-Marie Dupuy, Pierre Juillet, son homme de l'ombre, et Simonne Servais, son attachée de presse. Tous les lundis, en fin d'après-midi, les élus et conseillers du premier cercle sont conviés autour d'un whisky. On échange des analyses, on réfléchit à ce qu'il faudra dire et faire pour lui, quand le signal sera donné. Dès l'été, le « patron » a soufflé ce qu'il avait en tête :

« Le Général voudra partir. Il n'ira pas jusqu'au terme de son mandat. Je ne sais s'il partira dans six mois, dans dix-huit mois ou dans deux ans, mais il n'attendra pas que sonne l'heure du départ au clocher constitutionnel[8]. »

En attendant, c'est peu dire que Pompidou n'a plus la main sur le gouvernement. S'il y garde quelques rares fidèles – dont un secrétaire d'État plein d'avenir nommé Jacques Chirac –, les barons sont aux commandes : Michel Debré, Pierre Messmer, Roger Frey, André Malraux. Renouvelé à la Justice, où le Général l'avait déjà imposé à Pompidou en mai, le chef de file des « gaullistes de gauche », René Capitant, savoure sa revanche. Il s'était promis publiquement d'« avaler la couleuvre Pompidou » ; il a le sentiment d'y être parvenu – mieux, de l'avoir digérée.

« C'est Pompidou qui est parti, c'est moi qui suis ici », jubile le garde des Sceaux. Le voilà débarrassé de l'homme qu'il accusait de saboter la réforme de la « participation »*, pourtant désirée par de Gaulle, et d'imposer le conservatisme au sommet de l'État. Jean-Marcel Jeanneney, autre figure de ce courant qui exècre l'ancien Premier ministre, est chargé de préparer le référendum qui devra entériner cette révolution pour les salariés.

Devant ses visiteurs, Pompidou s'en désespère par anticipation. Lui qui pensait gagner de l'autonomie et reprendre des forces en quittant Matignon, s'aperçoit maintenant que, loin du pouvoir, il a perdu de l'influence et manque d'informations. Il lui arrive de découvrir dans la presse ce que, naguère, il était le premier à savoir. Faisant contre mauvaise fortune bon cœur, il espérait que son exil forcé le mettrait à l'abri des tempêtes. En réalité, jamais il n'a été à ce point exposé aux dangers.

À la merci de ses ennemis.

---

* Réforme consistant à associer les salariés aux bénéfices de l'entreprise sous la forme de compléments de rémunération, voire d'actions gratuites. Dans l'esprit du général de Gaulle, il s'agissait d'inventer une « troisième voie » entre le capitalisme et le communisme. Une série d'ordonnances datées du 17 août 1967 en avait posé les bases avec des mesures d'incitations pour les grandes entreprises, mais les gaullistes de gauche militaient pour élargir le dispositif, le rendre obligatoire et permettre aux salariés de participer non seulement aux résultats mais à la gouvernance.

2

Le mort d'Élancourt

Il s'en est fallu de peu qu'on ne retrouvât jamais le corps de Stevan Markovic. Il gisait en contrebas de la départementale 58, au niveau d'un petit bois appelé « La Cavée du roi », sur la commune d'Élancourt en direction de Plaisir, dans les Yvelines. Il était empaqueté dans une housse de matelas en plastique, elle-même emballée dans un sac en toile de jute. D'évidence, on l'avait jeté du bord de la route pour qu'il roule au fond du ravin, profond d'une trentaine de mètres, où s'entassent des détritus formant une décharge sauvage. Ceux qui voulaient se débarrasser du cadavre avaient dû agir de nuit et filer sans se retourner. Ils n'ont pas remarqué que des arbustes le retenaient au début de la pente en empêchant sa chute. Sans ces branchages providentiels, il aurait disparu au milieu des déchets. Il n'y aurait jamais eu d'affaire Markovic.

Le 1er octobre 1968, un ferrailleur du coin se promenant à pied sur la route aperçoit le paquet. Il le prend pour un sac de blé, déchire l'emballage au couteau et découvre « le ventre nu d'un homme sur lequel un tricot était relevé [1] ». Il alerte la gendarmerie de Pontchartrain. Le macchabée est extrait de son linceul de fortune. C'est celui d'un homme d'environ 1,78 mètre, âgé de trente à trente-cinq ans, aux cheveux châtain et aux yeux verts, à la carrure imposante. Vêtu d'un pantalon gris, d'une chemisette marron et d'un pull-over bleu marine, il porte des chaussettes noires mais pas de chaussures. Une passante témoigne : elle avait repéré ce drôle de colis le 27 septembre, soit cinq jours auparavant, et une paire de chaussures noires à côté. Revenue le lendemain au même endroit pour promener son chien, elle a constaté que les chaussures n'y étaient plus.

Sur le corps, on n'a trouvé ni portefeuille, ni montre, ni argent.

Informé, le procureur de Versailles dépêche sur place des enquêteurs du Service régional de police judiciaire (SRPJ). Les recherches alentour n'apportent aucun indice, la dépouille est transportée jusqu'à l'hôpital pour être autopsiée.

« Tout a été fait très vite, trop vite sans doute ; on croyait avoir affaire à un crime de rôdeur », analysera plus tard le juge d'instruction saisi du dossier, René Patard[2].

À la morgue, deux médecins légistes examinent sommairement le corps. La cause du décès, qu'ils font remonter « à trois ou quatre jours », paraît certaine : le crâne de l'inconnu a été défoncé, le cerveau réduit en bouillie ; son visage porte des marques de coups et des plaies, la mâchoire est à moitié arrachée. Dans sa bouche, une boule de coton gorgée de sang. Les experts concluent qu'il a succombé à de « très graves lésions méningo-encéphaliques résultant du traumatisme crânien provoqué à l'aide d'un objet contondant, volumineux et pesant »[3].

L'homme a été frappé de face, avec une masse ou un marteau. Aucune autre trace n'est détectée : la preuve qu'il ne s'est pas débattu. Faute de l'appareil nécessaire, aucune radiographie n'est effectuée. Tout juste le juge Patard s'étonne-t-il de l'aspect du cerveau, « en forme de grosse framboise[4] ». Un souvenir lui revient en mémoire : quand il était en poste à Hazebrouck, en 1965, l'autopsie de cinq indépendantistes algériens abattus dans une forêt lui a appris que les morts par balles présentent toujours cette caractéristique. Mais il garde sa remarque pour lui. Le cadavre, allongé sur le dos, n'est même pas retourné. C'est pourquoi on n'aperçoit pas, à gauche de la nuque, l'orifice de la balle de revolver qui l'a tué.

« Dans une enquête criminelle, tout se joue dans les premières heures ; si on rate un indice ou qu'on part dans la mauvaise direction, on le paie jusqu'à la fin et c'est ce qui s'est passé », se désole Claude Bardon, l'un des commissaires chargés de l'affaire. Pour lui, « l'affaire Markovic est le prototype de l'enquête ratée »[5].

À l'époque, la Police judiciaire est en pleine réorganisation. L'affaire Ben Barka*, dans laquelle plusieurs policiers ont été impliqués, a rendu nécessaire une remise en ordre. Aux brigades mobiles, créées par Clemenceau, succèdent les SRPJ pour renforcer le maillage territorial. Dans la capitale, la préfecture de police est placée sous la tutelle étroite du ministère de l'Intérieur. Il s'ensuit une concurrence entre services : on se dispute les « beaux dossiers », les crimes spectaculaires, ceux qui impliquent le milieu ou des personnalités ; les autres, dont la presse ne parlera pas, sont délaissés, bâclés. Pendant quelques heures, le mort d'Élancourt a été rangé dans la seconde catégorie.

C'est seulement trois semaines plus tard, le 26 octobre, que sera établie la véritable cause du décès : Stevan Markovic a bel et bien reçu une balle en pleine tête, tirée de très près et par-derrière. Entretemps, l'identification de la victime grâce aux empreintes digitales et les premières indications

* L'opposant marocain et leader tiers-mondiste Mehdi Ben Barka avait été enlevé à Paris le 29 octobre 1965, et sans doute assassiné. Son corps n'a pas été retrouvé.

recueillies à son sujet ont amplifié les doutes du juge Patard. Le Yougoslave était athlétique et bagarreur – il a même été champion de lutte dans sa jeunesse ; pourquoi diable ne s'est-il pas défendu contre ses assaillants ? Peut-être a-t-il été drogué. Pour le vérifier, un examen toxicologique est ordonné. La dépouille de Markovic est exhumée, une nouvelle autopsie pratiquée à l'institut médico-légal de Paris, assortie cette fois d'une radio. Résultat : pas de résidus narcotiques, mais sur les clichés apparaît un petit orifice parfaitement rond au niveau de la nuque. Un projectile en plomb de gros calibre est ensuite retrouvé, niché « dans le magma putréfié du cerveau », qui avait été replacé – détail scabreux – dans la poitrine du mort après le premier examen, comme le font couramment les légistes[6]. L'expertise balistique précise que la balle a été tirée par un revolver Smith et Wesson, modèle 38 Spécial, l'arme favorite des truands.

La reconstitution du parcours de Markovic confirme ses mauvaises fréquentations. Né à Belgrade le 18 mai 1937 dans une famille bourgeoise, il est le fils d'un fonctionnaire des finances rallié au régime communiste du maréchal Tito. Sa mère, suspectée de dissidence, a été déportée sur l'île de Goli-Opok, dans l'Adriatique. Stevan avait onze ans, il ne l'a jamais revue. Son frère, Alexander, s'est enrôlé dans la marine et sa sœur, Liljana, a obtenu une bourse pour suivre des cours d'architecture à Paris. Lui a vite interrompu ses études ; il préférait les soirées dansantes, l'oisiveté et les filles faciles, qu'attiraient son physique avantageux et son bagout. « Il était malhonnête, paresseux et goûtait fort la grande vie », résument les enquêteurs[7].

Entré clandestinement en France à l'automne 1958 par la frontière italienne, il y a retrouvé bien des compatriotes. C'est l'époque où les autorités de Belgrade, redoutant la contestation de la jeunesse, encouragent les départs et signent des accords économiques avec les pays d'Europe de l'Ouest. Stevan pose sa valise dans une pension du faubourg Montmartre avant de fréquenter les beaux quartiers grâce aux conquêtes féminines qui l'hébergent pour une nuit ou davantage. Ouvrier chez Renault, il est vite désespéré par Billancourt. Alors il joue les « photostoppeurs » dans les lieux touristiques de la capitale, puis sur la Riviera, à Biarritz et, l'hiver, dans les stations de ski. Au cours d'un séjour en Haute-Savoie, il rencontre en décembre 1961 une jeune femme, Claude. De leur liaison passagère, un garçon naît l'été suivant ; Markovic ne le connaîtra jamais.

En 1962 et 1963, les fichiers de la police mentionnent son implication dans plusieurs rixes, dont une le conduit en cellule à Chambéry. En 1964, il est emprisonné à Namur, en Belgique, puis en 1967 à Annecy, pour des « vols avec effraction ». Depuis lors, il est titulaire d'un permis de séjour en règle à titre de « réfugié politique ». Sur les documents administratifs, son dernier domicile connu est le 22, avenue de Messine à Paris : l'adresse d'Alain Delon.

Markovic a rencontré l'acteur pendant l'été 1963, sur le tournage de *La Tulipe noire*, dont une partie a lieu à Nice. Le jeune Yougoslave habite alors à Juan-les-Pins chez sa maîtresse du moment, qui se plaint de ses grasses matinées à rallonge et de son oisiveté. « Durant notre liaison, il n'a pratiquement jamais travaillé », confie-t-elle à la police[8]. C'est un compatriote qui l'a recommandé pour des figurations aux studios de la Victorine : Milos Milosevic, un playboy d'à peine vingt ans qui fait office de secrétaire et de garde du corps d'Alain Delon. L'acteur, dont la première imprésario, Olga Horstig, avait été conseillère à l'ambassade de Yougoslavie en France, apprécie la compagnie de ces immigrés serbes joyeux, libres et virils, souvent entourés de jolies filles, qui rient fort et trouvent toujours une table dans les restaurants à la mode. La plupart vivent de leur charme, ainsi que de petits larcins.

Parti courir la fortune en Amérique, Milos a trouvé quelques rôles à Hollywood, séduit la femme du comédien Mickey Rooney et fini dans la tragédie : en janvier 1966, on l'a retrouvé gisant près de sa maîtresse, suicidé d'une balle de fusil après l'avoir tuée. L'enquête de la police américaine a levé tous les doutes, mais les proches du jeune homme n'ont jamais accepté ses conclusions ; pour eux, Milos ne pouvait qu'avoir été assassiné. Delon, installé lui aussi à Beverley Hills avec sa femme et leur fils Anthony, dans l'espoir d'une carrière outre-Atlantique, suit la procédure de près et règle les frais du rapatriement du corps à Belgrade[9]. Frappé par ce drame, il semble avoir reporté son affection sur Markovic.

« J'ai voulu rendre service à Stevan en souvenir de ce Milos que j'avais bien connu, explique-t-il à la police. À mon retour des États-Unis, j'ai retrouvé Stevan et lui ai procuré quelques contrats dans les films où j'étais acteur[10]. »

En réalité, il est déjà intervenu en sa faveur à la demande de Milos au cours de l'été 1964, quand Markovic s'est fait emprisonner en Belgique pour un cambriolage. Delon a payé un avocat et offert sa garantie à la justice, puis l'a introduit sur le tournage de *Paris brûle-t-il ?*. D'abord méfiante, Nathalie exprime son « mécontentement ». Elle confiera ensuite aux policiers : « Petit à petit, j'ai appris à connaître ce garçon et à l'estimer. » Elle le trouve « discret, bien élevé, avec certaines qualités », « en un mot, ce n'était pas un voyou »[11].

Au fil des mois, la complicité grandit. Markovic est vu avec le couple dans les boîtes chics et aux avant-premières, les suit en vacances à Saint-Tropez, promène le petit Anthony, s'installe chez eux avenue de Messine, dans un petit logement au rez-de-chaussée. Profitant de leurs tailles et de leurs silhouettes voisines, Delon fait du Yougoslave sa doublure-lumière – il le remplace pour les réglages –, ce qui lui assure 500 francs par semaine. Il lui offre le gîte et le couvert, lui prête sa Cadillac, le laisse puiser dans sa garde-robe – la chemise que portait Markovic le jour de sa mort était l'une des siennes.

En janvier 1967, les Delon sont aux sports d'hiver en Suisse quand ils apprennent en lisant un journal que Stevan est incarcéré à Annecy. Il est accusé de cambriolages dans des palaces de la région.

« Nous le pensions à Paris et notre surprise a été grande car s'il avait eu besoin d'argent, nous aurions trouvé normal qu'il s'adresse à nous plutôt qu'il ait volé », raconte Nathalie [12].

Nouvelle intervention, les portes de la prison s'ouvrent encore. Cette fois, l'épouse de Delon est d'accord, car elle considère à présent Markovic comme « un véritable ami ». Bientôt, il devient davantage. L'été suivant, le couple Delon se déchire. À la veille de la sortie du *Samouraï*, Alain demande le divorce. Nathalie s'installe seule dans un appartement rue François-Ier, près du Grand Palais. Pour les vacances, elle loue une villa à Saint-Tropez, où elle passe le mois d'août avec son fils, une nurse et son amie Sylvie Vartan. Là, elle a une aventure avec Markovic, qu'elle relate aux enquêteurs :

« Vers le 15 août 1967, Stevan a débarqué à Saint-Tropez, sans prévenir. Je me trouvais alors importunée par les journalistes, et Stevan m'a expliqué qu'il venait pour régler cette question à la demande d'Alain. Il est resté une dizaine de jours. Un ou deux jours après son arrivée, j'étais alitée, souffrant d'une tachycardie. J'ai eu avec Stevan mon premier rapport sexuel. Le fait s'est renouvelé durant les huit jours que nous avons vécus ensemble à Saint-Tropez.

Avant de regagner Paris, j'ai signifié à Stevan que cette aventure était terminée, que nous avions été ridicules car il ne fallait pas ternir les liens d'amitié qui nous unissaient. Je vous affirme qu'avant et après cette aventure, je ne m'étais et ne me suis plus jamais donnée à Stevan. À mon retour, j'ai repris la vie commune avec Alain et Stevan a continué à cohabiter avec nous[13]. »

Cependant, le couple Delon n'en est plus un ; la passion s'est éteinte. Nathalie a une brève idylle avec le cinéaste Philippe de Broca, Alain enchaîne les films et les liaisons. Bientôt, la séparation est actée. Delon revient seul avenue de Messine. Markovic y réside encore, mais leurs relations se délitent. L'acteur a-t-il eu vent de sa trahison intime ? Il n'en dit mot mais le Yougoslave s'inquiète. Devant un ami d'enfance, il se rappelle que Delon l'a menacé un jour :

« Si tu me volais je te pardonnerais, mais si tu couchais avec ma femme, je serais capable de te tuer[14]. »

D'autres incidents surviennent.

« Au début de 1968, j'ai appris – je ne sais plus comment – que Stevan n'avait pas été "régulier" au sujet de factures qu'il aurait dû régler avec des chèques en blanc remis par Alain », se souvient Marcel, le chauffeur, qui y voit « l'origine de la brouille »[15]. La secrétaire de la star a en effet dénoncé ces indélicatesses. Delon relativise : « À part une petite somme qu'il a omis de me restituer, il ne m'a jamais pris d'argent[16]. »

Quand arrive Mai-68 et que Paris s'embrase, l'acteur fait néanmoins appel à Markovic pour assurer sa protection. Gaulliste fervent, il craint que ses prises de position contre le mouvement étudiant ne lui attirent des représailles. En outre, la rumeur prétend qu'il aurait offert ses services à l'ORTF pour remplacer le présentateur du journal télévisé en grève et, bien que la plupart des théâtres soient fermés, il tient à jouer la pièce écrite pour lui par son ami Jean Cau, *Les Yeux crevés*. Trop heureux de pouvoir le rassurer, Stevan recrute des gros bras parmi ses compatriotes et l'escorte à la grande manifestation gaulliste du 30 mai. Il croit regagner sa confiance mais il se trompe. Alors que, sur les Champs-Élysées, une marée humaine défend la République et son chef, entre Delon et Markovic l'amitié touche à sa fin.

Pour Georges Pompidou et Charles de Gaulle aussi, le « joli mois de mai » aura été celui de l'éloignement. En faisant vaciller le pouvoir, les émeutiers ont introduit le doute entre le Président et son Premier ministre. Sur le moment, tous deux n'ont pas eu la même analyse des circonstances ; depuis lors, ils n'en ont pas tiré les mêmes leçons. Le Général pestait contre « la chienlit », Pompidou redoutait un déchaînement de violence. Pour le premier, le gouvernement n'a rien vu venir, puis trop facilement cédé à la rue : les accords de Grenelle – qui prévoyaient notamment la hausse de 35 % du salaire minimum – risquent de « ruiner le pays ». Pour le second, c'est l'usure du Général qui était en cause, non la politique conduite en son nom ; pour éviter le pire, il a fallu faire passer la société avant l'État.

Maintenant qu'il a quitté Matignon et pris du champ, Pompidou revisite le déroulement des événements. Stylo en main, dans son petit bureau sur cour – le plus petit mais le plus calme de son QG –, il écrit l'histoire de ce printemps terrible qui n'a pas fait tomber le régime, mais vu trébucher son fondateur.

« J'écrirai un jour ce que j'ai cru, ce que j'ai voulu, ce que j'ai vu, ce que j'ai fait. J'ai déjà réuni la documentation », rumine-t-il[17].

Sa garde rapprochée se doute que son récit n'épargnera pas le Général.

L'ex-Premier ministre reste estomaqué de la fameuse journée du 29 mai, quand de Gaulle disparut de longues heures pour se réfugier à Baden-Baden et s'entretenir en secret avec le général Massu, commandant des forces françaises en Allemagne. La veille au soir, le vieux président se lamentait, au bord de l'abandon : « C'est foutu, je ne reconnais plus la France. » Dans son antichambre, Pompidou avait croisé Bernard Tricot et Jacques Foccart, le premier collaborateur et l'éminence grise, qui l'avaient supplié :

« Dites au Général qu'il ne peut pas partir ainsi. Ce serait indigne de lui [18]. »

Le plaidoyer de Pompidou était tombé dans le vide. Le lendemain, c'était la fuite en hélicoptère. Ni à l'Élysée ni à Matignon, personne ne savait vers quelle destination il s'envolait.

Au-delà de la panique, c'est l'ignorance dans laquelle de Gaulle l'a tenu alors que le pays était au bord de l'abîme que Pompidou ne pardonne pas. Le pouvoir était vacant, lui réduit à l'impuissance.

« Le président de la République s'en va et le Premier ministre n'est même pas informé, enrageait-il. Que vais-je dire aux Français ? Que j'ignore où il se trouve ? Que puis-je faire [19] ? »

De son point de vue, c'était à la fois un manque de confiance et une marque de désinvolture – avant cela, l'un comme l'autre étaient impensables. Certes, l'instant de faiblesse ne dura pas : le lendemain, de Gaulle reprenait les commandes et ils surmontèrent ensemble les dernières épreuves, jusqu'à la victoire électorale de juin. Mais, au fond, Pompidou lui tient rigueur de s'être montré faible devant lui – et devant les Français. Il ne peut oublier l'aveu du Général :

« Pour la première fois de ma vie, j'ai eu une défaillance. Je ne suis pas fier de moi [20]. »

Les déceptions filiales sont douloureuses ; en politique, elles s'effacent d'autant moins qu'elles aiguisent chez l'héritier l'appétit du pouvoir. Pourtant, Pompidou est décidé à ne rien laisser filtrer de son ressentiment – du moins, pas encore. Les pages qu'il a noircies restent enfermées dans son tiroir. Des pressions sont même exercées à sa demande pour intimer le silence aux rares journalistes qui savent. Pareil déballage n'est ni dans son tempérament, ni dans son intérêt. Tant que de Gaulle siège à l'Élysée, la légende ne doit pas être flétrie – l'affaiblir, ce serait affaiblir le gaullisme, dont Pompidou aspire à reprendre demain le flambeau.

Mais le Général, lui, à quoi pense-t-il en observant celui qui l'a vu flancher ? Au lendemain des législatives, il a refusé sa démission. Dans son esprit, le changement de gouvernement était acquis ; mais il voulait montrer que cette décision relevait de lui seul. Peu après, il l'interrogeait :

« Pompidou, comment expliquez-vous qu'après une telle victoire, nous soyons l'un et l'autre désenchantés [21] ? »

Et aussitôt, avant que le Premier ministre ait ouvert la bouche :

« Nous reparlerons de tout cela plus tard. »

Un mois après, il le poussait vers la sortie.

3

Rendez-vous avenue de Messine

Il n'y a pas foule à l'enterrement de Stevan Markovic, dans le petit cimetière d'Élancourt. Son père n'a pas fait le voyage ; son frère, négociant en Italie, n'a pas pu arriver à temps. Liljana, sa sœur, paralysée depuis une tentative de suicide, ne se déplace plus. Parmi ses amis, beaucoup s'étaient éloignés depuis quelque temps, les autres ne tiennent pas à croiser la police. Auprès de la tombe, pendant qu'un pope prononce l'éloge funèbre, une jolie brune aux cheveux longs sanglote, un bouquet à la main : Claudie Hoss, mannequin de vingt-cinq ans qui partageait depuis deux ans la vie du Yougoslave, ou du moins l'une de ses vies. Elle seule jette une fleur sur son cercueil.

Les enquêteurs ont obtenu l'adresse de Claudie par Alain Delon, à qui Markovic l'avait présentée. C'est elle qui les conduit jusqu'à Uros Milicevic, le dernier témoin : celui qui a vu Markovic disparaître dans un taxi, le 22 septembre 1968. Le garçon a tout juste vingt ans, une bouille ronde d'adolescent. Delon, qui l'a reçu à Saint-Tropez, le leur avait décrit ; mais depuis la découverte du cadavre, impossible de lui mettre la main dessus. Terrorisé, il s'est enfermé chez sa mère, concierge rue du Faubourg-Saint-Denis. Quand il ouvre la porte aux inspecteurs, il supplie d'être placé sous protection. Puis il livre son histoire.

C'est au mois d'avril précédent, dans un club proche de l'Étoile, le Twenty-One, qu'Uros a fait la connaissance de Stevan, « venu danser avec Alain Delon [1] ». Dans la colonie yougoslave, explique-t-il, Markovic tirait son prestige de sa proximité avec l'acteur de *Plein Soleil*, plus encore que de son palmarès féminin – on lui prêtait des relations avec plusieurs chanteuses célèbres – et de son habileté à tricher au poker. Il n'avait pas son pareil pour appâter les novices en leur distribuant de belles cartes tout en se réservant une meilleure main. Une soirée de jeu pouvait lui rapporter gros, mais ses gains ne lui suffisaient pas.

« En fréquentant Stevan Markovic, je me suis rendu compte que mon ami avait l'intention de soutirer de l'argent à Alain Delon », révèle Uros [2].

Au fil de son récit, une autre vision du tandem Delon-Markovic se dessine devant les policiers stupéfaits. Chez le Yougoslave, que la presse a tôt fait de surnommer « le voyou aux yeux tendres », la frustration avait pris le pas sur l'admiration, l'envie supplantait l'affection. À entendre Uros, Stevan supportait mal de dépendre d'un autre, alors que la *dolce vita* lui semblait à portée de main. Selon les jours, il rêvait de vrais rôles au cinéma ou d'un pécule pour ouvrir un garage, un bar ou un hôtel. Delon se montrait indifférent ou moqueur : « Stef, tu ne veux pas te mettre à vendre de la limonade ? » provoquait-il [3]. Pour éblouir ses compagnes, Markovic en était réduit à quémander une poignée de billets ou à miser sur des combines.

Or au début du mois d'août, Delon s'est installé à Saint-Tropez avec une bande de compères dont, désormais, il ne fait plus partie. Déjà, d'autres Yougoslaves le remplacent. L'acteur ne l'a même pas informé de son départ. Et sans son concours, aucune chance d'obtenir un certificat de travail pour faire renouveler son permis de séjour. Démuni et disgracié, Stevan broie du noir.

À son amertume s'ajoute l'attirance pour Nathalie ; depuis leur aventure fugitive, Markovic s'imaginait remplacer Alain dans son cœur. Mais elle aussi le tient à distance. « Elle l'humiliait autant qu'on peut le faire et, malgré cela, il exécutait ses désirs sans jamais trouver à redire », témoigne une ancienne femme de chambre[4].

Parfois, la colère le submerge. À deux reprises, relate Uros, Stevan a attrapé le poignard accroché au mur de sa chambre et fait mine de lacérer le visage de Delon s'il ne lui donnait pas « quinze briques ». Les dernières semaines, Markovic parlait d'un « coup » à réaliser dans la propriété du comédien à Tancrou, près des bords de la Marne. « Il comptait dérober sa collection d'armes, dont il estimait la valeur à plusieurs millions », puis la restituer en échange d'une grosse somme[5]. Il a aussi évoqué la documentation qu'il amassait afin d'écrire un livre à sensation : des papiers, des photos, des souvenirs subtilisés dans la maison du couple. Stevan prétendait avoir contacté un journaliste de Belgrade à qui il remettrait ses archives et raconterait tout ce qu'il avait vu et entendu.

« Il devait faire écrire par son ami qu'il aimait Alain et Nathalie du même amour et qu'en leur présence, il perdait toute sa personnalité », précise Uros.

« Peu lui importait d'apparaître comme un pédéraste, seul le résultat comptait pour lui : plus il salirait le couple Delon, plus il pourrait soutirer de l'argent », ajoute-t-il[6].

Soit on le paierait pour éviter le scandale, soit l'ouvrage serait un best-seller. Dans les deux cas, la fortune lui sourirait.

Avec de telles déclarations, les policiers voient se profiler un mobile : le chantage. Si Markovic fomentait de tels projets, ses assassins voulaient peut-être l'empêcher de les mettre à exécution. Mais comment vérifier le témoignage d'Uros ? Pâle et exalté, le jeune témoin a semblé bien fragile durant ses interrogatoires. Et même s'il dit vrai, comment distinguer la réalité du fantasme dans les propos que Markovic lui tenait ?

Uros répond qu'il a eu entre ses mains les preuves de ce qu'il avance. Quelques jours avant le dimanche fatidique, Stevan lui avait confié un lot de photographies et de correspondances qu'il dissimulait chez lui dans une cache au-dessus d'un placard, à l'intérieur du faux plafond. Les documents étaient rangés dans la pochette d'un disque de musique religieuse – *Service sacré*, du compositeur Darius Milhaud.

« Garde-les chez toi, n'en parle à personne. Tu les donneras à mon frère s'il vient en France », avait-il ordonné[7].

Uros révèle par ailleurs que Stevan a rédigé deux lettres avant sa mort. La première, également destinée à son frère, a été confiée à un compatriote, Vuk Blagojevic, avec mission de la poster si Markovic ne donnait pas de nouvelles. La seconde était adressée à Nathalie Delon ; Uros l'a apportée dès le soir du 22 septembre au domicile de l'actrice, rue François-Ier, et laissée à la gardienne. Il dit en avoir lu les derniers mots avant que Stevan ne ferme l'enveloppe : « Moi, je ne condamne qu'une fois et je ne pardonne qu'une fois[8]... »

Ultime fanfaronnade ? Même si Markovic a habitué ses proches à d'incessants changements de registre, tous ont repéré chez lui une nervosité croissante, qui jure avec ce ton menaçant.

« Ces derniers temps, précise Uros, j'avais remarqué que Stevan changeait, il devenait renfermé et craintif ; il paraissait préoccupé, inquiet, et me donnait l'impression que quelque chose le déchirait[9]. »

Il buvait de plus en plus, avalait des barbituriques, se méfiait de tout le monde, s'exprimait par sous-entendus.

Il se montrait tantôt bravache, tantôt angoissé. À un camarade serbe employé dans une librairie, il a dit être « en contact avec deux gangsters corses » – « de vrais gangsters, pas des rigolos » – avec qui il envisageait « un gros coup », « peut-être un hold-up » [10]. Devant un petit malfrat, Chvaki, il s'est vanté d'avoir « deux affaires en vue » : un racket avec un certain « Monsieur François », personnage connu dans le milieu sous le surnom de « Colonel », et l'enlèvement d'un coffre-fort dans une villa de banlieue [11]. Un ami de jeunesse devenu cascadeur, Kopé, l'avait entendu parler du même « François », « un Corse très sûr » en compagnie duquel « il comptait demander de l'argent à Alain Delon, d'abord une certaine somme dont il ne précisait pas le montant, puis des chèques sur chacun des films que Delon tournerait par la suite » [12].

Claudie, l'amante de Markovic, comprenait que l'anxiété le gagnait, mais n'osait pas le questionner. « Je sentais qu'il m'aurait rabrouée et que, de toute façon, il n'était pas disposé à me parler de ses affaires », plaide-t-elle devant les enquêteurs [13].

Doris, une étudiante que Markovic fréquentait depuis peu, rapporte un coup de fil curieux, le samedi 21 septembre, veille de sa disparition. Il réclamait d'urgence un recueil de poèmes qu'il lui avait prêté. Quand elle est arrivée devant l'immeuble, il lui a fait signe dans l'entrebâillement des volets de passer par la porte de derrière. En guise d'explication, il a seulement dit :

« Je n'ouvre plus à tout le monde maintenant [14]. »

La jeune fille a songé qu'« il devait se passer quelque chose d'anormal car il était méfiant et inquiet », raconte-t-elle aux policiers. Markovic lui a confié qu'il était « sur une bonne affaire » et qu'il était « occupé à écrire un livre ». Sur la table de sa chambre, elle a aperçu « deux ou trois lettres non cachetées qu'il venait d'écrire sur un papier crème à l'encre noire » : celles qu'il destinait à son frère et à Nathalie Delon. Le Yougoslave l'a entraînée dans les étages, ouvrant les portes et lui montrant chaque pièce, l'invitant même à emporter des disques ou des statuettes qui lui plaisaient, au point qu'elle a eu « l'impression très nette que Stevan déménageait, qu'il s'apprêtait à quitter définitivement l'avenue de Messine[15] ».

Une dernière fois, Markovic faisait comme chez lui.

Pour Alain Delon, l'hôtel du 22, avenue de Messine devait être la maison du bonheur. Érigé au XIXe siècle dans le quartier de la Plaine-Monceau, le bâtiment de trois étages à la façade arrondie fut la résidence parisienne d'une cantatrice italienne, Lina Cavalieri, dont la beauté légendaire attirait les galants. L'acteur en a fait l'acquisition en 1959 pour s'y installer avec Romy Schneider. Quand leur romance a pris fin, la demeure est devenue un lieu de passage entre les tournages et deux longs séjours en Californie. Le mariage avec Nathalie puis la naissance de leur fils, en 1964, ont décidé Delon à y élire domicile. Il y a installé, au rez-de-chaussée, le siège de sa société de production. À droite du vestibule, une pièce tapissée de bleu sert de salon d'attente. Sous l'escalier central à balustres, une porte dérobée s'ouvre sur un palier exigu, d'où Markovic accède à son logement : deux pièces étroites aux fenêtres barreaudées donnant sur la rue de la Bienfaisance et une salle d'eau spartiate, un refuge à l'image de sa double vie – brillante au-dehors, sombre à l'intérieur.

Avec la mort du Yougoslave, l'immeuble devient le théâtre d'un fait divers, un centre d'intérêt pour les badauds et les photographes, qui guettent de la rue les apparitions de la star ou les visites de la police. Une perquisition a eu lieu peu après l'identification du cadavre, sans grand résultat. L'appartement de Markovic était en désordre. La secrétaire d'Alain Delon ne s'en est pas étonnée : « Il vivait comme un bohème », a-t-elle lâché[16]. La police y a déniché un certificat de réfugié et un relevé de condamnations à son nom, une carte de groupe sanguin, la missive d'un compatriote emprisonné, une paire de lunettes à verres neutres et deux pellicules photographiques, une vierge et l'autre à développer – elle ne contenait aucun cliché intéressant.

Les révélations d'Uros au sujet des documents détenus par Markovic ont convaincu les enquêteurs d'y retourner. Ils ont alors repéré la cache au-dessus du placard, mais elle était vide. Quelques jours après, la secrétaire constatait qu'une des portes de l'appartement avait été ouverte, des vêtements et des objets déplacés, comme à la suite d'une fouille. Le poignard suspendu au mur n'était plus là.

« Après plusieurs suppositions, confie-t-elle, j'ai pensé que Mme Delon, qui disposait des clés, avait pu venir[17]. »

L'assistante a téléphoné à l'actrice pour vérifier ; c'était bien elle. Informée du meurtre, Nathalie Delon confirme devant la police : « dans un état second », elle est rentrée de Londres, où elle tourne un film, et s'est précipitée chez Markovic. Là, elle a « instinctivement pris certains objets, vêtements et documents auxquels il tenait », avant de les déposer chez elle et de regagner l'Angleterre[18]. Pourquoi récupérer dans l'urgence quelques effets sans valeur ? l'interroge-t-on.

« C'est uniquement à titre sentimental, en souvenir de Stevan », jure l'actrice.

Les enquêteurs, eux, sont persuadés que le Yougoslave dissimulait des secrets. Il en est peut-être mort.

Devant les policiers qui se relaient, quatre jours durant, Uros n'en finit plus de dérouler son récit. À peine a-t-il quitté les bureaux de la PJ, rue du Faubourg-Saint-Honoré, qu'il téléphone pour ajouter des précisions, corriger un détail, proposer de revenir. Avant son témoignage, aucune piste sérieuse ne s'offrait. Grâce à lui, c'est comme si le mort d'Élancourt commençait à parler. Sa vindicte envers Delon, ses sentiments pour Nathalie, ses fréquentations interlopes, tout cela brosse le portrait d'un Markovic sur la corde raide, si impatient de changer de vie qu'il était prêt à la risquer.

Le soir de sa disparition, raconte Uros, Stevan était censé participer à une partie de poker montée pour plumer des « pigeons » dans la maison de campagne de « François », son ami gangster. Auparavant, une reconnaissance était prévue sur les lieux de leur futur cambriolage : une villa de la banlieue parisienne, d'où ils devaient « déménager un coffre contenant 60 millions d'anciens francs » avec l'aide d'un troisième larron. Seulement Markovic redoutait un piège. Devant Uros, il s'étonnait que le truand insistât à ce point pour obtenir son concours, lui qui n'était pas un braqueur chevronné. En outre, il lui paraissait bizarre d'effectuer des repérages un week-end, quand les résidences secondaires sont généralement occupées. Surtout, il se demandait pourquoi « François », à qui il avait suggéré le nom d'un autre Yougoslave pour compléter le trio, avait catégoriquement refusé ; il s'était mis en tête que le véritable rôle du troisième homme était « de le descendre »...

Markovic a pourtant balayé ses craintes et décidé, on le sait, d'honorer son étrange rendez-vous. D'après Uros, l'une de ses dernières paroles fut :

« Je suis obligé de faire confiance car si on ne fait pas confiance, on reste solitaire, mais je suppose que ce coup est monté par François, peut-être avec Alain Delon derrière[19]. »

Avant de quitter l'avenue de Messine, Stevan prévoyait d'être de retour peu après minuit. Uros devait l'attendre dans son appartement, et inviter des filles pour terminer la nuit en agréable compagnie. Vers 19 heures, il est monté dans un taxi Peugeot 404 bleu, place de Rio-de-Janeiro, devant la grille du parc Monceau. Quand la voiture est passée à faible allure devant l'hôtel particulier, Uros a aperçu, l'espace d'un instant, le profil de l'autre homme assis à l'arrière. Il en fournit une description sommaire : cinquante ans environ, un double menton, veste grise, chapeau foncé. Hélas, une étiquette collée sur la vitre arrière l'a empêché de voir distinctement ses traits.

Le mardi 24 septembre, après une journée d'angoisse, Uros prévient Claudie que Stevan n'est pas rentré. Ensemble, ils signalent son absence au commissariat du 8e arrondissement, où l'on ne prend guère au sérieux cette histoire de Yougoslave en goguette. Uros décide alors de mener ses propres recherches. Il fonce chez Vuk, l'ami à qui Markovic a confié une de ses lettres. Comme il l'espérait, le courrier dévoile l'identité de « Monsieur François ». « François Marc Antony, corse, vrai gangster », peut-on lire, ainsi qu'une adresse et un numéro de téléphone, le nom du café qu'il fréquente.

Le texte poursuit : « Pour tous mes trucs ou mésaventures, adresse-toi à Alain Delon, en tant que responsable à 10 000 %. » Et encore : « N. la femme d'Alain est fautive. Ne parle jamais avec elle, c'est la plus grande menteuse du monde. »

Tête baissée, Uros va solliciter les trois personnages cités par Markovic.

Dans la nuit du 24 au 25 septembre, vers 3 heures du matin, il compose le numéro trouvé dans la lettre :

« François Marc Antony ? Je veux savoir où est Stevan ! »

Au bout du fil, son interlocuteur feint d'ignorer de quoi il parle – il est vrai qu'il a sans doute été réveillé en sursaut. Devant l'insistance d'Uros, il confirme le rendez-vous du 22 : Markovic s'y est bien rendu, et il en est reparti, avoue-t-il.

Uros s'emporte, menace. L'homme lui propose une rencontre à 20 heures au restaurant La Passée, boulevard Gouvion-Saint-Cyr – le café mentionné dans la lettre. Mais sur place, un serveur apprend à Uros que « Monsieur François » n'est pas là ; il est « parti en voyage » jusqu'au samedi suivant.

Entretemps, le 26 septembre, Uros rend visite à Nathalie Delon, à qui il dévoile le projet de « mémoires » de Markovic et révèle que celui-ci lui a avoué leur liaison. L'après-midi, il se présente avenue de Messine, où la secrétaire lui passe Alain Delon au téléphone, qui le convainc de le rejoindre à Saint-Tropez et lui offre le voyage*. À l'acteur, le jeune Yougoslave apprend l'existence des archives dérobées par Stevan et parle du fameux rendez-vous avec le truand corse. Il passe la nuit dans la villa de Ramatuelle et reprend l'avion le 27.

Rentré à Paris, il s'entretient avec un voyou qu'il sait en relation avec Markovic : Misha Slovenac. Il espère que celui-ci, connu pour disposer de contacts dans le banditisme, pourra lui apporter de l'aide. Comme il l'interroge à propos de « Marc Antony », Misha promet de se renseigner et conseille à Uros de se mettre « à l'abri d'un mauvais coup[20] ». Lors d'une seconde entrevue, il se montre carrément intimidant :

« Il m'a dit de laisser tomber cette affaire, que j'étais trop jeune et que je risquais moi aussi ma vie », rapporte Uros.

Le lendemain à midi, le jeune Yougoslave entre au café La Passée et se trouve enfin en présence de « Monsieur François ». Quand il aborde le projet de cambriolage et le poker prévus avec Markovic, le Corse proteste fermement.

« François a nié avoir rencontré Stevan ce dimanche soir alors qu'il l'avait admis au téléphone. Il m'a assuré que

---

* *Cf. supra*, p. 24.

cinquante personnes au moins pouvaient témoigner qu'il n'avait pas quitté la chasse de tout le week-end. Je lui ai alors fait savoir que Stevan avait laissé une lettre dans laquelle il donnait son nom et que par conséquent il serait inutile de me tuer. J'ai admis cependant que je ne reconnaissais pas en lui l'homme que j'avais vu dans le taxi. À ce moment, François a écarté sa veste, m'a montré un pistolet automatique engagé dans sa ceinture en disant : "Si tu avais reconnu en moi l'homme du taxi, tu ne sortais pas vivant d'ici." [21] »

Les deux hommes se retrouvent le soir même pour dîner, puis le dimanche 29 à la mi-journée. Sur l'insistance de « Monsieur François » – qui a pris soin d'apporter du papier et une enveloppe –, Uros signe une attestation certifiant qu'il n'est pas le passager du taxi emprunté par Markovic. Leur dernière entrevue a lieu le lundi 30 septembre dans la soirée. Le gangster conseille au Yougoslave de « laisser tomber cette affaire » et conclut que « dans l'hypothèse où Stevan serait mort, cela vaudrait mieux pour tout le monde ».

Il faudra encore deux jours pour que l'on sache que l'hypothèse n'en est plus une. Et quelques autres avant que les enquêteurs réalisent qu'Uros, dans son empressement à retrouver Markovic, a livré à tous les protagonistes des informations capitales sur le contexte du crime.

Curieusement, aucun de ceux qui ont reçu sa visite et entendu ses révélations n'a pensé à prévenir la police.

4

Le commissaire « Pas-de-chance »

« Mon frère m'avait fait savoir que sa vie était en danger [1]. » Alexander Markovic est venu à Paris pour découvrir la vérité sur un drame qu'il n'a pas su empêcher. Cet officier de marine de trente-huit ans, large de mâchoire et d'épaules, est l'homme fort de la famille, où tout le monde l'appelle « Aco ». Moins beau et athlétique que son cadet, il a servi dans la marine yougoslave. Il en a longtemps voulu à Stevan de renier le communisme jusqu'à quitter leur pays. S'il se présente encore comme « capitaine au long cours », il a cessé de naviguer pour se lancer dans le commerce. Sa société d'import-export a ouvert des bureaux à Trieste, en Italie. Quand le cousin Djorge lui a appris la mort de Stevan, il était en voyage d'affaires.

Ce n'était pas d'hier que la vie aventureuse de Stevan le préoccupait. Lors de ses visites en France, il lui reprochait sa fainéantise, son attirance pour les paillettes et les entourloupes. Il lui offrait de financer ses études, l'encourageait à chercher un vrai travail. Son amitié pour Alain Delon lui déplaisait, son emménagement au domicile de l'acteur, plus encore. Dans la colonie serbe couraient des rumeurs sur la nature de cette relation. Aco s'en est inquiété, Stevan l'a rassuré. Il lui a « juré qu'il n'y avait rien entre lui et Delon à ce point de vue [2] ».

Pour autant, Alexander garde une « mauvaise impression » d'un déjeuner avenue de Messine, en 1964, autour de la table des Delon.

« J'ai pensé que mon frère n'était pas à sa place parmi ces gens, se souvient-il. J'aurais voulu que Stevan trouve une profession stable et non point une amitié dans une famille. Dès cette époque, il était question que Delon établisse mon frère en achetant pour lui un restaurant ou un hôtel[3]. »

Cependant, Stevan ne voulait rien entendre et parlait de l'acteur comme d'un « troisième frère ». Après un dîner qu'il situe « fin 1967 ou début 1968 », Alexander Markovic a cru déceler qu'« il y avait quelque chose entre Nathalie et Stevan ». Cette fois encore, Stevan a nié. Jamais, par la suite, il n'a fait état de la dégradation de ses rapports avec le couple Delon, ni des craintes qu'il éprouvait pour sa sécurité, jusqu'aux trois lettres qu'il lui a envoyées au mois de septembre 1968.

Ces lettres, l'aîné des Markovic les remet à la police. Comme elles sont écrites en serbo-croate, le cousin Djorge l'accompagne pour en traduire le texte. La plus récente est datée du 25 septembre ; c'est celle que Stevan avait déposée chez son camarade Vuk l'avant-veille de sa disparition. Les enquêteurs en connaissaient en partie la teneur grâce aux révélations d'Uros*. À présent, ils découvrent en quels termes Markovic a mis en cause Alain Delon et le fameux « Monsieur François » :

> Pour tous mes trucs et mésaventures, adresse-toi à Alain Delon comme responsable à 10 000 %. Son associé qui joue avec moi comme mon associé, peut-être il l'est vraiment, seulement je prends des précautions. C'est un malin qui peut me tromper et travailler pour Alain et à

* *Cf. supra,* p. 51.

moi, il veut me vendre des cacahuètes pour du beurre. Ce jeu que je suis obligé de jouer n'est peut-être pas la vérité mais je dois prendre des précautions : si cet homme est de mon côté parce qu'il travaille pour de l'argent, il peut aussi bien, pour les mêmes raisons, être du côté d'Alain. C'est lui, François Marc Anthony. Il est corse, Vrai gangster (...) Il est boiteux et a été opéré, cicatrice autour de toute la tête, d'une oreille à l'autre.

Les deux autres missives portent les dates des 17 et 20 septembre. Quand Markovic les a rédigées, il était manifestement en proie à une grande agitation. Ses propos sont décousus, parfois obscurs, en tout cas marqués par la peur.

Ce sont à la fois des appels à l'aide et des testaments.

Paris, 17 septembre 1968

Cher frangin,

(...) J'aurais voulu que Liljana soit dans un endroit sûr afin que je n'aie pas à me faire souci de ce côté-là, si quelque chose m'arrivait éventuellement. Les circonstances et ma situation sont, en ce moment, telles que quelque chose peut facilement m'arriver, quelqu'un m'aura eu comme Milos mais là, frangin, il y aura assez de sang, car je ne suis quand même pas né de la dernière pluie et je dois aussi tout déclarer, tout mettre en mouvement moi-même, car mon honneur est en jeu, et puis attendre le reste. Ces voyous, ici, eh bien ce sont des ordures, tous jusqu'au dernier, et ceux qui ne le sont pas ne peuvent me venir en aide. Et moi j'ai besoin d'aide mais qui attraper et comment ? Je suis de l'ancienne époque et tel je mourrai. Il fut chevalier et chevalier resta. Sur un million de luttes, jamais je n'ai été battu et c'est bien ce qui m'incite à réfléchir en me disant que quand je serai battu, ce sera pour toujours et puis je ne sais pas mais je crois que je préfère cela à des petites pertes, je n'aime pas les pertes et encore moins les échecs. Les hommes sont malins, et je me demande si je ne suis pas trop pur, ou alors on m'a simplement sali et la partie qui de moi est restée propre lutte encore avec ses dernières forces. Et je ne vois pas par où vont les choses vers le bien ou vers le mal, donc je me défends simplement ou plutôt instinctivement, avec les pointes que je possède, mais leur nombre est réduit et cela ne me rentre pas dans la tête, bien que ce soit la vérité : on joue avec moi, mais quand je me « cabre », ils ont peur de moi et c'est moi qui suis coupable uniquement pour qu'ils puissent continuer d'être ce qu'ils sont, c'est-à-dire sales, et pour qu'ils puissent dire qu'ils ont raison.

Mais tout cela me ronge et m'effrite à la longue. Combien de temps pourrais-je le supporter, je ne le sais pas, je verrai. En tout cas, mes affaires je les termine seul, et m'advienne que pourra, je verrai. Si tout marche comme il faut, je te dirai ce que je pense depuis un certain temps déjà. Quant à toi, si un travail t'intéresse et si tu peux, si tu connais un journaliste puissant, si possible Amérique ou Espagne, pour que je fasse quelque chose avec les conseils d'un conseiller littéraire, etc., je te serai très reconnaissant et dans le travail nous ferons moitié-moitié. Sinon je verrai tout seul, seulement ne parle de rien, seulement si c'est un homme sûr et de confiance et suffisamment fort, etc.

Je t'écrirais plus longuement à ce sujet.

Vous aime. Steva.

Paris, le 20 septembre 1968

Aco, je vais te donner quelques détails dont tu auras peut-être besoin un jour, si quelque chose « m'arrivait ». Si je me trouvais en taule, à première vue ce serait normal mais en réalité, derrière cela se cacheraient mille détails que tu dois connaître, et tu dois me croire moi, moi seulement, car je ne suis quand même pas fou pour te faire tomber tout à coup dans l'embarras, n'est-ce pas ? Et surtout s'il m'arrivait quelque chose de semblable à ce qui est arrivé à feu Milos.

Je veux te dire que je suis en guerre et que je connais les règles : même si quelqu'un me giflait, je ne me battrais pas car je soupçonnerais que c'est un coup monté donc et quoi que ce soit, tout n'est que mensonge et cela ne peut être qu'un coup monté. Qui ? Je te cite les coupables : la famille dans laquelle je vis et certainement A. D. lui personnellement, homme faible d'esprit et malade dont l'opinion varie à tout sujet suivant l'intrigue, et qui se soumet à toute personne dont le caractère est plus fort que le sien, et puis son associé qui en ce moment feint d'être mon associé ? (...)

Donc A. D. et sa famille avec ce type, est responsable : François Marc Antony, corse boiteux, gangster etc. Il habite aux 42, boulevard Gobelins à Saint-Cyr*, angle du boucher porte en bois jaune, troisième ét. gauche, essuie-pieds avec initiales F. M. tél. GAL 01. 88, ou café où il se rend ETO 04. 26, il a une maison à la « campagne ». Seulement si quelque chose m'arrivait, il n'y a pas à discuter avec lui mais seulement régler les comptes, lui et A. ensemble la même chose. (...)

Hi hi, tout est tragique et peut-être que rien n'arrivera mais je suis ainsi, j'aime l'ordre en toute chose (...) Au sujet de tout le reste il te faut réfléchir seul et voir en détail mais que personne ne parvienne à te convaincre, ce serait bête et tu dois croire ce que je te dis. Je sais tout et je connais le danger qui vient à la rencontre, mais rien ne devrait arriver car je suis conscient du fait que je dois prendre garde à moi et prêter attention à chaque petite chose, mais s'il m'arrive ce dont j'ai le pressentiment obsédant, alors tu demanderas compte au responsable...

* Il s'agit en réalité du boulevard Gouvion-Saint-Cyr, dans le 17e arrondissement de Paris.

Je t'en conjure, garde cette lettre chez quelqu'un, ne te confie à personne. Si tout se termine bien, alors je te verrai et je te raconterai tout en détail. L'issue, je devrais la connaître sous peu, peut-être vers le 10-15 octobre.

Amour. Steva

De cette prose confuse, deux évidences émergent : Markovic était conscient qu'un péril le guettait et, dans son esprit, Alain Delon et l'énigmatique « François » étaient liés à cette menace, ensemble ou séparément. Mais il ne dit rien de ce qui l'inquiète. Que va-t-il lui arriver ? Il balance entre la prison et la mort. Et s'il avertit son frère, c'est à la fois pour lui imposer le secret et réclamer qu'on le venge. Dans ses mots se mêlent la rage et l'effroi, le sarcasme et l'esbroufe.

« C'étaient des lettres de paranoïaque ; sauf que Markovic disait vrai : il a bien été assassiné », résume le juge Patard [4].

Suivre la piste tracée par la victime s'impose. Elle conduit tout droit à un premier suspect : un gangster corse qui, pour la police, n'a rien d'un inconnu.

L'adresse, le numéro de téléphone, la physionomie, tout y est ou presque. L'identification est un jeu d'enfant : « Marc Antony » s'appelle Marcantoni, prénom François. Son dossier est extrait du fichier central : casier judiciaire chargé, train de vie d'origine inconnue, réputation accablante – le suspect idéal. L'affaire, qui paraissait compliquée, s'éclaire subitement.

Au siège du SRPJ de Versailles, c'est l'ambiance des grands jours. Le commissaire Jean Samson, qui pilote l'enquête, affiche un optimisme inhabituel. Cet ancien instituteur, jadis engagé dans la Résistance, a l'obsession de la méthode : ne jamais foncer, vérifier chaque détail. Il est de ces flics qui veulent connaître les réponses avant de poser les questions. À force de précautions, il arrive parfois trop tard ; les coupables sont confondus, mais ils se sont envolés. Comme il a tendance, dans ces cas-là, à maudire le sort plus que sa propre prudence, ses collègues le surnomment « commissaire Pas-de-chance ». Aussi, quand les lettres d'un mort lui servent Marcantoni sur un plateau, ils se disent que, pour une fois, Samson a de la veine.

« Vrai gangster », a écrit Markovic à propos de Marcantoni. Il ne s'est pas trompé. Trois condamnations à son actif, en 1944, 1949 et 1955, et bien d'autres auxquelles il a échappé de peu. A appris la clandestinité sous l'Occupation : employé à l'arsenal de Toulon, il a pris part au sabordage de la flotte française, en 1942, pour empêcher la réquisition par les Allemands. Échappe ensuite au travail obligatoire en rejoignant le maquis. Blessé à Lyon durant une mission – ce qui lui vaut une pension d'invalidité –, il aurait fini la guerre en héros s'il n'avait été arrêté juste avant la Libération dans une voiture volée. Début d'une carrière de malfrat.

« Individu bien connu de la Sûreté nationale, inscrit au fichier de la répression du banditisme comme spécialiste de l'agression à main armée », indique un rapport de 1951, qui signale son interpellation dans la région lyonnaise à bord d'un véhicule « contenant des armes de guerre, pistolets et mitraillettes »[5].

Maintes fois recherché, il est repéré dans « les bars interlopes de Montmartre et des Champs-Élysées », où il se comporte moins en client qu'en patron. Pourtant, s'il arbore costumes sur mesure, montres en or et chaussures en croco, il déclare de maigres revenus, quand il en déclare. La Brigade mondaine le recense comme proxénète, sans réussir à le coincer. Un temps associé avec Toto Rossi, le frère du chanteur Tino Rossi, dans le bar Les Calanques, rue Quentin-Bauchart, où défilent les vedettes du music-hall, les marlous et les poulets, Marcantoni a revendu ses parts pour acheter son propre cabaret ; il l'a baptisé « In the Wind », en hommage aux *speak easy* américains du temps de la Prohibition.

Son dernier fait d'armes répertorié est le braquage d'un fourgon de la Banque algérienne, le 16 janvier 1951 à Paris. Butin : 16 millions de francs. À l'heure de l'attaque, il séjournait à Toulon, entouré d'amis – « un alibi de première force », note la Sûreté[6]. Mais l'un des voleurs, Leybus Schlimer, alias « Léon le Juif », le désigne comme le cerveau du hold-up. Marcantoni écope de cinq ans de travaux forcés. Peu après sa libération, en décembre 1959, son dénonciateur est flingué en pleine rue. « Je ne dirai pas que cela me causa un gros chagrin », ricane le truand[7]. Il échappe néanmoins à toute poursuite : au moment du meurtre, il était à nouveau à Toulon, en famille. Une grosse partie de l'argent n'a pas été retrouvée. Depuis lors, Marcantoni est réputé contrôler des cafés et des boîtes de nuit à travers des prête-noms à Toulon, à Cannes et dans la capitale.

Il passe aussi pour le juge de paix du milieu, avec le grade imaginaire de « colonel ». Interrogé après le meurtre d'un receleur notoire, Agop Kervorkian, dont il est suspecté d'avoir ordonné l'exécution, il a été relâché faute de preuves en mars 1968.

Pour compléter le portrait, la Sûreté relève que le caïd possède une vaste propriété à Goussainville, dans l'Eure-et-Loir, à une trentaine de kilomètres à peine d'Élancourt, où a été trouvée la dépouille de Markovic. Ainsi le puzzle prend-il forme. Avec les lettres accusatrices, le témoignage d'Uros et le profil de Marcantoni, la résolution de l'énigme est en bonne voie.

Pas pour longtemps.

Une première déception vient du chauffeur de taxi. Son appel au standard de la PJ semblait pourtant prometteur. Eugène Dahmani s'est reconnu en tombant sur l'appel à témoins publié dans une revue syndicale. Il se souvient d'avoir chargé Markovic dans sa 404 turquoise au 22, avenue de Messine, le soir du 22 septembre – « Il avait un air narquois, le sourire aux lèvres », décrit-il[8]. L'adresse avait été donnée par un client qui l'avait hélé rue Lafayette, près de l'opéra. Hélas, la description qu'il donne ne correspond qu'à moitié à François Marcantoni : la cinquantaine, visage rond et crâne chauve « avec une couronne de cheveux » comme le truand ; mais « le type levantin, israélite oriental », ce qui ne lui ressemble guère. Dahmani a remarqué que l'individu se déplaçait « le corps penché en avant, en se balançant légèrement » – comme s'il claudiquait, donc – et que Markovic et lui se vouvoyaient.

« Le plus âgé demandait au plus jeune s'il aimait la chasse » et promettait de l'inviter à une battue. Il les a déposés devant un bar de la rue de Presbourg, près de l'Étoile. Il ignore s'ils y ont pénétré et sur ce point, les vérifications policières sont vaines.

Sur les six photos que les policiers présentent au chauffeur, deux « pourraient correspondre » à son premier client, dit-il ; celle de Marcantoni est l'une des deux. Cependant, Dahmani tient à souligner qu'il a « très, très mal vu » et conclut : « Je me refuse absolument à déclarer que l'une de ces photographies puisse être celle de ce client. »

Les policiers insistent pour le mettre en présence de Marcantoni. Le taxi, qui a lu le pedigree du suspect dans la presse, se récrie, résiste, ne consent finalement qu'à « observer dans l'entrebâillement d'une porte » le gangster, « assis dans un angle d'excellente visibilité »[9]. Verdict : « L'homme que je viens de voir pourrait parfaitement être le client que j'ai chargé le 22 septembre rue Lafayette (...) toutefois en âme et conscience, je n'ai pas assez vu son visage pour le reconnaître d'une façon affirmative. » Un coup pour rien.

La déconvenue suivante concerne les documents soustraits par Markovic au domicile des Delon. La pochette de disque dans laquelle il les conservait a été confiée par Uros au frère de Stevan, qui l'a remise à l'un des inspecteurs chargés de l'affaire. L'inventaire s'avère pauvre : quelques correspondances privées mais rien de sulfureux. Des mots d'amour, une lettre actant la rupture (« Tu es libre », écrit Delon à Nathalie en lui promettant « un million »), des photos du couple, de leur fils, d'amis, un courrier du premier mari de Nathalie, un télégramme d'anniversaire, des courriers envoyés par l'acteur à d'autres femmes avant son mariage... Que Markovic ait constitué de telles archives relève de l'indélicatesse mais on ne voit pas ce qui, dans ces papiers, aurait pu faire l'objet d'un chantage.

Uros est réinterrogé. « J'ai toujours pensé que ce que m'avait remis Stevan avait peu d'importance, convient-il. J'ai imaginé qu'il devait y avoir autre chose dans sa cachette [10]. » Or il admet avoir fouillé dans le faux plafond après le départ de Stevan et la police a fait de même, sans résultat. Si d'autres documents plus sensibles existent, où sont-ils passés ?

Il n'empêche, le bruit circule parmi les réfugiés yougoslaves : on aurait déniché chez Markovic des clichés compromettants pour des personnalités, ou alors des pages du livre qu'il écrivait, ou bien encore les preuves que Milos ne s'est pas suicidé à Hollywood mais qu'il a été assassiné... Mille et un secrets imaginaires que les anciens compagnons de Stevan s'échangent, se répètent et amplifient.

« Le téléphone yougoslave n'avait rien à envier au téléphone arabe », se remémore le juge Patard [11].

Certains amis de Markovic ayant été placés sur écoute, leurs conversations sont espionnées, mais comment isoler un détail utile dans un tel méli-mélo d'approximations et de on-dit ? Les journalistes aussi prêtent attention à ces racontars, faute de mieux. À *L'Aurore*, au *Parisien libéré*, à *France-Soir*, les spécialistes du fait divers font la tournée des bistrots de Saint-Germain-des-Prés et des Champs-Élysées où les « Yougos » ont leurs habitudes. Contre un verre ou un billet, ils ramassent des anecdotes plus ou moins fiables pour nourrir leurs articles, à défaut d'informations d'origine policière – des consignes de silence ont été dictées par le procureur de Versailles et le directeur de la Sûreté. Ainsi le mutisme officiel ne fait-il que renforcer la rumeur, si bien que l'on tourne en rond... Navré de la confusion qui entoure l'affaire, l'un des adjoints de Samson, le commissaire Bardon, relève : « Les enquêteurs ne sont pas encore familiarisés avec la façon de raisonner des témoins yougoslaves qui mêlent intimement ce qu'ils ont vu, ce qu'ils savent, ce qu'ils ont appris et ce qu'ils en déduisent [12]... »

Ainsi s'explique sans doute l'imbroglio autour de la « balle dans la tête » qui a tué Markovic. Après la seconde autopsie, les enquêteurs s'étaient demandé comment Djorge, le cousin de Stevan, avait pu savoir avant eux la véritable cause du décès et s'en ouvrir au téléphone à Alain Delon pendant son audition à Ramatuelle. Vérification faite, Djorge est parvenu à s'introduire dans les bureaux du SRPJ de Versailles le 3 octobre en « se disant mandaté par le frère de la victime pour reconnaître le corps ». Des images du cadavre lui ont été montrées, sur lesquelles le crâne était si abîmé « que l'état de la tête a pu [lui] faire conclure que la mort était due à un coup de feu », conclura le commissaire Bardon [13].

Avant d'en parler avec Delon, le cousin a d'ailleurs transmis la même information à Alexander Markovic, qui l'a répétée à Uros Milicevic et sans doute à d'autres compatriotes. En quelques jours, toute la communauté des exilés serbes tenait pour certain ce que les experts n'allaient établir que trois semaines plus tard. Aussi, quand la contre-autopsie convertira la déduction hasardeuse de Djorge Markovic en vérité judiciaire, personne ne voudra croire à une coïncidence : si les Yougoslaves savaient comment était mort Markovic, c'est qu'ils savaient qui l'avait tué.

Pour beaucoup, ce loupé originel deviendra même la preuve que l'on a cherché, dès le départ, à étouffer le scandale – thèse qui se heurte à une contradiction majeure : si la première autopsie devait camoufler la cause du décès, pourquoi avoir laissé le juge en ordonner une seconde ?

Pour compliquer le tout, Uros est bientôt de retour au siège du SRPJ ; ses déclarations vont entraîner les enquêteurs sur une piste supplémentaire.

« Tout ce que je vous ai déclaré jusqu'alors est exact mais incomplet, indique-t-il. J'ai omis volontairement de vous préciser qu'il y avait en plus une histoire de drogue[14]. »

L'ami de Markovic livre le récit rocambolesque d'une livraison d'héroïne qui s'achève en queue de poisson. Le beau-père d'Uros, employé à l'American Express, l'avait mis en contact avec un certain Mesarovic, qui cherchait à s'introduire dans les milieux artistiques pour écouler cinq kilos de poudre. Uros en a fait part à Markovic et celui-ci s'est vanté de trouver un acheteur. Trois remises auraient eu lieu, les 18, 19 et 21 septembre. À chaque fois, Markovic glissait les paquets sous son blouson pour les apporter en mobylette à son « client », censé verser 50 000 francs pour le total.

« Je lui ai demandé s'il était sûr de l'acheteur, raconte Uros.

— Tu penses ! C'est François ! » aurait répondu Stevan.

Le paiement était prévu « le 24 ou le 25 septembre, dernier délai », prétend Uros. Entretemps, Markovic a disparu et, sans lui, impossible de récupérer l'argent ni la drogue. Dans un premier temps, Uros a pensé que son ami l'avait « doublé ». Maintenant qu'il le sait mort, il imagine plutôt que leur petit trafic a causé sa perte et il redoute que les assassins ne veuillent s'en prendre à lui.

À première vue, le scénario du dealer amateur refroidi par un professionnel paraît crédible : il colle avec l'obsession de Markovic de trouver de l'argent au plus vite, et tout autant avec la réputation de Marcantoni, s'il est bien le même « François » que celui désigné dans ses lettres. Mais dans cette hypothèse, comment expliquer la vindicte de Stevan envers le couple Delon ? Et quel rapport avec ses mystérieuses archives ? Décidément, plus les éléments s'accumulent, plus l'affaire s'obscurcit.

Sous les yeux du commissaire « Pas-de-chance », c'est comme si le puzzle se défaisait et qu'une main invisible s'amusait à en mélanger les pièces, encore et encore.

5

Le Samouraï et le Colonel

11 octobre 1968, 20 h 30. Le vol 847 en provenance de Londres se pose à l'aéroport d'Orly. À la descente de l'avion, une femme blonde est accostée par quatre inspecteurs. C'est Nathalie Delon. Elle est escortée jusqu'à une 404 noire qui fonce, direction Paris, jusqu'à une annexe du ministère de l'Intérieur située boulevard Gouvion-Saint-Cyr, près de la porte Maillot. Le lieu a été choisi pour continuer l'enquête dans la discrétion, tandis que les journalistes font le pied de grue devant le siège du SRPJ. C'est que l'offensive risque de faire du vacarme. À peine arrivée, l'actrice est placée en garde à vue. Sur le programme des auditions à venir, deux noms suivent le sien : Alain Delon, François Marcantoni.

Toute la nuit, dans un petit bureau au deuxième étage, la jeune femme est pressée de questions. Elle raconte sa rencontre avec Delon, l'apparition de Markovic dans leur existence, la dégradation de leur mariage jusqu'à la séparation. Elle ne cache pas sa liaison furtive avec le Yougoslave, l'été 1967 à Saint-Tropez, qu'elle dit avoir avouée à son mari au mois de juin suivant.

« Alain n'a fait aucun commentaire, et depuis, nous n'en avons jamais reparlé », déclare-t-elle[1].

L'information fait sursauter les policiers : dans sa première déposition, Delon, lui, n'avait pas soufflé mot de cet épisode.

Nathalie Delon poursuit. Elle se remémore l'irruption d'Uros, qui l'a mise en alerte même si elle l'a pris pour un fou ; puis l'annonce de la mort de Stevan, qui l'a « bouleversée », et le besoin qu'elle a éprouvé d'aller prendre quelques souvenirs de lui, avenue de Messine. Au petit matin, l'interrogatoire est suspendu, le temps pour l'actrice d'accompagner le commissaire Samson et son équipe pour une perquisition chez elle, rue François-Ier. Dans deux sacs de voyage, les enquêteurs retrouvent les vêtements, disques et livres qu'elle a ramassés chez le Yougoslave, ainsi que le poignard qui ornait le mur de sa chambre.

« J'ai récupéré ces objets, que j'avais pour la plupart offerts à Stevan, en souvenir », s'excuse-t-elle, confuse[2].

Dans le tiroir d'un secrétaire, un enquêteur tombe sur la lettre déposée par Uros le 22 septembre. Le texte, aussi nébuleux que les autres, parle de reconnaissance et d'ingratitude en s'inspirant du philosophe Alain – Markovic, attiré par son prénom plus que par sa pensée, en avait fait son auteur fétiche.

« Je n'aime pas que vous fassiez le mort, surtout pas lui », écrit Stevan, s'adressant au couple Delon. Et, en guise de conclusion : « J'attends ma grâce qui est et sera (votre) grâce… »

Difficile de comprendre ce qu'il a voulu dire. Un post-scriptum est destiné à Nathalie Delon : « Depuis un an mes nerfs sont en brouille. Je suis dans un désarroi complet que je suis incapable de contrôler mes gestes et encore moins de prévenir alors, tu es adulte et je ne voudrais pas trouver indice comme quoi tu as commis une faute grave ou non vis-à-vis de moi. On se comprend n'est-ce pas ?

On est jamais sûr… et je voudrais pas que ma colère accumulée pendant deux ans tombe sur toi. Merci. »

Voulait-il la menacer ? Elle estime que non. Pour elle, les phrases de Stevan « relèvent de la psychiatrie ».

Le récit de l'actrice comporte une révélation : le 16 septembre, Markovic et elle se sont longuement rencontrés, une dernière fois, dans un café de la porte d'Auteuil. Elle l'a trouvé « extrêmement changé, tant physiquement que psychiquement, plus exalté que jamais ». Markovic lui aurait demandé avec insistance si Delon était au courant de leur aventure – « J'ai répondu affirmativement », indique-t-elle. Il aurait aussi évoqué « un coup » qu'on lui proposait, laissé entendre qu'il « risquait de mourir », affirmé que son logement avait été fouillé et que « des choses avaient disparu ».

Avec le recul, Nathalie Delon revoit « un homme traqué », incapable de formuler ce qu'il avait à l'esprit : « À mon avis, il avait un but précis autour duquel il tournait, suppose-t-elle. J'ai pensé qu'il avait besoin d'argent mais qu'il n'osait pas m'en demander, par orgueil[3]. »

Les policiers reviennent enfin sur la visite d'Uros. Quand il lui a relaté ses derniers instants avec Markovic, il a cité le nom de Marcantoni. Connaît-elle cet homme ?

« Je le connais superficiellement, répond l'actrice. J'ai eu l'occasion de l'avoir à dîner une fois ou deux chez moi et d'aller une fois chez lui, à la campagne, pour voir ses chiens. Alain connaissait cet individu, dont on m'a dit un jour qu'il faisait partie "des grands du milieu"[4] ».

Ce nom, Markovic aussi l'a prononcé devant elle, durant leur entrevue agitée du 16 septembre. Elle ne l'a pas oublié : « Il m'a dit qu'il le voyait souvent, que Marcantoni rôdait tout le temps autour de lui. Je lui ai demandé pourquoi, il a aussitôt changé de conversation[5]. »

L'après-midi du 12 octobre, c'est au tour de Georges Beaume, imprésario d'Alain Delon et ami fidèle du couple, d'être placé en garde à vue. Au même moment, François Marcantoni est embarqué par le commissaire Bardon et un groupe d'agents venus en voisins – Marcantoni habite à moins de cent mètres du bâtiment où se tiennent les gardes à vue. À la différence de Nathalie Delon, le gangster n'est pas surpris. Depuis ses démêlés avec Uros et la nouvelle du meurtre de Markovic, il s'attend à devoir répondre à des questions. Il est prêt.

« J'ai rencontré Alain Delon alors qu'il était matelot à Toulon, il fréquentait le café tenu par mon frère », explique-t-il[6].

C'était à Toulon, au début des années 1950. Charly Marcantoni et Rita, son épouse, dirigeaient un bar à hôtesses, Le Marsouin, où les marins passaient du bon temps. À son retour d'Indochine, le jeune Delon y a eu son rond de serviette. Le cinéma lui a apporté la gloire, il ne lui a pas fait perdre la mémoire : quand François Marcantoni se présente à lui à Paris, en 1958, l'évocation du Marsouin lui sert de sésame. Depuis lors, le truand se flatte d'entretenir « des relations amicales et parfois commerciales » avec l'acteur, suggérant des investissements communs – et tout à fait légaux – dans la restauration ou la production de films. Officiellement rangé des voitures, le « Colonel » rêvait de se faire lui aussi un nom dans le cinéma.

En revanche, il soutient qu'il a très peu connu Markovic. Il l'a croisé dans l'entourage de Delon, parfois sur un champ de courses, mais ne lui accordait « aucune confiance » et repoussait régulièrement ses propositions : « des affaires de tableaux et de bijoux » où le Yougoslave cherchait à le « mouiller », dit-il[7]. En apprenant – « par la presse », jure-t-il – qu'il avait été descendu, Marcantoni en aurait déduit que « les Yougoslaves avaient réglé leurs affaires entre eux ».

En vieux pro du banditisme, il répond avec aisance, affiche un calme olympien. Seule la lecture de la déposition fleuve d'Uros le fait bondir. Le « coup » à 60 millions, la partie de poker ? « Affabulations », lance le caïd. Le rendez-vous avenue de Messine ? Impossible : ce week-end-là, il l'a passé dans sa maison de Goussainville, des témoins pourront le confirmer. À l'heure où Markovic disparaissait à Paris, il affirme avoir acheté du pain à la boulangerie du village. Et dans la soirée, il a reçu deux coups de téléphone – un camarade de Résistance et un ami turfiste. Le pistolet à la ceinture pour menacer Uros au café La Passée ? « Il n'est pas dans mes habitudes de porter une arme dans un établissement public, et à plus forte raison de m'en servir », balaie-t-il avec aplomb[8].

Restent les lettres reçues par le frère Markovic. Elles accusent bel et bien Marcantoni et Delon. Malgré leur ton vindicatif, le truand ne cille toujours pas : « Je ne comprends pas en quoi j'ai pu manquer à Stevan, en dehors de tous les services que j'ai pu lui rendre, pour qu'il me cause un tel préjudice[9]. »

C'est sa première contradiction : quels « services » a-t-il pu rendre à un homme qu'il prétend traiter par le mépris ? Les enquêteurs ne le lui demandent pas. À ce stade, ils le mesurent, le dossier n'est pas assez fourni pour mettre Marcantoni en position d'accusé. Le Colonel peut remettre son chapeau et rentrer tranquillement chez lui à la nuit tombée. Il remporte la première manche ; il y en aura d'autres.

Pour l'heure, l'apparition d'un authentique gangster donne à l'affaire Markovic une autre dimension. Désormais, il n'est plus seulement question de la fin tragique d'un aventurier égaré dans le monde des célébrités, ni de petites combines entre amis yougoslaves ; derrière le crime, ce sont des intérêts mafieux qui affleurent, avec lesquels il vaut mieux ne pas jouer. Des scénarios de film noir s'échafaudent : le Yougoslave s'est-il confronté à plus puissant et dangereux que lui ? A-t-il été victime d'une « sanction » comme le milieu en décrète contre les balances et les gêneurs ?

Sans attendre, les journaux exhument les histoires de voyous qui tournent autour d'Alain Delon depuis ses premiers succès à l'écran. Certaines relèvent de l'anecdote : quelques bagarres dans des night-clubs, pour une jolie fille ou un regard de travers. D'autres, fantasmées, participent de sa légende : quand il tournait *Mélodie en sous-sol*, on lui a prêté – à tort – une expérience de braqueur de banques. Pourtant, sa réputation ne tient pas qu'à ses rôles ; il éprouve de l'attirance pour les mauvais garçons, comme s'il se sentait proche d'eux. Il aime inspirer la crainte autant que l'admiration. C'est pourquoi le personnage du *Samouraï*, l'assassin solitaire du film de Melville, qui enfile des gants blancs avant d'exécuter ses contrats, lui colle tant à la peau : sa violence s'exprime jusque dans ses silences.

Enfant, Delon jouait dans la cour de la prison de Fresnes, où le mari de sa nourrice était surveillant. Adolescent, quand il s'échappe de son internat en rêvant à l'Amérique, c'est vers Chicago, capitale de la mafia, qu'il prévoit de s'embarquer [10]. Devenu un comédien de renom, il s'affiche volontiers avec des admirateurs en costume rayé et chaussures bicolores dans les boîtes contrôlées par la pègre – ce qui ne veut pas dire qu'il trempe dans leurs affaires.

« Basant ses relations sur l'amitié et la bonne tête des gens plus que sur la qualité de leur moralité ou leurs véritables occupations, l'acteur n'a jamais caché les rapports qu'il entretient – pour le plaisir, pourrait-on dire – avec des gens du milieu, de ces "honorables truands" que la police arrête de temps en temps du côté de Marseille ou de Bastia », lit-on dans *L'Aurore* le jour où Marcantoni est arrêté. L'article relate la « curieuse amitié » entre Delon et le parrain Barthélemy (dit Mémé) Guérini ; il est illustré par une photo des deux hommes encadrant Nathalie, tout sourires à l'intérieur d'une ambulance. L'épisode remonte en fait à 1964, pendant le tournage de *L'Insoumis* dans les calanques de Marseille. Guérini s'en souviendra devant les enquêteurs : « Delon s'était cassé la jambe lors du tournage et m'avait demandé de le faire hospitaliser. J'ai accédé à sa demande. Il m'a offert une montre de valeur pour me remercier. Depuis cette époque je ne l'ai plus revu [11]. »

Dans sa cellule de la prison des Baumettes, où il est enfermé sous l'inculpation de « complicité d'assassinat* », le bandit décrit l'acteur « comme un garçon très charmant et très gentil » mais certifie qu'il « ignore tout » de ses rapports avec Marcantoni**.

Sur le bureau du juge Patard, des fiches de police font état d'autres rencontres entre la star et des malfrats de moindre envergure, tels Jean Halimi, alias « Jeannot le Corse », ou Jean-Charles dit « Lolo » Raffini. Le premier est suspecté de rançonner des figures du show-business en échange de sa « protection ». Le second, marié à une vieille amie de Delon, tenait un cabaret à Megève et a produit

* Mémé Guérini sera condamné en janvier 1970 à vingt ans de réclusion pour le meurtre de Claude Mondroyan, que le parrain marseillais accusait d'avoir cambriolé sa villa pendant l'enterrement de son frère Antoine, assassiné en 1967.

** Dans un livre de souvenirs, Marcantoni revendique pourtant d'avoir présenté Delon à Guérini. *Cf. Strass et voyous*, Éd. Les Portes du soleil, 2009, p. 326.

quelques films, avant de s'emparer d'un cabinet d'assurances sur la Côte d'Azur dans des circonstances troubles. En échange de la moitié des parts, il a apporté deux contrats d'assurance-vie mirobolants aux noms de Mémé Guérini et d'Alain Delon. Par la suite, son associé s'est tué dans un accident de la route. Raffini a alors réclamé à la veuve le paiement de traites qu'elle croyait déjà acquittées – mais impossible de le prouver, les archives du cabinet avaient été cambriolées...

Avant le meurtre de Markovic, pareilles fréquentations relevaient du folklore. Delon s'en amusait : il ne détestait pas qu'on le prenne pour un Sinatra à la française, un pied dans l'ombre et le visage sous les *sunlights*. Les hommages de voyous qui le jugeaient « meilleur truand à l'écran qu'ils ne l'étaient, eux, dans la réalité », le faisaient jubiler[12]. À présent, sa proximité avec Marcantoni et quelques autres devient embarrassante. En à peine deux semaines, il est passé de la rubrique spectacles aux faits divers, de Rastignac aux *Liaisons dangereuses*.

« Faisons comparaître à nouveau devant nous M. Delon Alain, trente-deux ans, artiste dramatique. »

Lorsque les policiers tapent ces mots sur le procès-verbal, il est 15 h 15, ce même 12 octobre 1968. La veille, l'acteur a quitté Ramatuelle, le tournage de *La Piscine* touchant à sa fin – ses scènes à lui étaient toutes en boîte. La production avait demandé en haut lieu que le travail de « M. Delon » ne soit plus interrompu par l'enquête ; le procureur, le juge et la police ont obtempéré. Maintenant, le champ est libre et voilà la star à leur disposition, pour ne pas dire à leur merci.

Signe de solennité, le chef du SRPJ de Versailles, le commissaire René Camard, assiste à l'audition. Contrairement à Nathalie Delon et à François Marcantoni, dont il ignore la présence dans des bureaux voisins, lui n'est pas placé en garde à vue. On lui fait prêter serment de dire « toute la vérité, rien que la vérité ».

Fidèle à la position qu'il a adoptée lors des précédents interrogatoires, il se montre peu loquace. Son portrait de Markovic est succinct et distancié, dénué d'émotion. Il l'a connu par son ami Milos et « pris en sympathie ». « Il n'a jamais été question d'amitié particulière entre ce garçon et moi-même », tient-il à souligner pour couper court aux rumeurs. Quant aux sources de revenus du Yougoslave, il affirme qu'il n'en savait rien : « Jamais je ne lui ai donné d'argent, si ce n'est un dépannage d'une centaine de francs. Je ne me suis jamais intéressé à l'activité qu'il pouvait mener. J'essayais de le conseiller et l'invitais à se faire une situation (...) S'il a fait état d'un achat de bar ou de boîte de nuit, je puis vous affirmer que je n'ai jamais eu l'intention de financer de telles entreprises, qui m'ont toujours paru relever de la plus haute fantaisie [13]. »

Tout est dit pour instaurer de la distance entre Stevan et lui. Avec la même froideur, il ajoute : « Il était entendu que lors du déménagement de l'avenue de Messine, il devait aller s'installer ailleurs. J'ai même pensé que c'était fait car j'ai appris qu'il découchait assez souvent. »

Face aux policiers qui croient l'embarrasser en abordant l'infidélité de sa femme avec le Yougoslave, il oppose un mur d'indifférence :

« Je n'y ai pas attaché d'importance, étant donné que nous nous trouvions déjà séparés d'un commun accord. Il ne pouvait être question pour moi d'un quelconque sentiment de jalousie ni d'un ressentiment à l'égard de Stevan. »

Delon confirme d'ailleurs que Nathalie lui a avoué cet adultère. « Je l'en ai remerciée et j'ai très bien compris que son acte avait été commis dans un moment de désarroi », dit-il, rappelant qu'elle venait alors d'apprendre « par la presse » sa demande de divorce*. Même la découverte des archives indiscrètes de Markovic le fait à peine réagir : « Je ne comprends pas les raisons qui ont poussé Stevan à s'emparer de ces correspondances », soupire-t-il simplement.

Il n'accorde pas plus d'importance aux mauvais coups que son protégé envisageait, y compris contre lui. Le vol de sa collection d'armes ? « Il aurait fait une mauvaise affaire », ironise Delon, qui l'estime à « environ 30 000 francs », soit bien moins que sa collection de peintures.

Dans la soirée, le commissaire Samson sort du bâtiment. Une troupe de journalistes, finalement prévenus des opérations en cours, l'assaille. Il leur lance, l'air soucieux : « Soyez patients et surtout très prudents [14]… »

À l'intérieur, ce n'est qu'au milieu de la nuit que les enquêteurs parviennent à ébranler Alain Delon, lorsqu'ils lui mettent sous le nez les lettres écrites par Markovic avant sa mort. Cette fois, le *Samouraï* accuse le coup :

« Je suis stupéfait, effaré de la lecture que je viens de faire, lâche-t-il. Je ne comprends pas l'accusation dont je suis l'objet. Je ne vois pas les raisons qui ont poussé Stevan à porter une telle accusation contre moi. »

À 2 h 30 du matin, l'interrogatoire se clôt sur une impression d'inachevé. L'acteur file par le parking, où l'attend une voiture noire, pour échapper aux journalistes.

Dès le lendemain, le téléphone sonne dans sa suite du Plaza Athénée. La police le convoque à nouveau. Les

* Le détail est exact. L'action civile fut engagée par l'acteur au mois d'août 1967. Son épouse l'apprit par la télévision, pendant le tournage du *Samouraï*, dans lequel elle jouait un rôle. Le divorce sera prononcé le 14 février 1969.

reporters, bien inspirés d'être restés sur place, le voient revenir vêtu d'un blouson d'aviateur, fringant et rasé de frais. C'est peu dire qu'il ne semble pas impressionné. Les enquêteurs l'interrogent cette fois sur l'épisode du trafic de drogue auquel Markovic aurait pris part. Delon, sans se démonter, admet qu'il en a entendu parler par Uros durant leur entrevue à Saint-Tropez : « J'ai pris cela pour de l'affabulation », indique-t-il[15]. S'il n'en a pas parlé d'emblée aux enquêteurs, c'est parce que le jeune Yougoslave, paniqué, l'avait imploré de garder le secret. Il convient en tout cas d'avoir tout de suite pensé à Marcantoni en entendant que l'héroïne devait être livrée à un certain « François » ; mais c'est pour ajouter aussitôt : « Pour moi, il était impensable que Marcantoni puisse faire confiance à Stevan. »

Au moment de quitter les bureaux de la PJ, Delon appelle Mireille Darc, sa nouvelle compagne. Les journaux du soir font leurs gros titres sur son audition. « Divers témoins ont été interrogés, mais on ignore aussi bien leur identité que la teneur de leurs propos », rapporte *Le Monde*[16].

« Mimi, tu te sens capable de m'accompagner à l'Opéra ? demande l'acteur. J'aimerais que tu sois près de moi.

— J'y serai, Alain, répond Mireille Darc.

— Alors sois belle, exceptionnellement belle[17]. »

Deux heures plus tard, le couple fait sensation dans les salons du Palais Garnier, tout de noir vêtu – lui en smoking, elle en costume de velours Saint Laurent. Les invités se bousculent autour de Rudolf Noureev et de Maria Callas pour la première de *Phèdre*. « On s'interpelle, on s'embrasse, on se congratule et soudain, le brouhaha s'essouffle à notre vue », rapporte la comédienne. À l'entracte, pourtant, les regards convergent vers d'autres hôtes de marque : Claude et Georges Pompidou. Dans le bourdonnement de la foule et le cliquetis des coupes de champagne, ils n'entendent pas ce qui se chuchote dans leur dos.

6

Un fleuve de boue

Au début de l'automne 1968, Georges Pompidou a tout lieu d'être satisfait de son sort. Hors de Matignon, il n'a plus la haute main sur les affaires de l'État ni vraiment l'oreille du Général mais il garde un capital d'estime auprès des Français. L'UDR, le parti gaulliste, est peu ou prou sous son contrôle : il a installé à sa tête un homme dévoué, le député Robert Poujade, un normalien comme lui. Devant les chefs du mouvement, Maurice Couve de Murville est bien obligé de louer le « rôle éclatant » de son prédécesseur [1].

Délesté de la charge des affaires publiques, l'intéressé goûte les charmes de la popularité. Pendant ses vacances d'été prolongées – d'abord sur la côte bretonne, puis à Cajarc, dans sa maison sur le causse, enfin en Provence, entre les Alpilles et le Var –, il a reçu les encouragements des promeneurs. « On compte sur vous », « Revenez vite ! ». Cet air de *Pompidou-mania* l'a suivi jusqu'à Paris, et lui a redonné de l'entrain. Un sondage paru dans *L'Express* fait de lui le meilleur candidat pour succéder à de Gaulle, loin devant ses potentiels rivaux*.

* Sondage de la SOFRES publié le 20 octobre 1968. En réponse à la question : « Qui ferait le meilleur candidat à la présidence de la République », 41 % des Français choisissent Georges Pompidou, 15 % Maurice Couve de Murville, 9 % François Mitterrand, 9 % Valéry Giscard d'Estaing (26 % ne se prononcent pas).

Même parmi les proches, peu remarquent la bouffissure de son visage, due au traitement à la cortisone qui lui a été prescrit après une analyse de sang anormale. Lui ne semble s'inquiéter ni de sa santé, ni pour son avenir. Il a doublement tort.

Dès le lendemain des interrogatoires en rafale d'Alain et Nathalie Delon, Georges Beaume et François Marcantoni, un étrange écho se répand dans les antichambres du pouvoir, les salles de rédaction et les palais de justice, jusqu'aux soirées mondaines où les sommités de la politique et des affaires se croisent, échangeant des services et des informations – cela va du tuyau boursier au ragot salace sur telle célébrité ; on ne sait pas si « c'est vrai » mais on l'a « entendu dire », donc on le répète. De quoi s'agit-il cette fois ? Stevan Markovic, l'homme à tout faire d'Alain Delon, n'aurait pas succombé à une rixe entre voyous, pas même à un règlement de comptes entre gangsters, mais à une exécution commandée pour le faire taire parce qu'il détenait des secrets alarmants pour certaines personnalités, peut-être même pour le régime. Autrement dit, sous le fait divers crapuleux se nicherait un scandale d'État.

Le 14 octobre, *L'Aurore* titre : « Ce Tout-Paris du spectacle qui intéresse aussi les policiers ». Le journal cite sans précaution Sylvie Vartan, Guy Béart et Marie Laforêt, et indique que « les noms de deux députés, peut-être celui d'un ancien ministre et de son entourage, ou de certains hauts fonctionnaires » figurent sur la liste des personnes à interroger. Le même jour, *Le Figaro* prête à Markovic « de nombreuses relations dans les milieux de la politique, du spectacle et de la chanson », et ajoute : « C'est ainsi que l'on évoque les noms de plusieurs actrices, de chanteuses, de la femme d'un ancien membre du gouvernement et ceux d'un député, de deux hauts fonctionnaires et de plusieurs vedettes. » Le lendemain, *Le Parisien libéré* croit savoir que le Yougoslave a été vu déjeunant avec « deux députés » et fait allusion à « un chantage assez particulier », tandis que *La Croix* suggère un arrière-plan peu catholique : « Les policiers se demandent s'il ne s'agissait pas d'un chantage projeté sur une personnalité politique connue. »

Semblable tir groupé ne peut résulter d'une coïncidence. Si tant de journaux formulent au même moment des hypothèses similaires, c'est qu'ils sont alimentés par la même source – directement ou indirectement. Mais qui raconte cela et dans quel but ? Et qui peut apparaître assez crédible pour que des journalistes scrupuleux y souscrivent sans vérifier ?

Pour le juge Patard, le doute n'est pas permis : « Ça ne pouvait venir que de la police[2]. »

À ce stade, le dossier d'instruction ne contient pas le moindre indice liant le meurtre de Markovic à la sphère politique. Certes, la proximité de Markovic avec Alain Delon lui ouvrait les portes du show-business, il a connu ainsi le monde de la nuit et côtoyé des « vedettes » comme Sylvie Vartan et Marie Laforêt ; mais rien ne laisse penser qu'il s'est promené jusqu'aux allées du pouvoir. Aucun politicien n'est cité dans les procès-verbaux de la police. Et si l'idée d'un chantage fait son chemin, c'est avec le couple Delon pour cible ; or le peu d'intérêt des papiers collectionnés par Markovic, on l'a vu, affaiblit cette thèse.

Le seul élément concret, si l'on ose dire, c'est que Markovic a été photographe – « photostoppeur », plus précisément, comme beaucoup de réfugiés serbes : il prenait des clichés de touristes et les leur vendait pour quelques francs. Jusqu'à sa rencontre avec Delon, il portait souvent un appareil en bandoulière. De là à imaginer qu'il prenait aussi des images d'un autre genre, il y a un monde, mais c'est encore trop peu pour arrêter la rumeur.

Le 17 octobre, *Minute* affiche en couverture : « Révélations sur le scandale du gorille d'Alain Delon : les ballets roses dépassés ; panique dans le Tout-Paris ; des visages célèbres sur les photos du maître-chanteur. » Empli d'insinuations et de citations apocryphes, l'article affirme que Markovic organisait des soirées libertines dans des « villas des Yvelines », où se croisaient artistes et politiques qu'il fournissait en drogue et en prostituées, et dont il photographiait les ébats. L'allusion aux « ballets roses » renvoie à un scandale dont le souvenir reste vivace : la chute d'André Le Troquer, dernier président de l'Assemblée nationale sous la IVe République, après la découverte des bacchanales auxquelles il s'adonnait dans son pavillon de chasse avec des adolescentes habillées en danseuses. Le procès de l'élu, en 1961*, a laissé une impression d'amoralisme dans le monde politique qui ne demande qu'à être relancée.

La semaine suivante, l'hebdomadaire d'extrême droite renchérit, cette fois sur le ton de l'indignation. « On étouffe le scandale », proclame-t-il. Il est maintenant question d'une « effarante collection de photos » saisie dans l'appartement de Markovic et de lettres attestant ses « flatteuses conquêtes ». L'auteur du récit – anonyme, cela va sans dire – croit bon de spécifier : « C'est là qu'on retrouverait "la femme d'un ancien membre du gouvernement", comme disent pudiquement les journaux. » Et de préciser, entre autres détails, qu'il en coûtait 2 500 francs aux participants de ces fêtes, et plus cher ensuite quand Markovic les menaçait de diffuser ses clichés…

* André Le Troquer (1884-1963) a été condamné à un an de prison avec sursis et une amende pour « attentat aux mœurs » et « incitation de mineurs à la débauche » par la cour d'appel de Paris, le 3 mars 1961. Vingt et une autres personnes ont été condamnées, dont plusieurs à des peines d'emprisonnement ferme.

Rien, absolument rien n'est vrai dans cette somme d'insanités mais ni la justice ni la police ne prennent l'initiative de démentir. Au contraire, la presse souligne que l'ordre de refuser toute communication sur ce dossier ultrasensible émane du ministre de l'Intérieur en personne, Raymond Marcellin, ce qui explique le *black-out* et entretient les fantasmes. Personne ne relève qu'une telle consigne, pour peu qu'elle existe, ne s'applique pas au procureur, qui reste néanmoins bouche cousue – le secret de l'instruction a bon dos.

Bientôt, les journaux de gauche entrent dans la danse. *L'Humanité* s'indigne des « parties fines » que révélerait l'affaire Markovic et réclame « la vérité » sur une accusation pourtant bâtie sur de pures conjectures. Le 23 octobre, *Le Canard enchaîné* prend le relais : il consacre un long article aux « partouzes » – le mot est lâché – lors desquelles « une catégorie de citoyens et de citoyennes qui disposent de beaucoup d'argent et de facilités matérielles » s'autoriserait à « goûter à tous les plaisirs » et décrète : « L'affaire Markovic entre à l'évidence dans le cadre d'une de ces fêtes ». Prétendant dévoiler ce que le gouvernement cacherait, l'hebdomadaire satirique affirme que « tout est mis en œuvre pour étouffer le scandale » parce que « les personnages compromis, de près ou de loin, directement ou par des membres de leur famille et de leur entourage, appartiennent à la très haute société ». Aussi, au nom du « petit peuple qui voudrait lui aussi faire la fête et ne le peut pas », réclame-t-il « des noms, des noms ! ». Mais il se garde bien d'en donner.

Ce long texte au ton moralisateur est signé Jean Manan. Derrière ce pseudonyme s'abrite l'un des fers de lance du *Canard*, Jean Clémentin, considéré alors comme l'un des journalistes les mieux informés de Paris[3]. Tout le monde ignore que celui-ci est un agent rétribué des services tchécoslovaques, pour qui il mène des actions de « désinformation »[4]. Rien n'interdit de penser, *a posteriori*, que ce qu'il écrit sur l'affaire Markovic entre dans le champ de sa mission – sauf à penser qu'il s'est intoxiqué tout seul.

S'il n'est publié nulle part, le nom de Claude Pompidou circule dès ce moment parmi les policiers et quelques journalistes, mais aussi en haut lieu. Le principal collaborateur de Pompidou, Michel Jobert, surprend un dialogue entre « deux professionnels des nouvelles » dans un cocktail mondain, « quelques jours après » la découverte du corps de Markovic : « Eh bien, ce sont les Pompidou qui vont trinquer ! » prédit l'un d'eux[5]. Le préfet de police, Maurice Grimaud, établit quant à lui qu'un reporter de *L'Aurore* a été le premier à « parler de Mme Pompidou », dans une conversation avec un dirigeant du Parti socialiste* le 13 octobre. À cette époque, les Renseignements généraux ne rechignent pas à espionner les opposants politiques ; on peut donc supposer que l'information provient d'une écoute téléphonique.

Le secrétaire général de l'Élysée, Bernard Tricot, a vent de ces supputations. Il s'inquiète auprès de Marcellin :

« Vous qui entendez encore plus que moi tous ces bruits, comprenez-vous pourquoi tant de gens parlent de M. Pompidou à propos de l'affaire Markovic ?

— Non, en dehors du fait qu'il a rencontré parfois Alain Delon, ce qui ne veut rien dire », répond le ministre de l'Intérieur.

* Il s'agissait de Claude Fuzier, membre du bureau du PS et rédacteur en chef du *Populaire*, l'organe du parti. *Cf.* Maurice Grimaud, *Je ne suis pas né en Mai 68, Souvenirs et carnets*, Tallandier, 2007, p. 391.

Marcellin promet à Tricot de lui signaler tout « élément précis » qui serait porté à sa connaissance[6].

Aucun de ces initiés n'informe Pompidou, pas plus que les élus, industriels et directeurs de journaux avec qui l'ancien Premier ministre s'entretient régulièrement et qui, tous, ont entendu des bruits identiques.

« Dans ce silence, il y avait certainement plus d'embarras que de fourberie », plaide Édouard Balladur, autre membre de sa garde rapprochée[7].

Au tribunal de Versailles, le juge Patard aussi éprouve de la gêne. Dans son bureau exigu, qu'éclairent faiblement une fenêtre trop haute pour être ouverte et un œil-de-bœuf donnant sur la salle des pas perdus, il se demande d'où peut venir cette surenchère médiatique. C'est un homme affable et rondouillard de quarante-quatre ans, qui aime la marche à pied et fume la pipe – il aurait sa place dans un roman de Simenon. Patard a débuté dans la magistrature à Hazebrouck en 1955, été substitut du procureur au Havre, dirigé des parquets de province en Algérie. Il a pris son poste à Versailles en 1965. L'affaire Markovic lui est tombée dessus parce qu'il était de permanence et que « personne n'imaginait que c'était un gros truc », relève-t-il modestement[8]. À présent, plus il lit la presse, moins il reconnaît son dossier.

Pour garder les idées claires face à tant d'échos contradictoires, le magistrat note sur des cahiers d'écolier ce qui lui semble utile : les comptes rendus de la police, les vérifications à entreprendre, les phrases importantes prononcées par les témoins – y compris, parfois, après la clôture du procès-verbal –, ses conversations avec le procureur, ses réflexions personnelles. Tantôt il reproduit *in extenso* les extraits d'une déposition, tantôt il griffonne à la hâte ce qu'on lui dit au téléphone, en utilisant des flèches et des abréviations. Le plus souvent, ses annotations sont datées.

Au fil des semaines, l'ensemble forme une sorte de journal de bord de l'instruction reflétant ses espoirs et ses doutes, ses déductions comme ses hésitations.

Sous la date du 26 octobre 1968, Patard résume sa conversation avec le commissaire Samson. Ce dernier l'a rassuré : « Pas de pression sur les enquêteurs. » C'est bon à savoir. Il l'informe des déclarations d'un Yougoslave : Alain Delon serait victime d'un « racket ». Un autre mentionne une attaque en préparation : « Information enlèvement Delon se précise. » La suite ne le confirmera pas.

Sur un feuillet volant glissé entre les pages, le juge inscrit une information restée secrète : « Madame Claude (Grudet) reçue par Ottavioli. » Fondatrice d'un célèbre réseau de prostitution de luxe, « Madame Claude » s'appelle Fernande Grudet. Elle vient d'être interrogée par le chef de la Brigade mondaine, Pierre Ottavioli, dans un cadre tout à fait officieux. La proxénète est traitée avec égards : elle collabore souvent avec les services de renseignement, friands de secrets d'alcôves, et possède des relations qui en imposent. Elle est, par ailleurs, la propriétaire d'une ancienne bergerie à Cajarc, lieu de villégiature des Pompidou, qu'elle a rachetée au ministre Olivier Guichard, l'un des barons gaullistes les plus capés… Le commissaire Ottavioli lui demande si elle connaissait Markovic et si ce dernier, comme cela se murmure, a eu recours à son agence pour fournir des participantes aux prétendues « soirées ». Ne lui aurait-il pas confié des documents ?

Le juge consigne la réponse de Madame Claude : « Ne connaît ni Delon ni Markovic. N'a remis ni photo ni carnet. »

Aussitôt après, il note : « Le Ministre a convoqué PP – Ottavioli ». Autrement dit, Raymond Marcellin a exigé un compte rendu express de l'audition par le chef de la

« Mondaine » et son supérieur hiérarchique, le préfet de police.

En conclusion, Samson suggère à Patard – à moins qu'il n'en ait reçu l'ordre – de « pousser sur les mœurs et les cercles ». En clair : de suivre la piste des « partouzes ».

Pour la police, le petit monde de l'échangisme n'est pas une terre inconnue. Elle en connaît les habitués, elle y a ses indicateurs. Elle sait où les choses se passent : des clubs privés plus ou moins camouflés en cabarets, comme Le Roi René, à Ville-d'Avray, où les orgies font recette. Pendant des semaines, en dehors de toute procédure, un groupe d'enquêteurs multiplie les vérifications à la recherche d'un tuyau, d'un souvenir ou d'une indiscrétion. En vain.

Chez le juge Patard, la question des « partouzes » vire bientôt à l'obsession. Les allusions à la prostitution, aux clubs échangistes et à d'éventuelles « photos compromettantes » prolifèrent dans ses cahiers. Aux témoins qu'ils convoquent, les policiers posent avec insistance des questions sur leur orientation sexuelle, leurs pratiques, leurs partenaires. « Alain Delon couche-t-il avec des hommes ? », lit-on sur de nombreux procès-verbaux. Sans compter les coups de fil d'imposteurs anonymes, avec leur lot de méchancetés gratuites, que reproduisent parfois les gazettes.

Delon s'en insurge. Dans un texte adressé aux agences de presse, il dénonce « une campagne de rumeurs, ragots, potins et sous-entendus, soigneusement diffusés comme s'ils constituaient des renseignements de l'enquête[9] ». Il ne dit pas qui il soupçonne mais il n'a pas tort. Tout cela alimente un fleuve de boue qui, à force de grossir, submerge les rares progrès de l'enquête.

Ainsi la piste du trafic de drogue, qui semblait séduisante, est-elle déjà oubliée. Après l'interrogatoire de Marcantoni, la presse en a fait ses choux gras ; une semaine plus tard, elle ne la mentionne plus. C'est que l'héroïne de Markovic était de la poudre aux yeux. Les « Stups » ont vite mis la main sur le concepteur de l'arnaque, Bora Mesarovic ; il est passé aux aveux sans se faire prier. Exilé politique, il jure n'avoir eu d'autre but que d'amasser assez d'argent pour faire éditer un pamphlet anticommuniste. Ayant sympathisé en prison avec d'authentiques trafiquants, il a eu l'idée d'acheter cinq kilos d'amidon dans une pharmacie, les a emballés dans du papier transparent recouvert de tampons « Fabrika opiuma », avant de confier le tout à Uros en lui faisant croire qu'il s'agissait de drogue[10]. C'est ensuite que Markovic s'est targué d'écouler la marchandise et qu'on ne l'a plus revu vivant*.

Reconstitué de la sorte, le scénario évoque donc moins un trafic de drogue aux conséquences funestes qu'une entourloupe où tout le monde cherchait à abuser tout le monde.

Si Markovic a réellement trouvé un acheteur, aucun truand – Marcantoni ou un autre – ne l'aurait payé sans vérifier la qualité du produit. Or il a raconté à Uros que son « client » avait tenu à prélever un échantillon. Dès lors, la supercherie aurait dû être éventée à la première livraison ; or il y en a eu deux autres par la suite. D'un autre côté, si c'est la fausse drogue qui a entraîné sa perte, on voit mal pourquoi Markovic n'a pas été descendu sur-le-champ par ceux qui voulaient le punir. À moins que le Yougoslave ne se soit simplement vanté, qu'il n'y ait jamais eu d'acheteur et qu'il n'ait pas osé l'avouer à son ami Uros, dont l'admiration le flattait. Dans tous les cas, il est peu plausible que cette histoire rocambolesque ait pu causer la mort d'un homme.

---

* *Cf. supra*, p. 66.

Cette piste refermée, une autre s'entrouvre. De Rome, une autre exilée yougoslave promet des « révélations ». Zorika Milosevic est la sœur de Milos, le compagnon de Delon mort à Los Angeles en 1966. La jeune femme, qui se présente comme artiste peintre, expédie par la poste à la Sûreté parisienne un mémoire dans lequel elle conteste les résultats de l'enquête sur le décès de son frère. « C'est de la dynamite », s'enthousiasme une source policière citée par *L'Aurore*[11]. Le magazine *Détective* lui consacre plusieurs couvertures. Les objections de Zorika ne pèsent pourtant pas lourd : les enquêteurs ont obtenu copie des rapports américains, dont les termes s'avèrent incontestables. Toutefois, leurs échanges téléphoniques avec la sœur de Milos les persuadent qu'elle a des choses à dire sur la mort de Markovic.

Le 28 octobre, Zorika Milosevic est interrogée au siège de la police italienne, en présence d'un inspecteur parisien. Elle dit avoir été en relation avec Stevan Markovic depuis plusieurs mois ; elle attendait même sa visite prochaine quand sa mort a été annoncée.

Elle affirme que « Stevan tenait un journal », jure l'avoir « vu entre ses mains ». « Markovic m'a dit qu'il n'était pas complet et qu'un jour il me le lirait, et même qu'il le publierait, et qu'ainsi seraient divulguées des choses compromettantes pour Alain Delon et sa femme Nathalie », déclare Zorika[12].

Stevan lui avait donné un numéro en cas de problème : celui d'un dénommé « Misha », réfugié serbe au casier judiciaire fourni qui évoluait, lui aussi, dans l'entourage d'Alain Delon. Les enquêteurs font vite le rapprochement ; c'est le même homme qui avait essayé d'intimider Uros quand celui-ci courait Paris à la recherche de Markovic*.

---

* *Cf. supra*, p. 52.

Zorika dit l'avoir appelé dès la nouvelle du crime.

« Il m'a dit que si la police m'interrogeait, je devais lui dire les mêmes choses qu'Alain Delon avait déclarées, c'est-à-dire que je ne connaissais Stevan que de vue », assure-t-elle. Elle ajoute que « Misha » l'aurait pressée d'appeler le frère de Markovic, Alexander, pour lui donner le même conseil : « Ne pas insister pour faire pousser à fond l'enquête, si nous voulions vivre tous les deux. »

« Et toi, sais-tu quelque chose sur sa mort ? aurait-elle demandé à Misha.

— Stevan a eu ce qu'il méritait, avait répondu le Yougoslave.

— Mais encore ?

— Si j'avais couché avec Nathalie Delon, étant l'ami d'Alain, je le lui aurais dit ; mais Stevan ne l'a pas fait, donc c'est comme garder un serpent chez soi (...) Une affaire de ce genre, selon la loi des bas-fonds de Paris, se règle de cette manière. Connaissant Alain, Stevan aurait dû le prévoir. Ça ne faisait rien à Alain que sa femme ait couché avec Stevan, mais le fait que Stevan lui ait caché cela lui a fait perdre toute confiance. Ça lui a montré qu'il pourrait révéler des secrets particuliers qu'Alain lui avait confiés dans le passé, comme à un véritable ami. »

Déposition fracassante, il est vrai, mais difficile à exploiter. Comment confronter Delon à des déclarations aussi vagues ? Et comment être sûr que Zorika Milosevic ne cherche pas avant tout à attirer l'attention sur la mort de son frère, au risque d'embrouiller une affaire qui l'est déjà tant ? Quant à « Misha », impossible de l'interroger : il s'est évaporé. Un mandat d'arrêt est lancé contre lui pour des vols de voitures et des cambriolages, en pure perte. Et inutile de compter sur Uros pour retrouver sa trace. Lui aussi a filé. Son téléphone ne répond plus. Il est rentré en Yougoslavie. Ses amis disent qu'il avait peur pour sa vie.

De l'intrigue criminelle qui passionne la France avec ses rebondissements, ses culs-de-sac et ses échos affriolants, Georges Pompidou ignore presque tout. Il aperçoit, dans les journaux, ces allusions à un chantage scabreux autour de soirées spéciales et à « la femme d'un ancien ministre » qui y serait mêlée. Il s'interroge, « essayant de voir à qui cela pouvait s'appliquer » ; mais il porte plus d'attention à la politique et à l'économie qu'à « un fait divers, même exceptionnel, même croustillant »[13]. Les difficultés de la rentrée le préoccupent. De Gaulle hésite à dévaluer, ce qui inquiète les milieux financiers, et l'envie d'un référendum le taraude toujours. Ce serait le moyen de refonder sa légitimité, raisonne le Général. Pompidou redoute, lui, une manœuvre suicidaire.

Dans l'immédiat, le député du Cantal s'efforce de garder de l'influence sans gêner le gouvernement, tel un acteur qui répéterait sans monter sur scène. Concentré sur sa stratégie personnelle autant que sur les épreuves du pays, il est sourd et aveugle.

C'est seulement le mardi 5 novembre que le silence est brisé. Un ancien conseiller de Matignon, Jean-Luc Javal, lui demande audience. C'est un économiste reconverti dans la banque qui porte beau et dîne en ville, a des oreilles partout. Il sait depuis des jours ce qui court les salons.

« Le patron est-il au courant ? » a-t-il demandé à l'entourage. Il n'a reçu comme réponse que des regards gênés. Alors, devant Pompidou, Javal finit par se dévouer :

« La femme dont tout le monde parle au sujet de l'affaire Markovic, c'est la vôtre.

— C'est de la folie ! » s'exclame Pompidou.

7

Un hélicoptère pour Colombey

Pompidou est sous le choc. Qu'une accusation aussi invraisemblable ait pu se répandre dans le Tout-Paris sans qu'il le sache le laisse doublement stupéfait – certains y ont cru, tous se sont tus. Que faire maintenant ? Il veut savoir d'où est partie l'attaque, mais la rumeur est un flot qui ne se remonte pas. Il voudrait la faire taire mais impose-t-on le silence à un ennemi qui a mille bouches mais pas de visage ?

La calomnie est une arme de la politique. D'autres avant lui ont eu à en souffrir. Léon Blum, caricaturé en magnat juif soupant dans une vaisselle en or. Roger Salengro, dénoncé comme déserteur et poussé au suicide. François Mitterrand, suspecté à tort de la fuite de documents militaires sur l'Indochine, dans les années 1950. Pompidou lui-même a déjà rencontré la suspicion : en 1959, revenu auprès du Général après cinq années à la banque Rothschild, il dut repousser des insinuations sur un délit d'initié, après qu'une dévaluation du franc avait enrichi quelques familiers du pouvoir. La presse en a peu parlé ; il en a conçu plus d'agacement que d'inquiétude. D'ailleurs, il n'envisageait pas encore une carrière politique, son nom et son visage n'étaient guère connus des Français.

Cette fois, c'est différent. Le député du Cantal est une personnalité qui compte, le premier dans l'ordre de succession. Il est obligé de réagir. Se taire ressemblerait à un aveu. Mais il a plusieurs coups de retard. À l'instant où Javal le met au courant, il peut encore croire à une série de racontars malveillants, comme il s'en colporte dans les salons et les rédactions. Il ne va pas tarder à comprendre que l'affaire a déjà pris une autre dimension.

La mèche a pris feu le 25 octobre 1968. Au courrier du matin, René Patard a trouvé un pli en provenance d'un collègue parisien, le juge d'instruction Jean Sablayrolles. À l'intérieur, une lettre adressée à Alain Delon par un détenu yougoslave de Fresnes, que les surveillants ont interceptée. Datée du 10 octobre, elle fait référence à Stevan Markovic. Le signataire s'appelle Borivoj Ackov, division 3, cellule 160. Il a vingt-cinq ans, de nombreux méfaits à son actif, un emploi de barman qu'il occupe par intermittence, entre ses séjours derrière les barreaux.

« Cher Alain, écrit-il, certainement seras-tu étonné de recevoir une lettre de Fresnes mais comme tu peux le voir, je suis incarcéré pour des raisons que je t'expliquerai de vive voix d'ici peu de temps je l'espère. »

Un paragraphe est consacré à Markovic : « J'arrive à peine à croire la triste et brutale mort de notre proche ami commun Stevan. Est-il possible ? » Il indique avoir appris la nouvelle par son avocat, se dit « bouleversé » et questionne l'acteur : « Peux-tu me dire exactement comment cela est arrivé ? Je voudrais savoir. »

La missive se termine sur un ton de camaraderie : « Fais de gros bisous à ton fils pour moi, j'espère qu'il va bien. Mes respects à Mme Delon et une grande claque dans le dos de Marcel. Cordiales poignées de main et toujours amicalement. Bob. »

L'écriture est fine et régulière, la syntaxe correcte, le texte sans faute d'orthographe ou presque. Sur le coup, Patard ne relève pas cette étrangeté. Son enquête s'enlise, il est prêt à saisir toutes les perches que la chance lui tend. Cet Ackov en est peut-être une. Le magistrat appelle la PJ : qu'un inspecteur aille voir ce témoin tombé du ciel, on verra bien s'il y a quelque chose à en tirer.

Le mercredi 30 octobre en début de matinée, l'officier de police Georges Monceau se rend à la maison d'arrêt. Ackov se présente comme « un ami de longue date » de Markovic, il connaît ses bars favoris et la plupart des réfugiés serbes cités dans le dossier. En revanche, emprisonné depuis l'été, il ne sait « absolument rien de la mort de Stevan ». Il a néanmoins son idée :

« Pour moi, le mobile du meurtre est le chantage car Stevan était un habitué de ce genre d'affaires. Il était presque toujours porteur d'un appareil Polaroid au cours de ses sorties, de jour comme de nuit. Je sais qu'en 1965-1966, Stevan faisait du chantage avec d'anciennes maîtresses qu'il avait prises en photo. Il opérait plus spécialement dans les milieux du cinéma [1]. »

Le policier l'invite à en dire davantage :

« Je connais au moins deux endroits où Stevan participait à des parties fines, répond-il. L'un à Paris, l'autre en banlieue ; je ne peux vous préciser les adresses mais je pourrais vous y conduire. »

Ackov raconte avoir lui-même participé à une de ces soirées, au cours de l'été 1966, avec Markovic et « cinq autres hommes dont deux compatriotes ». À lire le procès-verbal, la confession s'arrête là. « Il me faudrait réunir mes souvenirs pour pouvoir vous fournir d'utiles renseignements, aussi bien sur les personnes que nous avons rencontrées que sur les lieux », conclut le prisonnier.

En réalité, la conversation a duré près de cinq heures*. Mais l'officier Monceau, ébahi de ce qu'il entendait, a préféré en occulter une partie : celle où Ackov décrit la maison où l'orgie se serait tenue, en livrant force détails sur l'ambiance, la physionomie ou l'identité des participants – y compris une grande blonde avec qui il se vante d'avoir eu un rapport sexuel, et dont Markovic lui aurait dit : « C'est Mme Premier ministre. »

De retour à son bureau, l'inspecteur se rue chez le commissaire Samson. Ses notes sous les yeux, il reconstitue l'incroyable déballage d'Ackov. Samson ordonne le secret. Monceau range son carnet sous clé et, la Toussaint approchant, part se reposer quelques jours.

Dans l'après-midi, Samson prévient son supérieur, le commissaire Camard, qui alerte sa hiérarchie. L'information remonte jusqu'au cabinet du ministre de l'Intérieur, Raymond Marcellin, qui exige un rapport. Pour s'exécuter, Samson doit forcer le tiroir de Monceau et récupérer ses notes. En parallèle, il informe le juge Patard, qui téléphone au procureur Lajaunie. Peu après, le cabinet du garde des Sceaux, René Capitant, est dans la boucle.

Le lendemain soir, Patard est reçu par Lajaunie, qui transmet la consigne :

« Ces informations doivent figurer dans le dossier. Il faut réinterroger ce Yougoslave. Faites-le vous-même, ce sera plus sûr. Ordre venu d'en haut[2]. »

Patard hésite. Pourquoi se précipiter ? Après tout, le chef du parquet n'est pas son supérieur – les juges d'instruction sont indépendants. Et puis le week-end férié offre l'occasion de réfléchir dans le calme. Dans son petit cahier, après le coup de fil du commissaire Samson, il a grif-

* Le procès-verbal indique que l'audition a commencé à 9 heures pour se terminer à 13 h 50. Il n'est pourtant long que de cinq pages…

fonné une liste de noms issue des confidences d'Ackov : « Joël », « Ange », Mickey », « Zoki », « M. Lucien », ainsi que « deux jeunes filles », le nom de la femme d'un conservateur de musée et, enfin, « Mme Pomp. »

« Ackov n'est pas affirmatif pour la reconnaissance de la villa », consigne-t-il. Raison de plus pour se hâter lentement.

Au sommet de l'État, c'est tout l'inverse. Le secrétaire général de l'Élysée, Bernard Tricot, reçoit un appel de Marcellin :

« Il y a du nouveau et cela paraît ennuyeux. Capitant est au courant[3]. »

Une réunion se tient le vendredi matin 1er novembre chez le ministre de la Justice. Aussitôt après, Tricot se rend chez Maurice Couve de Murville, qu'il trouve alité, atteint d'une mauvaise grippe – et « bien embêté » d'apprendre ce qui se passe[4]. Tricot s'envole ensuite en hélicoptère pour Colombey-les-Deux-Églises, où de Gaulle s'est retiré pour une semaine. Il emporte dans sa serviette une synthèse préparée par la Chancellerie et le rapport du commissaire Samson.

Faut-il que l'heure soit grave pour déranger le chef de l'État en un pareil jour. À la Toussaint, le Général et son épouse aiment s'isoler à La Boisserie et prier pour leur fille, Anne, qui repose dans le parc sous la protection des frênes centenaires. *A posteriori*, Pompidou verra dans cette précipitation la preuve d'une intention de nuire ; il accusera Tricot d'avoir trempé dans le complot, trop heureux de flétrir son image auprès du Général. Il faut néanmoins admettre qu'il était difficile au principal collaborateur du Président de lui taire une affaire aussi lourde de menaces.

De Gaulle écoute Tricot résumer l'affaire Markovic, ses différentes pistes et le témoignage d'Ackov.

« Qui est au courant ? questionne-t-il.

— Capitant, Marcellin et Couve de Murville.

— Et Pompidou ?

— Non. Il est chez lui, dans le Lot. Personne ne lui a parlé[5]. »

Le Général décide alors... de ne rien décider sur-le-champ. Dans ses *Mémoires*, Tricot affirme que, sans imaginer « rien de grave », de Gaulle n'exclut pas « qu'il y ait eu une imprudence » de la part de Pompidou. Il compte sur Couve pour l'avertir, car il tient à ce que l'Élysée reste à l'écart. Il fera le point à son retour à Paris, le 6 novembre, après le conseil des ministres. D'ici là, il impose le silence absolu et décrète : « Le juge d'instruction doit faire son métier[6]. »

La machine continue donc de tourner. Le samedi 2 novembre, l'officier Monceau, sommé d'interrompre son congé, retourne à la prison de Fresnes. Ackov a – partiellement – retrouvé la mémoire. Il situe la villa où avaient lieu les « parties fines » à Montfort-l'Amaury, dans la vallée de Chevreuse, et en fait une description étonnamment littéraire : « Deux étages de style victorien, close d'un petit mur surmonté de grilles pleines, un escalier bordé de plantes vertes jusqu'au rez-de-chaussée en déclivité par rapport à la route[7]... »

A-t-on jamais vu un malfrat yougoslave s'exprimer de la sorte ? Qu'importe, on l'embarque dans une voiture, direction Montfort-l'Amaury, à la recherche de la maison. Après une longue déambulation, Ackov croit reconnaître une demeure en pierres masquée par une clôture noire, qui « paraît inoccupée », notent les policiers. On le ramène à la prison. Sous le feu des questions, le Yougoslave esquive autant que possible.

« J'étais plus ou moins ivre et j'avais fumé du «"kif", ce qui ne m'a pas permis de bien réaliser ce qui allait se passer », argue-t-il[8].

Un souvenir lui revient toutefois : il a appris la mort de Markovic « par l'un de vos collègues », assure-t-il à Monceau, et non par son avocat. Mais comment a-t-il pu converser en cellule avec un policier ? Ce mystère non plus ne trouble personne. En tout cas, quand Ackov signe le procès-verbal, le nom de Claude Pompidou n'apparaît toujours pas.

Le lundi 4 novembre à l'Élysée, Bernard Tricot tient son tête-à-tête hebdomadaire avec Jacques Foccart. Les deux plus proches conseillers du Général – le bras droit institutionnel et l'éminence grise – examinent les questions courantes et les affaires sensibles. Leur dialogue est consigné par le second, qui dicte chaque week-end le script de tous ses entretiens avec une précision de scribe* :

« Jacques, il faut que je vous confie quelque chose ; c'est au sujet de l'affaire Markovic. Évidemment, c'est très ennuyeux, mais Claude Pompidou est mise en cause, lâche Tricot.

— Comment cela se sait-il ? Vous savez, on raconte toujours des histoires comme cela, relativise Foccart.

— Non, c'est sérieux.

— Alors attention, il faut prévenir Georges.

— Ça a été tout de suite la réaction du Général, mais il ne veut pas que cela vienne de cette maison. Il veut que ce soit le Premier ministre actuel qui prévienne son prédécesseur. Couve ne l'a pas encore fait, je vais le relancer. Je crois que Pompidou était absent, alors il n'a pas encore été mis au courant.

* Les entretiens retranscrits par Jacques Foccart doivent être considérés comme particulièrement fiables car il est peu plausible qu'il en ait manipulé le texte, qu'il n'envisageait pas de divulguer un jour. Il a finalement donné son accord pour que l'ouvrage soit publié après sa mort.

— Il faut que cela se fasse le plus vite possible, on n'a pas le droit de laisser un homme tout seul.

— Oui. C'est très embêtant mais vous savez, tout cela devait arriver, car Claude Pompidou est très liée avec le monde des artistes. C'est ainsi que beaucoup avaient remarqué qu'elle affichait ses relations avec les artistes lorsqu'il y avait les réceptions des gens de théâtre et de cinéma ; elle tutoyait les uns et les autres, ce qui n'était pas convenable et avait fait mauvais effet.

— Mais enfin, qu'est-ce qu'il y a ?

— On ne sait pas encore exactement. D'après ce que dit [un] témoin, il aurait été dans une maison de Montfort-l'Amaury où il y avait des parties – enfin oui, tout ce qu'il y a de plus moche – et Mme Pompidou y participait[9]. »

Il y a, dans les propos du secrétaire général, autre chose que de l'appréhension : du reproche, de la méfiance même. Ce n'est pas d'hier que Tricot considère avec sévérité le mode de vie des Pompidou. Cet homme froid et rigide, dévoué à de Gaulle jusqu'à la dévotion, n'a jamais apprécié leur propension aux mondanités ni leur style décontracté – il y voit moins de modernité que de frivolité. Comme d'autres vestales, Tricot jugeait déjà inopportun qu'un Premier ministre ne résidât point à Matignon. Plus encore, qu'il travaille en col roulé, roule en Porsche et remplace les toiles classiques du Mobilier national pour orner son bureau d'œuvres abstraites – Braque, Soulages, Vasarely. À présent, il retient d'autant moins ses critiques qu'il en a entendu de semblables dans la bouche du Général.

De Gaulle, c'est connu, ne conçoit pas qu'un homme d'État s'acoquine avec la « faune » des cabarets et des avant-premières. La compagnie des « vedettes » qu'on aperçoit à la télévision lui semble indigne, sans parler des vacances à Saint-Tropez, symbole d'insouciance débraillée auquel Pompidou n'a jamais voulu renoncer, malgré ses avertissements. Qu'importe même que l'ex-Premier ministre préfère les écrivains et les peintres aux chanteurs à la mode – Maurice Druon, Julien Gracq, Françoise Sagan, Bernard Buffet sont ses amis ; selon les canons gaulliens, un aspirant au pouvoir n'a pas sa place dans cet univers d'apparence et d'immoralité. Lui ne supporte que la musique classique, n'entend rien à l'art contemporain – « Ces tâches, ces lignes, ces cubes... je ne comprends rien », s'amuse-t-il[10]. Quant à Yvonne, c'est peu dire qu'elle est insensible aux distractions de l'époque : après une projection à l'Élysée du *Gendarme se marie*, elle a pesté contre le film de Louis de Funès parce qu'il ridiculisait l'uniforme...

Entre les deux couples, il n'y a pas seulement une génération mais un monde. C'est pourquoi, à l'heure où Pompidou doit affronter la médisance, de Gaulle se laisse gagner par le soupçon. Il ne peut écarter l'idée que son ancien Premier ministre, si ébloui par les paillettes, ait fait preuve d'aveuglement.

Mardi 5 novembre en fin d'après-midi, peu avant que Jean-Luc Javal ne rende visite à Georges Pompidou, Bob Ackov est extrait de sa cellule et convoyé, dans le plus grand secret, jusqu'au tribunal de Versailles. Sur l'insistance du procureur, le juge Patard s'est décidé à l'interroger en personne. Le Yougoslave reprend donc depuis le début son récit de la fameuse nuit de 1966 à Montfort-l'Amaury. Il relate l'arrivée sur les lieux, avec Markovic et cinq autres hommes – ceux dont il a cité les prénoms à l'inspecteur Monceau, dont « Joël », qui conduisait la voiture –, le va-et-vient entre les étages, « les bruits et les rires comme dans une surprise-party »[11]. Puis arrive le passage essentiel :

« J'ai également vu au cours de la soirée une femme blonde de quarante à quarante-cinq ans, de grande taille, j'ai trouvé qu'elle avait un nez prononcé. Sur le moment, je n'ai pas su qui c'était. (...) Sur le chemin du retour, Stevan bavardait avec Joël ; à un moment donné, il s'est adressé à moi et il m'a dit : "Il faut faire attention et ne rien dire, tu sais c'est la femme du Premier ministre." Je ne me souviens pas s'il a prononcé un nom à ce moment-là ; je suis incapable de vous dire si la personne de quarante à quarante-cinq ans dont je viens de parler est cette dame, étant donné que je ne la connais pas. »

Ackov raconte donc la même histoire mais ce n'est plus tout à fait la même version. Il se montre moins affirmatif, minore son propre rôle, comme s'il mesurait soudain l'importance de ses déclarations. Contrairement à ce qu'avait rapporté l'inspecteur Monceau, il ne prétend plus avoir participé aux ébats ; à l'en croire, il buvait paisiblement un verre dans un coin.

« À aucun moment je n'ai eu de rapports sexuels avec quiconque, ni vu des scènes incorrectes ; d'ailleurs, ce n'est pas mon genre », croit-il bon de souligner.

Il n'a pas non plus relevé la présence de « deux jeunes filles » et il n'a fait que répéter à la police les propos échangés par Markovic et « Joël » sur le chemin du retour. Autrement dit, il n'a rien vu de compromettant. Toutefois, Markovic lui aurait reparlé de la scène deux jours plus tard : « C'est peut-être là qu'il m'a dit que la dame qu'il avait appelée "Mme Premier ministre" était Mme Pompidou. J'avais entendu parler de M. Pompidou, je savais que c'était un homme d'État mais j'ignorais ses fonctions exactes. »

Le juge Patard est décontenancé.

« Sur le coup, j'ai eu une impression bizarre, comme si le bonhomme répétait ce qu'on lui faisait dire », confiera-t-il[12].

Ackov lui a semblé « mal à l'aise, un peu dépassé par les événements ». Aussi le magistrat, soucieux de se couvrir, mentionne-t-il sur le procès-verbal les curieuses réserves émises par le témoin : « Je voudrais répéter que je n'ai jamais précisé, au cours d'auditions précédentes, que j'avais vu deux des sœurs jumelles dans la maison ; je n'ai jamais dit non plus que j'avais fait l'amour avec la dame de quarante-cinq ans, même pas pour plaisanter ; il y a un malentendu. »

Mais il est trop tard pour faire marche arrière. Ackov termine par ces mots : « Dans la mesure où les déclarations que j'ai faites à la police ne sont pas contraires à celles que je viens de vous faire, je les confirme[13]. »

Quelques minutes après, le procureur Lajaunie a en main sa déposition. Un motard du ministère de la Justice accourt pour en récupérer une copie.

Le mercredi 6 novembre, à l'issue du conseil des ministres, de Gaulle convoque comme convenu Couve de Murville, Marcellin et Capitant. Le garde des Sceaux retrace les événements survenus en une semaine : les nouveaux interrogatoires d'Ackov, la recherche de la maison des Yvelines, l'apparition du nom de Claude Pompidou. Il recommande que la justice suive son cours sans entrave :

« S'il y a le plus léger doute sur les insinuations concernant Pompidou, et si le gouvernement l'étouffe, l'opposition ne manquera pas de s'en servir contre votre gouvernement ; et contre vous-même, mon Général[14]. »

L'argument est habile ; il fait mouche. En somme, le meilleur moyen d'aider Pompidou est de ne pas l'aider. S'il n'y a rien de vrai dans cette histoire, une enquête impartiale le rétablira dans son honneur sans compromettre le pouvoir. Sauf que le piège se referme car, dorénavant, ce ne sont plus des chuchotements anonymes qui salissent son nom, mais un témoin.

« Eh bien, que la justice suive son cours », ordonne de Gaulle.

C'est abandonner l'ex-Premier ministre à son sort. L'affaire Markovic devient l'affaire Pompidou.

8

Ils ont menti au Général

À l'instant exact où de Gaulle donne son feu vert à l'enquête judiciaire, Pompidou entre à l'hôtel de Lassay, où Jacques Chaban-Delmas l'a convié à déjeuner. La résidence du président de l'Assemblée abrite une fois par semaine les agapes des barons. On y aborde les grands et les petits sujets de la vie politique. Autour de la table, ce mercredi-là : Olivier Guichard, ministre du Plan ; Roger Frey, ancien ministre de l'Intérieur ; Henri Rey, président du groupe parlementaire, et le conseiller Jacques Foccart. Quand Pompidou les rejoint, il est pâle et nerveux ; rien à voir avec l'homme qu'ils ont vu grandir depuis vingt ans, dans l'ombre du Commandeur puis en pleine lumière, à la tête du gouvernement. Pensant détendre l'atmosphère, Guichard lance joyeusement :

« Eh bien mes enfants, avec l'histoire Markovic, nous allons avoir quelques rebondissements : je crois que la femme de Sanguinetti est dans le bain [1]! »

Comme beaucoup à cette date, Guichard est persuadé que l'épouse « d'un ancien ministre » dont parle la presse est celle d'un autre compagnon gaulliste, Alexandre Sanguinetti, car on prête à la dame une réputation de noctambule. Pompidou l'interrompt :

« Justement, il faut que je vous en parle. Il paraît qu'on cherche à mêler à cette histoire des tas de gens, et Claude serait parmi ceux qu'on accuse. J'ai su cela grâce à Javal, parce que mes amis, bien sûr, ne m'ont pas prévenu – et cela, je ne suis pas près de l'oublier. »

Les dirigeants politiques ne sont pas toujours aussi initiés que les citoyens le pensent ; hormis Foccart, aucun des convives n'en sait plus sur le feuilleton Markovic que ce qu'écrivent les journaux. Claude Pompidou impliquée dans cette sordide affaire ? Ils ne peuvent y croire, tentent de rassurer Pompidou. Peine perdue.

« Je ne plaisanterai pas sur une affaire pareille, et Claude non plus. Notre honneur est en jeu, c'est ce que nous avons de plus sacré », s'emporte l'ancien Premier ministre. Il parle d'outrage, de trahison, de vengeance. Il invoque le souvenir d'Henriette Caillaux, revolvérisant le directeur du *Figaro* en 1914 parce qu'il menait une campagne féroce contre son mari*. Il n'exclut pas de s'emparer lui-même d'une arme… Ses compagnons en restent bouche bée.

Le repas terminé, Pompidou coince Foccart pour l'interroger – officiellement chargé des relations avec l'Afrique, le « maître Jacques » de l'Élysée supervise le travail des services de renseignement. Confus, celui-ci doit bien admettre qu'il était au courant :

« Si je ne vous l'ai pas encore dit, s'excuse-t-il, c'est parce que je n'en avais pas le droit. C'est Couve qui devait vous en parler.

— Alors je ne comprends pas, s'énerve Pompidou. Marcellin ne m'a rien dit, personne ne m'a rien dit. Mais qu'est-ce que vous savez ?

---

* Joseph Caillaux (1863-1944), ancien président du Conseil puis ministre des Finances sous la IIIe République, concepteur de l'impôt sur le revenu.

— Je sais qu'un type qui est détenu a écrit et cité le nom de Claude ; il aurait été entendu par la police et il aurait dit qu'il l'avait vue dans une villa...

— Vraiment, tout cela est ignoble et je ne peux pas laisser passer. Je vais demander à voir le Général et lui dire combien je suis meurtri. C'est vraiment scandaleux et comment se fait-il que personne ne m'ait prévenu ? Ce sont des fautes contre l'amitié, j'en suis très triste[2]. »

La rage le dispute à l'écœurement. Ainsi, la mise en cause de sa femme était connue à l'Élysée, sans que personne s'en indigne. Par Foccart, Pompidou découvre même qu'un homme prétend être le témoin de ces infamies – et il l'a déclaré devant la police, dans une enquête en cours ! Dès lors, l'ex-Premier ministre ne veut plus croire qu'à une machination. Pour un esprit logique comme le sien, il y a forcément une présence machiavélique derrière cet engrenage. Mais qui avait à la fois les moyens et le mobile d'une telle opération ? La réponse s'impose à lui comme une évidence : c'est au pouvoir que se trouve le coupable – ou les coupables.

L'examen des circonstances montre qu'il n'a pas tort.

Le secrétaire général de l'Élysée, Bernard Tricot, et le ministre de la Justice, René Capitant, jouent un rôle déterminant dans la mise en cause de Pompidou. Le premier s'est empressé de prévenir de Gaulle, le second a tout fait pour que la rumeur devienne un soupçon et trouve sa place dans le dossier du juge. N'ont-ils fait que leur devoir ? On pourrait l'admettre s'ils n'étaient pas allés, dans leurs interventions respectives, jusqu'à travestir les faits.

Capitant, on l'a vu, a plaidé avec adresse qu'une intervention sur la justice mettrait le Président en péril. Mais il ne s'en est pas tenu à cette question de principe. Lors de la réunion du 6 novembre, après le conseil des ministres*, il a présenté au Général une présentation biaisée de la situation, qui ne pouvait qu'orienter la décision. Il en livre involontairement l'aveu devant le journaliste Philippe Alexandre, en lui relatant la scène très peu de temps après – de sorte qu'on ne peut supposer que sa mémoire le trahisse :

« J'ai exposé franchement ma thèse. J'ai dit qu'il ne fallait pas laisser cette histoire entre les mains de la police car Dieu savait ce qu'il en adviendrait. Et qu'il convenait d'en saisir la justice. Je pensais qu'on était en présence d'une vilaine affaire de chantage. Mais j'ai ajouté que les Pompidou avaient peut-être des relations imprudentes, notamment dans les milieux artistiques[3]. »

Pour qui maîtrise un tant soit peu la procédure pénale, la ruse est grossière. Au moment où Capitant parle à de Gaulle, la justice est bien sûr déjà saisie. Le juge Patard mène l'enquête, sous la surveillance du procureur Lajaunie. Le SRPJ de Versailles agit sur ses ordres. De fait, c'est le magistrat qui ordonne de faire interroger Ackov après l'interception de sa lettre à Alain Delon, puis une deuxième fois après ses « révélations » explosives. Et c'est bien la Chancellerie qui pousse ensuite pour que le témoin soit entendu par le juge.

Pour Capitant, le risque n'était donc pas que la police fasse déraper l'affaire mais au contraire qu'elle la laisse s'enliser ou dans les limbes. Son insistance ne s'explique que si le but est d'impliquer les Pompidou. L'hypothèse qu'il formule est d'ailleurs révélatrice : si la mort de Markovic est liée à « une vilaine affaire de chantage » et que les Pompidou ont eu « des relations imprudentes », comme il l'avance, c'est qu'Ackov dit la vérité et que la femme de l'ex-Premier ministre est compromise.

---

* *Cf. supra*, p. 105.

Consciemment ou non, c'est ce qu'espère le garde des Sceaux.

Venons-en à Tricot. On sait qu'il s'est concerté avec Capitant le 1er novembre, juste avant de filer à Colombey. Dans ses *Mémoires*, il prétend que les déclarations d'Ackov auraient été consignées par la police dans une « note annexe » au procès-verbal et que ce document mentionnait Pompidou en personne, et pas seulement son épouse.

« Indirectement, l'ancien Premier ministre se serait trouvé compromis par sa présence dans une maison où auraient eu lieu en même temps des scènes peu innocentes », écrit-il[4].

Il ajoute que, selon Ackov, Markovic détenait des photos de la soirée de 1966 et comptait s'en servir pour « un chantage ». Dramatisation excessive puisque tout ceci est faux – aucun de ces détails ne ressort du dossier d'instruction, ni des cahiers du juge Patard ; imagine-t-on le magistrat s'abstenir de noter des éléments aussi importants* ?

La suite du récit de Tricot est également fallacieuse. Il assure avoir réfléchi, avec Capitant, à l'éventualité de couper court en faisant disparaître la partie cachée de la déposition d'Ackov.

> « Que faire ? Détruire la note annexe ? Ce serait d'une irrégularité certaine et en outre imprudent. Le procès-verbal

* Un autre indice porte à croire à l'exagération volontaire de l'affaire par Tricot. Selon Jacques Foccart, le secrétaire général de l'Élysée aurait prétendu, durant leur entretien du 4 novembre 1968, que la lettre d'Ackov à Alain Delon évoquait déjà « des choses pas très honorables dans lesquelles se trouvait mêlée la femme du Premier ministre ». Une telle information, si elle avait été exacte, permettait d'établir un lien dès le départ entre le crime et Mme Pompidou. Mais là encore, c'était inexact. (*Cf.* Jacques Foccart, *Le Général en mai*, Fayard/Jeune Afrique, 1998, p. 412)

tournait court de telle façon que le lecteur pouvait aisément soupçonner que quelque chose avait été dissimulé. La note annexe était d'ailleurs passée entre les mains d'une dizaine de personnes et l'une d'elles, un jour, en parlerait certainement. Des photocopies avaient pu être prises. On dirait alors, et ce ne serait pas faux, que le garde des Sceaux et un proche collaborateur du président de la République avaient détruit ou fait détruire un document compromettant. Ce qu'on raconterait au sujet du contenu de ce papier serait sans doute pire que ce qui était écrit. Ayant essayé l'étouffement, nous ne serions plus crédibles quand nous voudrions opposer des démentis.

Mais laisser figurer la note annexe et même le procès-verbal au dossier de l'instruction alors même qu'on voyait mal le rapport entre la mort de Markovic et les divertissements en question, c'était exposer l'ancien Premier ministre à un scandale immédiat. Les avocats avaient accès au dossier. Dans les jours qui venaient, une affaire grave pouvait éclater.

René Capitant, chacun le sait, n'aimait pas Georges Pompidou. Mais à ce moment-là tout respirait en lui non seulement l'embarras mais la tristesse.

Une seule voie était possible : celle de la légalité. Nous ne ferions disparaître aucun papier mais nous préviendrions aussitôt tous les intéressés : le général de Gaulle, M. Couve de Murville et M. Pompidou [5]. »

Pour présenter la mise en cause de Pompidou comme inéluctable, Tricot triche à nouveau. Contrairement à ce qu'il insinue, le risque de fuite était très limité : aucun avocat ne disposait du dossier – il n'y avait encore ni partie civile, ni personne poursuivie. En outre, la « note annexe » n'avait pas vocation à être versée à l'instruction ; si elle a existé, c'était un rapport administratif destiné à la hiérarchie policière et au ministre, document sans valeur juridique qui, du reste, n'était aucunement « annexé » au procès-verbal d'Ackov*.

Au cœur des raisonnements emberlificotés énoncés par Tricot, un point ressort au moins avec netteté : encourager l'exploitation par la justice du témoignage d'Ackov, c'était bien « exposer l'ancien Premier ministre à un scandale immédiat » ; Capitant et lui en avaient pleinement conscience.

Le secrétaire général de l'Élysée s'est-il fourvoyé ? Docteur en droit, membre du Conseil d'État, il pouvait difficilement se laisser abuser quant aux règles procédurales. Concernant les déclarations d'Ackov, en revanche, on ne peut exclure que le ministre de la Justice lui ait fait prendre des vessies pour des lanternes, voire que le rapport du commissaire Samson – c'est sans doute ce qu'il appelle « note annexe » – ait été exagéré ou mensonger.

Quoi qu'il en soit, il ne fait pas de doute que de Gaulle fut induit en erreur par deux hommes qu'il croyait de confiance.

Abasourdi par la bassesse de l'attaque, Georges Pompidou la ressent d'autant plus cruellement que, pour l'atteindre, c'est sa femme que l'ennemi a visée. Depuis qu'il s'est engagé au côté du Général, elle n'a cessé de le mettre en garde contre les mauvaises mœurs de la politique. Leur fils se souvient de l'avoir vue « effondrée et sans voix » dans le salon familial, quai de Béthune, le soir où de Gaulle lui offrit le poste de Premier ministre[6]. Au fil des années, ses réticences n'ont fait que croître envers ce monde de violence et de faux-semblants.

* La preuve : aucune note n'est jointe à la déposition de Borivoj Ackov, dont l'original se trouve dans le dossier Markovic conservé aux Archives départementales de Paris, où l'auteur a pu le consulter intégralement, durant l'été 2022.

Avant la guerre, la jeune fille libre de Château-Gontier avait épousé un professeur de lettres avec qui elle échangeait des poèmes ; le temps a fait de lui un dirigeant redouté, critiqué, jalousé. Souvent, il lui a promis que cette existence ne serait qu'une parenthèse. Mais la parenthèse ne s'est pas refermée et les sentiments de Claude Pompidou n'ont pas varié.

« Ce n'était que jalousies et mensonges, petites intrigues et querelles d'intérêts personnels, écrira-t-elle. Je n'en fus d'abord que spectatrice. Je ne pouvais imaginer que j'allais en être victime[7]. »

Foccart est l'un des rares à qui l'ancien Premier ministre confie son désarroi. « Entre Claude et moi, les gens ne s'en rendent peut-être pas compte mais c'est un amour très profond, nous n'existons que l'un pour l'autre et moi, si dans une affaire pareille, les choses ne devaient pas bien tourner, je ferais n'importe quoi, quitte à ruiner complètement ma situation politique, je m'en moque éperdument. Mais je ne laisserai pas salir Claude. En plus, je trouve que dans tout cela, on a été moche avec moi et je ne suis pas près de l'oublier[8]. »

Outre Tricot et Capitant, Pompidou tient Couve de Murville pour responsable de son humiliation. Que n'a-t-il interdit à la justice de s'engager sur cette voie ? Et s'il ne l'a pas prévenu, malgré les ordres du Général, est-ce par animosité ou par calcul ? Les deux hommes n'ont en commun que leur attachement à de Gaulle mais ils avaient su, jusque-là, masquer leurs arrière-pensées pour feindre l'entente cordiale. Avec l'affaire Markovic, les apparences ne trompent plus. La rivalité a fait place à l'hostilité.

« C'est de Gaulle qui a dit qu'il fallait avertir Pompidou tout de suite ; j'avoue que je n'ai pas eu le courage de le faire moi-même, admettra Couve. Il y a des mots qui sont difficiles à prononcer. Et d'autre part, comment faire ? Je ne pouvais me rendre au bureau de Pompidou ; je ne pouvais pas non plus le convoquer. Alors nous avons choisi d'envoyer Somveille, directeur du cabinet de Marcellin, et qui connaissait bien Pompidou. Il est allé le voir ; il était entendu qu'il était mandaté par de Gaulle, Capitant et moi [9]. »

Voilà un mensonge de plus. Aucun usage n'empêchait évidemment Couve d'inviter son prédécesseur à Matignon pour l'entretenir d'une question délicate. En réalité, le Premier ministre retarde l'échéance, tourne autour du pot. Il invoque d'abord les vacances de Pompidou : « Il se repose, ne l'ennuyons pas avec ça... » Puis il prétexte une méchante grippe – qui ne l'empêche pourtant pas d'aborder l'affaire avec Capitant. À Marcellin et à Foccart, qui insistent pour alerter Pompidou, il ordonne de se taire, en se réclamant d'une directive du Général qu'il se garde cependant d'exécuter. Enfin, lorsque Pierre Somveille se présente boulevard de Latour-Maubourg, le 7 novembre, ce n'est certes pas sur son ordre – encore moins sur celui du garde des Sceaux, qui n'est pas son supérieur –, mais plutôt malgré lui. C'est Pompidou qui, informé par Javal, a réclamé que Somveille, son ancien conseiller pour les questions policières, vienne lui en dire plus. Or, à deux reprises, l'intéressé se défile. Seul un coup de fil furibond de Michel Jobert, le premier des pompidoliens, le convainc d'obtempérer :

« Dites tout ce que vous savez, je vous le conseille.

— On m'a fait jurer le secret », s'excuse Somveille, les larmes aux yeux [10].

Sa confession achève de mettre Pompidou en fureur. Le haut fonctionnaire révèle qu'il se trouvait auprès de Marcellin quand Capitant l'a avisé, par téléphone, du témoignage d'Ackov.

« C'était du genre rigolade, Capitant disant : "Elle est bien bonne !" répète Pompidou à Foccart. C'est ignoble. Alors j'en veux à Marcellin [11]. »

Il ne pardonne pas non plus cette déloyauté au garde des Sceaux.

« J'en veux à Capitant, qui a été informé des accusations et qui, au lieu de réagir sainement et de chercher à en savoir plus avant de rien déclencher, a fait procéder à un interrogatoire de l'accusateur, ce qui fait que maintenant, le nom de Claude figure sur le procès-verbal (...) De plus, sa réaction n'a pas été saine. Elle n'a pas été de dire : "Tout cela n'est pas possible." Elle a été de ricaner : "Tiens, tiens..." [12]. »

Quoique gaulliste, il tenait Capitant pour un adversaire ; désormais, il voit en lui un félon.

Le 8 novembre, à midi, vient l'heure de l'explication au sommet. Pompidou est reçu par de Gaulle. L'Élysée lui a envoyé une voiture et on le fait entrer par le parc. L'ancien Premier ministre décrit la scène :

> Mon Général, vous savez pourquoi j'ai demandé à vous voir. J'ai trois choses à vous dire :
>
> Je connais assez ma femme pour savoir qu'il est impensable qu'elle se trouve mêlée si peu que ce soit à cette affaire.
>
> On cherchera peut-être à me « mettre dans le coup », nulle part on ne me trouvera. Je n'en dirai pas autant de tous vos ministres. Ni place Vendôme, chez M. Capitant, ni à Matignon, chez M. Couve de Murville, ni à l'Élysée, il n'y a eu la moindre réaction d'homme d'honneur.
>
> Le Général m'écouta, me regarda, et ne réagit que faiblement :
>
> — Mais moi, je n'ai jamais cru à tout cela. J'ai demandé qu'on vous prévienne.
>
> — Je ne mets, bien sûr, pas en doute votre attitude personnelle, mon Général [13].

Avant de se retirer, Pompidou se fait fort de démonter la manipulation en cours. Il s'engage à revenir lui en livrer les clés.

« Sans exagérer, je puis dire que le Général, en me quittant, ne semblait pas très satisfait de lui-même », conclut-il.

Cinq mois après la vraie-fausse fuite à Baden-Baden, c'est la deuxième fois que de Gaulle se montre en fâcheuse posture devant lui. En mai, il avait manqué de sang-froid. Cette fois, c'est la clairvoyance qui a fait défaut. Et, peut-être, l'amitié.

9

Pompidou mène l'enquête

Le ciel est gris sur Bruges, où Alain Delon tourne son prochain film : *Jeff*, encore une histoire de gangsters. Pour fuir les regards inquisiteurs et le tumulte de l'affaire, l'acteur – qui est aussi le producteur – a fait déplacer au dernier moment les prises de vues en Belgique. Comme s'il redoutait le monde extérieur, il ne s'est entouré que de proches. Il a imposé Mireille Darc au générique, le journaliste Jean Cau pour les dialogues et, à la mise en scène, il a choisi Jean Herman, son complice depuis *Adieu l'ami*, qui s'est plié à toutes ses exigences.

« Il a besoin de tourner tout de suite, résume le réalisateur. Je pige vite en quel piège et imbroglio nous nous précipitons en voyant les flics débarquer sur le plateau [1]. »

Delon sait bien que son interrogatoire fleuve n'a pas mis fin à ses tourments. Il se sent épié, suspecté. Les enquêteurs le sollicitent fréquemment pour vérifier un détail, lui soumettre des photos, l'inviter à identifier un témoin... Autour du plateau, des photographes rôdent. À Paris, un groupe de Yougoslaves simule devant la presse un « conseil de guerre » dans un café au pied de la Butte Montmartre pour poser publiquement des questions qui le concernent : « Pourquoi Delon a-t-il nié être l'ami de Markovic ? De quelle époque datent ses relations avec le truand Marcantoni[2] ? » Certains le rendent responsable du crime et parlent de vengeance, lui a-t-on répété. Entre les prises, l'acteur est pendu au téléphone ou bien mutique, le regard absent. Il ne se déplace qu'avec un garde du corps.

Jeff est l'histoire d'une trahison. Le chef d'une bande de braqueurs disparaît avec le butin ; ses complices le pourchassent, torturent sa femme. Son lieutenant, qui refuse d'y croire, la protège et part avec elle à sa recherche. « Dans le film comme dans la vie, raconte Mireille Darc, nous sommes ce couple à bout de souffle, en quête d'une vérité qui lui échappe et traqué par des ombres menaçantes[3]. »

À la fin, le personnage interprété par Delon comprend qu'il a été trompé : il tue le traître de ses mains.

Pompidou aussi s'est lancé dans une traque. Persuadé qu'on tente de l'abattre, il joue son avenir politique. Or les dernières semaines lui ont révélé combien les alliés lui manquent depuis qu'il a quitté Matignon. Aussi a-t-il résolu de ne compter sur personne, en dehors du carré de ses fidèles.

« Je mènerai mon enquête moi-même », proclame-t-il à Raymond Tournoux, fameuse plume de *Paris-Match* et familier des arcanes gaullistes[4].

Boulevard de Latour-Maubourg, le siège de son équipe se change en agence de renseignement. Michel Jobert effectue de discrètes ambassades dans les cabinets ministériels et la haute administration, où il a tissé des liens. Pierre Juillet, avocat et ancien résistant, a été « honorable correspondant » des services secrets ; il active ses réseaux. Une jeune avocate qui travaille à ses côtés, Marie-France Garaud, a ses entrées à la Chancellerie : elle appartenait au cabinet de Jean Foyer, garde des Sceaux jusqu'en 1967.

Par elle, Pompidou récupère des pièces du dossier d'instruction et des informations de première main – elle est en contact étroit avec Pierre Arpaillange, directeur des affaires criminelles et des grâces : le magistrat qui sert de vigie au gouvernement sur les parquets et, à ce titre, supervise toutes les enquêtes de France.

Simonne Servais, conseillère pour les relations avec la presse, convoque des journalistes ; des grands et des petits, directeurs, éditorialistes ou « faits-diversiers » – ceux qui ont écrit sur le sujet ou peuvent être amenés à le faire. Fumant cigarette sur cigarette, qu'il puise machinalement dans le tiroir de son bureau, Pompidou explique à chacun ce qu'on lui a caché et ce qu'il a appris. Il prend à témoin ses interlocuteurs, affiche alternativement devant eux sa détresse et sa pugnacité. À tous, il demande d'où est partie la rumeur, qui les a orientés, si on leur a montré les images dont tout le monde parle – personne ne les a vues. Devant eux, il note les réponses. Ainsi naît la légende du petit carnet de cuir où l'ancien Premier ministre « dressait la liste de ceux qui, par sottise, par méchanceté ou intérêt, piétinaient son honneur [5] », comme l'écrit Michel Jobert.

Édouard Balladur confirme l'existence du calepin : « Je l'ai vu de mes yeux : il n'avait pas de preuves certaines, mais beaucoup de soupçons, dont certains très précis. Sa liste comprenait les noms de ceux qui s'étaient mal conduits et de ceux à qui il reprochait de n'avoir pas pris sa défense [6]. »

Jour après jour, les langues se délient. On lui relate que le secrétaire général de la police, Jacques Aubert, aurait « colporté certains ragots [7] »; c'est un proche de l'ancien ministre de l'Intérieur Roger Frey. Il entend qu'un ambassadeur s'est répandu en moqueries dans des dîners ; c'est un collaborateur de Couve de Murville. Un reporter du *Figaro* lui confie qu'« un inconnu, se présentant comme ancien policier », a proposé à plusieurs de ses confrères de « leur vendre les fameuses photos » dans un bistrot voisin du SRPJ de Versailles[8]. Pompidou acquiert même la certitude que Jean Samson, le policier qui dirige l'enquête, a signalé à la rédaction du *Parisien libéré* l'importance de la déposition d'Ackov trois semaines avant qu'elle soit recueillie[9]...

N'ayant plus rien à refuser à Pompidou, le directeur du cabinet de Marcellin, Somveille, donne l'autorisation au directeur de la Sûreté, Jean Dours, d'ouvrir le dossier de la police à Jobert. Celui-ci obtient ainsi la confirmation qu'Ackov a reçu en prison la visite d'un officier de police nommé Collet, en dehors de tout cadre officiel. Jouant les détectives, Jobert approfondit en recueillant les confidences du préfet de police, Maurice Grimaud, qui a démontré son sens de l'État durant les émeutes de mai*. Le haut fonctionnaire lui remet « des notes et des relevés d'écoutes » mais s'excuse de ne pouvoir faire mieux en soulignant « le soin jaloux de Marcellin de se réserver le suivi de cette affaire »[10]. Il fait néanmoins procéder à des vérifications internes : dans ce cadre, l'officier Collet admet avoir rencontré Ackov mais soutient que c'était à la demande du détenu – sans en fournir le motif – et assure ne l'avoir questionné que sur « des affaires de cambriolage dans lesquelles il était impliqué ». C'est difficile à croire.

Selon les notes du préfet Grimaud, ce curieux conciliabule a eu lieu à la prison de Fresnes « le 10 ou le 11 octobre », c'est-à-dire le jour où Ackov expédiait sa

* Le 29 mai 1968, Maurice Grimaud avait appelé les policiers à ne pas céder à la violence en prononçant ces mots restés célèbres : « Frapper un manifestant à terre, c'est se frapper soi-même en apparaissant sous un jour qui atteint toute la fonction policière. »

lettre à Delon ou le lendemain – en tout cas avant qu'il décrive sur procès-verbal les scènes que l'on sait. Pompidou a de quoi être troublé.

Un autre détail surprend. Durant la même période, la cellule du Yougoslave, décidément très fréquentée, a vu passer aussi son avocat : Jean Hug. Se pourrait-il que celui-ci l'ait assisté pour rédiger son courrier, voire pour préparer sa déposition ? Ce sera souvent suggéré, jamais établi.

Hug n'est pas un ténor du barreau. Ce n'est pas non plus l'avocat habituel des petits voyous. Il défend plus souvent des caïds et des flics véreux. Il a plaidé jadis au procès des « ballets roses » pour un ancien policier, l'homme qui recrutait les jeunes filles pour les soirées de Le Troquer. Ses amitiés le situent très à droite, entre le gaullisme intransigeant et les nostalgiques de l'Algérie française. Jean Hug a été le maître de stage d'un autre avocat à la réputation contrastée, que Pompidou connaît vaguement, et que l'affaire Markovic va bientôt replacer sous les feux de l'actualité : Pierre Lemarchand, un ancien baroudeur qui a fait le coup de poing – et de feu – contre l'OAS*, épousé une filleule du général de Gaulle et siégé comme député de la majorité. Un de ces personnages équivoques dont les arrière-cuisines de la politique regorgent, attirés par le pouvoir et flirtant avec la marge, que le scandale Ben Barka avait exposés en pleine lumière, trois ans auparavant.

Pour Pompidou, la cicatrice est encore sensible. En octobre 1965, l'opposant marocain Mehdi Ben Barka est enlevé en plein Paris par des policiers français. L'opération a été décidée par les services secrets du roi Hassan II. Elle est l'œuvre d'un commando hétéroclite de demi-sel et

* Organisation Armée Secrète, mouvement clandestin formé en 1961 pour la lutte armée contre l'indépendance algérienne.

d'agents doubles, évoluant sous le regard complaisant du SDECE, le service de renseignement français*. Son déroulement préfigure étonnamment la disparition de Markovic. Conduit de force jusqu'à la villa d'un truand en banlieue, Ben Barka est enfermé, battu et sans doute tué dans des circonstances incertaines – lui ne sera jamais retrouvé, ni mort ni vivant.

Un des pivots du kidnapping est un affairiste nommé Georges Figon, qui se suicidera après avoir livré à la presse des déclarations fracassantes. Lemarchand est son avocat. À la lumière de l'enquête, il agit moins en spécialiste du droit qu'en expert des coups tordus. Il échappe à une condamnation pénale, mais doit raccrocher la robe durant trois ans. En 1967, l'UDR lui refuse l'investiture aux élections législatives, après l'arbitrage personnel de Pompidou.

Les manœuvres que l'ex-Premier ministre décèle autour du témoignage d'Ackov réveillent le souvenir amer de ce qui, dans l'affaire Ben Barka, s'est retourné contre lui : cette perméabilité douteuse entre la police, les espions et les bandits, mélange des genres dont il s'est toujours défié et que de Gaulle, pourtant, lui a fait payer.

« Le SDECE a flotté, Matignon a flotté, sermonnait le Général (…) Pompidou n'a pas tenu en main des services qui dépendaient directement de lui. Il dit qu'il n'a jamais aimé les histoires de barbouzes, d'espionnage et de filature. C'est bien joli de ne pas vouloir se salir les mains mais du coup, c'est l'État qui est sali [11]. »

Depuis, la tutelle du SDECE a été retirée au Premier ministre et transférée au ministère des Armées, où l'ancien légionnaire Pierre Messmer a reçu pour mission de « remettre de l'ordre ». La préfecture de police, de même,

* Service de documentation et de contre-espionnage, qui sera rebaptisé DGSE (direction générale de la sécurité extérieure) en 1982.

a été reléguée sous l'autorité du ministre de l'Intérieur, réorganisée, purgée. Pompidou s'en serait félicité si de Gaulle, non sans cruauté, ne lui avait confié cette tâche ingrate. La réforme a entraîné des relégations, des mutations et des sanctions. Elle s'est accompagnée d'un nettoyage des sulfureux réseaux du SAC, le service d'ordre musclé piloté par Foccart, où les barbouzes et les canailles communiaient dans le culte du Général et les odeurs de poudre. Résultat : entre ceux qui critiquaient sa mollesse et ceux qui ont fait les frais de sa sévérité, Pompidou ne s'est fait que des ennemis. Maintenant, il devine leur présence derrière les coups bas qu'on lui porte.

« L'affaire Ben Barka, ne croyez pas qu'elle appartienne au passé, murmure-t-il à l'ancien ministre Alain Peyrefitte. Elle se poursuit encore [12]. »

D'autres ressentiments remontent à la surface, qu'il n'a pas vu venir.

Depuis son entrée au cabinet de Charles de Gaulle, en 1944, comme simple « chargé de mission », les échelons gravis par Pompidou, les responsabilités et les honneurs reçus n'ont pas seulement forcé l'admiration mais suscité l'envie, parfois la rancune. Avant son arrivée, les barons formaient une chevalerie issue de la guerre, de la Résistance et de la Libération. Debré, Chaban, Frey, Guichard, Messmer et Foccart constituaient la première ligne. D'autres, comme Christian Fouchet, André Malraux, Robert Schuman, Gaston Palewski ou Pierre Lefranc tiraient leur prestige d'un lien particulier avec le Général, convaincus de détenir un morceau de la vraie croix de Lorraine. Leur cercle était fermé par l'histoire. Pompidou s'y est fait admettre sans le moindre fait d'armes à son actif.

Les fidèles l'ont d'abord observé comme un intrus. Pendant la « traversée du désert », ces douze années où de Gaulle reste éloigné du pouvoir*, Pompidou est la plaque tournante ; il tient l'agenda, convoque et commande en son nom, partage les secrets. C'est à lui que le Général confie le manuscrit des *Mémoires de guerre*, puis une copie de son testament. Dès lors, sa préséance s'affirme. Chroniqueur averti du régime, Pierre Viansson-Ponté voit en lui « le représentant de De Gaulle sur terre ». Pour les anciens, il devient un usurpateur.

« Pompidou ? C'était mon secrétaire », lâche Capitant avec morgue. Le leader des gaullistes de gauche ne l'a pas toujours détesté mais il éprouve pour ce prof de lettres sans gloire, qu'il appelle « l'Auvergnat », une condescendance de grand bourgeois et d'universitaire, à laquelle s'ajoute une défiance farouche envers le patronat et la haute finance. Il est de ceux qui ne lui pardonnent pas son départ pour la banque Rothschild, en 1954 – abandonne-t-on le sauveur de la France pour servir le grand capital ? Le mouvement de Capitant, l'Union démocratique du travail (UDT), prône un réformisme populaire réconciliant le gaullisme et le marxisme. Pour lui, Pompidou est un conservateur de droite, alors que « le vrai gaullisme est à gauche ». À ses côtés, le député Louis Vallon, orateur enflammé et théoricien de « l'association capital-travail » – que de Gaulle préfère baptiser « participation » –, multiplie les attaques et les mots cinglants.

Pompidou a eu le tort de les traiter avec dédain, sans masquer son hostilité à leur vision sociale, qu'il juge généreuse mais utopique. Il s'en est fait des adversaires

---

* Du 20 janvier 1946, date de sa démission de la présidence du Gouvernement provisoire de la République française (GPRF), constitué à la Libération, jusqu'au 1er juin 1958, date de sa nomination au poste de président du Conseil par René Coty, dernier président de la IVe République, après l'appel lancé par les généraux putschistes à Alger.

irréductibles. Dès 1967, les gaullistes de gauche militaient pour son remplacement par – déjà – Couve de Murville. Leur leitmotiv : « Il faut changer de Premier ministre pour changer de politique. » En appelant aux anciens contre le moderne, le duo Capitant-Vallon a même noué une alliance avec quelques barons pour empêcher Pompidou de contrôler l'UDR. En vain. Il règne « une atmosphère malsaine d'après-gaullisme », susurrait Vallon à l'oreille du Général[13]. De Gaulle ne les a pas suivis, mais il les a écoutés.

Au long de son irrésistible ascension, Pompidou n'a guère prêté attention aux critiques ni aux intrigues de cour – les règnes républicains n'en sont pas exempts. L'impatience de Valéry Giscard d'Estaing, qui ornait son bureau de portraits de Kennedy, ne lui échappait pas ; les calculs tactiques d'Edgar Faure, figure de proue des Radicaux, non plus. Mais la confiance du Général le rendait invulnérable. Avec son limogeage et la rumeur Markovic, tout a changé. À présent, Pompidou voit des ennemis partout.

« D'où tout cela est-il sorti ? De quelle officine ? Quels misérables auxiliaires a-t-on requis pour commettre cette saloperie ? Je trouverai », s'insurge-t-il devant le journaliste Philippe Alexandre.

Avec cet avertissement, dont l'écho se propage dans Paris :

« Rien ne sera pardonné. Rien. Rien[14]. »

Le 21 novembre, Bernard Tricot est convoqué boulevard de Latour-Maubourg. Pompidou lui passe un savon, comme à un simple sous-officier. Alerter le Général aussi promptement était une erreur, reproche-t-il. Ne pas l'avoir prévenu, lui, est une faute. « Il y a une manœuvre que je ferai tout pour percer, promet-il ; le devoir du gouvernement est de m'aider[15]. »

Pour sa défense, Tricot plaide le sens du devoir et « mouille » Marcellin : le ministre de l'Intérieur était le premier informé du témoignage d'Ackov via les autorités policières ; autant que les autres, il a gardé le silence. « Marcellin m'a menti », en déduit Pompidou. Sa liste noire s'allonge.

Le 22, même indignation sèche face à Foccart. Le conseiller aux affaires africaines est réputé connaître les plus impénétrables des secrets ; est-il coupable de n'avoir rien su ou de n'avoir rien dit ? Dans les deux hypothèses, Pompidou le juge avec sévérité. Foccart s'en inquiète :

« Je sens un homme toujours aussi ulcéré, qui semble en vouloir beaucoup à Marcellin, énormément à Capitant, un peu à Tricot et même un peu, pour la première fois, au Général. En ce qui me concerne, je fais ce que je peux pour le calmer. Je ne sais pas s'il me range parmi les bons ou parmi les autres, mais enfin, tout cela est pénible[16]. »

Et de Gaulle, justement, quel rôle joue-t-il dans cette cabale ? Assurément, Couve, Tricot et Capitant lui ont présenté les faits sous le jour le plus sombre. En cela, il a été abusé. Mais comment n'a-t-il pas « tout balayé d'un revers de main » ? s'interroge Pompidou. Son attitude – celle de Ponce Pilate – ne se comprend que s'il a lui-même douté. Au moment du rapt de Ben Barka, de Gaulle avait exigé qu'on laissât travailler les juges. Il exigeait « une enquête rapide, dût-elle bousculer quelques pots de fleurs[17] ». Mais les indices étaient autrement accablants et tout indiquait que des agents de l'État étaient compromis ! Il n'y a rien d'équivalent dans le dossier Markovic, et cependant, la justice a été autorisée, pour ne pas dire incitée, à s'en prendre à lui.

La vérité est cruelle : pendant quelques jours au moins, de Gaulle a cru que les accusations colportées sur Claude Pompidou pouvaient être fondées. Le plus proche de ses grognards, Jacques Foccart, a été « frappé par son attitude, celle de quelqu'un qui pense qu'il n'y a pas de fumée sans feu[18] ». Dans l'intimité de son bureau, le Général lui tient des propos peu amènes :

« Elle est entichée d'artistes qu'elle veut voir alors qu'elle ne connaît rien à la vie de Paris. Et tous ces gens sont très dangereux, car ils ont toujours autour d'eux une espèce de cour de gens douteux. Alors il est facile de se laisser entraîner dans des réceptions organisées par les artistes lorsqu'on veut se donner un genre. Et puis là, voyez-vous, il se passe des choses pas convenables, et puis il y a des gens qui font des photographies, et puis vous voyez[19]... »

Preuve que, jusqu'au plus haut sommet de l'État, le poison du soupçon fait son effet.

« Rien ne sera pardonné », a juré Pompidou. Quand il aura tout reconstitué, tout analysé, ce serment vaudra pour tous ceux qui lui ont fait défaut – de Gaulle comme les autres.

Pour l'heure, les nouvelles du tribunal de Versailles ne sont pas de nature à apaiser ses tourments. Sur la foi des indications d'Ackov, le juge Patard interroge le propriétaire d'une villa de Montfort-l'Amaury. Surprise : il s'agit d'Ambroise Roux, P-DG de la Compagnie générale d'électricité et vice-président du CNPF*. L'austère patron n'apprécie guère le dérangement. Il affirme que l'intérieur de sa maison ne correspond pas aux descriptions du Yougoslave. Il n'y a d'ailleurs « jamais donné de réception » et exclut qu'elle ait pu être utilisée à son insu. Certes, il emploie un jardinier yougoslave, mais il « voit difficilement la liaison entre celui-ci et le témoin Ackov » – en effet. Sur l'insistance du magistrat, l'industriel admet

* Conseil national du patronat français, devenu le MEDEF (Mouvement des entreprises de France) en 1998.

toutefois que, par ses fonctions, il « connaît bien » Pompidou – même s'il n'a « jamais eu l'occasion de le recevoir » ni croisé son épouse[20]. Et revoilà le nom de l'ex-Premier ministre sur un procès-verbal !

Les autres recherches font long feu. Les compagnons de fête d'Ackov ne peuvent être identifiés, sauf un… qui était en prison pendant l'été 1966. Un informateur de la PJ ayant suggéré que la propriété des Pompidou, à Orvilliers, n'est guère distante de celle de Marcantoni, à Goussainville, et de la décharge d'Élancourt, où le cadavre de Markovic a été déposé, le juge réquisitionne un hélicoptère de la gendarmerie pour survoler les Yvelines, dans l'espoir qu'un indice apparaisse vu du ciel. Le miracle ne se produit pas mais la presse relate ces investigations aériennes. Pompidou écume.

Aucune enquête, en revanche, n'est effectuée à propos des étranges visites reçues par Bob Ackov dans sa cellule.

Bientôt, c'est une lettre anonyme rédigée en serbo-croate qui fait la une des journaux. Adressée à la police et à plusieurs rédactions, elle est porteuse de menaces contre Alain et Nathalie Delon – « Nous ne les laisserons pas en vie » – et reprend le refrain des archives introuvables de Markovic : « Nous avons la photo de Mme Pompidou avec Markovic, quand elle l'a amené dans le salon de coiffure pour hommes chez Djoka et l'enregistrement de leur conversation », se vante l'auteur. Le juge lance des vérifications. Des enquêteurs se présentent chez le coiffeur habituel de Claude Pompidou et montrent au personnel des portraits de Stevan Markovic. À Saint-Tropez, c'est à la directrice de l'agence immobilière qui loue aux Pompidou leur maison de vacances d'être passée à la question. Autant de démarches qui accréditent l'existence d'une piste, bien qu'elles n'aboutissent à rien.

« Tout cela prouve qu'ils veulent à tout prix trouver un fil quelconque pour nous compromettre », tonne l'ex-Premier ministre [21].

Dans les premiers jours de décembre, Pompidou retourne à l'Élysée pour exposer devant de Gaulle la « machination » dont il se dit la proie. La visite est plus discrète encore que la précédente*. L'ancien Premier ministre la veut décisive. Tel un avocat aux assises, il démonte, pièce par pièce, l'échafaudage des accusations :

> La presse avertie plusieurs semaines à l'avance des révélations qu'allait apporter l'audition d'un détenu. Les contacts avec ce détenu dans les jours qui précèdent cette audition, avocat, policier, manipulateurs. Les invraisemblances de l'audition quant à la date et quant au lieu. L'orientation singulière des interrogatoires, menés comme s'il n'y avait pas à rechercher un assassin mais la preuve du dévergondage des Pompidou, etc. [22].

Le Général écoute ce récit sans mot dire, stupéfait. Devant Pompidou, il ordonne à Tricot de convoquer Capitant afin que celui-ci mette un terme aux errements de l'enquête. L'entretien terminé, il lui recommande de « traiter les racontars par le mépris ».

« La calomnie est dans le destin des hommes d'État, conclut de Gaulle.

---

* La date exacte de l'entrevue n'est d'ailleurs pas connue. Jacques Foccart signale dans son *Journal,* le 6 décembre 1968, avoir croisé l'ex-Premier ministre « à la sortie » du rendez-vous « un des jours précédents » (*Cf. Le Général en mai, op. cit.*, p. 487). Bernard Tricot, qui a assisté au début de la conversation, la situe « dix jours » après sa propre explication avec Pompidou, qui remonte au 21 novembre (*Cf. Mémoires,* Quai Voltaire, 1994, p. 350).

— Je l'aurais compris s'il ne s'était agi que de moi mais s'agissant de ma femme, la fureur ne peut pas ne pas prendre le pas sur le mépris. »

Pompidou quitte l'Élysée certain d'avoir pris le dessus. Mais l'attitude du Général lui reste en travers de la gorge. Devant l'éditorialiste du *Monde* Pierre Viansson-Ponté, il ironise :

« Savez-vous tout ce qu'il a trouvé à me dire, le père de Gaulle ? "Pompidou, la presse est basse..." [23]. »

À cette date, aucun média n'a pourtant mis en cause nommément l'ancien chef du gouvernement dans le scandale Markovic.

Le 4 décembre, la providence lui fait signe. Victime d'une crise cardiaque, René Capitant est hospitalisé. De Gaulle refuse sa démission mais il doit quitter le ministère de la Justice le temps de la convalescence. Jean-Marcel Jeanneney est désigné pour assurer l'intérim. C'est lui aussi un gaulliste de gauche, et il n'apprécie guère Pompidou. Mais c'est un esprit droit, un homme de haute moralité – tout l'inverse d'un conspirateur.

Le Général ne lui souffle pas mot de l'affaire, Tricot se charge de le briefer.

« J'ai eu du mal à suivre, commente Jeanneney. Je ne suis pas lecteur de romans policiers [24]. »

À peine installé place Vendôme, le garde des Sceaux intérimaire réclame le dossier. Ce qu'il y trouve l'épouvante. Hormis les « notes blanches » et les lettres anonymes qui pullulent, soigneusement classées par Capitant, aucun élément sérieux ne met en cause Claude Pompidou. Rien n'établit le moindre lien entre des personnalités politiques et le crime. Et dire qu'on a osé déranger le Général avec de telles fadaises...

Avec l'accord de Couve de Murville – qui pouvait difficilement refuser –, Jeanneney se présente chez Pompidou pour le rassurer. L'ex-Premier ministre l'en remercie avec émotion. Il a beau jurer que l'épreuve l'a « endurci », ses nerfs sont à vif. À la tombée du soir, il arrive que ses collaborateurs surprennent chez lui un instant de découragement. L'affaire l'obsède, le mine, le fragilise. Comme tout homme exposé à la suspicion, il ne peut s'empêcher de ressasser les arguments de sa défense, les torts qu'on lui fait, le mal qu'il ressent. Sous les regards gênés de visiteurs qui n'en demandent pas tant, il proteste encore et encore de sa bonne foi, de l'innocence de sa femme.

« S'il y en a, les lettres sont apocryphes, les photos sont truquées », promet-il[25].

Y en a-t-il ? Pompidou n'est pas le seul à vouloir le savoir.

10

La source « Karamel »

Le juge Patard ne sait plus où donner de la tête. Deux mois après l'ouverture de l'instruction, la médiatisation de l'affaire a provoqué un tourbillon qui secoue encore le paisible tribunal de Versailles.

« Les commissaires me faisaient un point tous les jours, raconte-t-il. Les journalistes téléphonaient sans arrêt et le standard notait tous les appels de gens qui prétendaient connaître un détail, livrer un nom, suggérer une piste... Il fallait que j'examine tout, et que je transmette à la PJ ce qui semblait intéressant. J'avais du mal à suivre[1] ! »

Le magistrat reçoit en outre des demandes d'informations du parquet, qui exige d'être tenu au courant « en temps réel » des évolutions de l'enquête. Le procureur, Jean-Jacques Lajaunie – que les greffiers surnomment malicieusement « M. Cachou », en référence aux pastilles de réglisse –, est sur des charbons ardents depuis la déposition d'Ackov. Lui-même doit établir des rapports de synthèse pour son supérieur hiérarchique, le procureur général Guy Chavanon, qui les transmet derechef à la Chancellerie.

Si ses journées sont chargées, Patard découvre les agréments de la notoriété. Avant le cas Markovic, ses seuls dossiers remarqués étaient le meurtre d'un lycéen poignardé par un camarade et l'attaque d'un bureau de poste dans l'Essonne. Désormais, son portrait est publié dans la presse à côté de celui d'Alain Delon, et lorsqu'il traverse la rue pour aller prendre une anisette au Tabac du Palais, il n'est pas rare qu'une équipe du « Journal télévisé » de l'ORTF se précipite sur lui. Le dimanche, quand il se promène avec sa femme et leurs deux enfants dans le parc du château de Versailles, les passants soufflent : « C'est le juge de l'affaire Markovic. »

Dans ses cahiers quadrillés, les notes du juge Patard attestent que la vérification du témoignage d'Ackov et la recherche d'hypothétiques photos ont rang de priorité. Peu après l'audition du Yougoslave, il a griffonné : « Markovic se promenait toujours à ces parties fines avec un Polaroid – spécialité chantage – milieu du cinéma. » Fin novembre, il retient qu'un indic de la police assure avoir « été dans une partouze à Nogent-sur-Marne où était Markovic ». « Pas de photos », regrette le juge. Un autre « informateur », incarcéré à Fresnes comme Ackov, prétend « être allé à Montfort-l'Amaury » ; il « s'est fait fort de procurer des photos de partouzes avec Mme Pompidou », inscrit Patard.

Un certain G. Hott, lui aussi détenu, est identifié comme l'un des acolytes de la soirée de 1966. Le juge porte cette annotation crue, en style télégraphique : « Hott connaît Montfort-l'Amaury. A en main des photos. Une où Mme P. se fait gouiner par une des jumelles. » À la date du 23 décembre : « Hott : aurait des photos. A pu fournir les renseignements. »

Pourtant, les jours passent et aucune photo n'apparaît. Le plus vraisemblable est que les déclarations d'Ackov se soient répandues à l'intérieur de la prison, ce qui a donné à d'autres l'idée d'appâter les enquêteurs dans l'espoir d'obtenir leur liberté, ou au moins une sortie provisoire.

Or moins on les trouve, plus les hypothétiques clichés excitent la curiosité et alimentent la rumeur.

« À un moment, des tas de gens disaient qu'ils en avaient vu mais personne n'était capable d'en montrer une », se souvient le commissaire Bardon[2].

Les compagnons de fêtes de Markovic sont interrogés, ses relations féminines également – pas une ne dit avoir assisté à des « soirées spéciales », ni avoir été photographiée par lui. Doris, l'étudiante qu'il draguait depuis le printemps, raconte seulement que, tombant par hasard sur Stevan et son ami Sabrija sur les Champs-Élysées, ce dernier avait proposé de lui montrer « les photos qu'il avait prises aux sports d'hiver » et « sorti une enveloppe Kodak » du coffre de sa voiture. Elle s'est alors « aperçue que Stevan et Sabrija riaient », en a déduit « qu'il s'agissait de photos obscènes » et n'a « pas insisté pour les voir »[3].

Pour sa part, le cousin de Markovic, Djorge, refuse d'envisager « que Stevan se soit livré à un chantage à l'aide de photographies ou autres documents compromettants à l'encontre de personnalités ». « Stevan était photographe, mais il ne savait même pas développer des films », fait-il remarquer[4].

Parmi tous les témoins sollicités, un seul affirme avoir vu des clichés érotiques entre les mains de Markovic : c'est un homonyme, prénommé Viktor, étudiant en théâtre et incarcéré à la Santé pour de petits larcins. Durant un séjour à Deauville, au mois d'août précédent, Stevan lui aurait parlé d'« un coup important qui lui permettrait de gagner beaucoup d'argent ».

« À notre retour, dit-il, Stevan m'a montré des photographies de femmes nues, prises dans des positions intimes. Il me disait qu'il pouvait gagner de l'argent en négociant ces photos. »[5]

À l'en croire, Markovic dissimulait ses précieuses images dans la cache au-dessus de son placard, mais aussi dans un placard de la pièce voisine, « là où il mettait son linge sale », et « sous le pied d'un lampadaire », fixées avec du ruban adhésif. « Je pense que Stevan avait peur à cause des photographies » parce qu'il « n'était pas sûr de la réussite de son plan », avance-t-il.

Sur l'un des clichés, Viktor dit avoir reconnu une chanteuse en vogue, « allongée sur un fauteuil avec une autre femme qui la caressait[6] ». Tout en signalant que Markovic lui a « fait prêter serment de ne rien dire à ce sujet », il certifie n'avoir pas identifié d'autre personnalité. En marge de sa déposition, il prétend toutefois que la deuxième femme sur la photo était Claude Pompidou*. Cette fois, la police n'insiste pas pour l'ajouter à sa déposition.

Les policiers retournent dans l'appartement ; sous la lampe, ils ne trouvent ni photo ni trace d'adhésif.

Tout au long de l'enquête, personne ne confirmera jamais la réalité des « partouzes » auxquelles se serait adonné Markovic, encore moins l'existence des photos.

Autour du palais de justice et dans la colonie yougoslave, il se murmure que des magazines américains et italiens proposent de l'argent pour les clichés invisibles. La loi de l'offre et de la demande produisant ses effets, des montages rudimentaires circulent, confectionnés à partir de portraits du couple Pompidou, d'Alain Delon et de Markovic – un visage à la place d'un autre et le tour est joué. Rien de scabreux : tous sont vêtus en tenue de ville, mais c'est assez pour conforter la rumeur. Les journaux

* Ce détail est révélé dans un rapport de la PJ estampillé « confidentiel hors procédure » et daté du 20 juillet 1969. *Archives du ministère de la Justice.*

ne les publient pas mais ils passent de main en main et le bouche-à-oreille fait le reste.

Le juge d'instruction en a quelques-uns dans son tiroir, les policiers aussi.

« Patard me les mettait sous le nez, témoignera Alain Delon. Bien sûr, cela fait partie du dossier. Je m'en souviens bien. Il m'a montré des photos truquées. Tout était bidon[7]. »

« C'était tellement grossier qu'il n'y avait pas moyen de se tromper », renchérit le commissaire Bardon[8].

Des années après, Bernard Tricot, évoquant sa réunion à la Chancellerie le 1er novembre 1968, se montrera plus allusif : « S'il était évident que c'était un photomontage, je pense que Capitant, qui avait ces photos depuis une journée... [9] »

Le sous-entendu est double : en insinuant que la falsification ne sautait pas aux yeux, le collaborateur de De Gaulle laisse surtout entendre que le garde des Sceaux détenait des clichés *dès le lendemain de l'audition d'Ackov*. Comme d'autres points du témoignage de Tricot, cette version – qui vise à nouveau à semer le doute sur l'innocence des Pompidou – est hautement improbable. Elle est en tout cas démentie par Jean-Marcel Jeanneney, en fonction à la Chancellerie au mois de décembre 1968, qui affirmait : « J'ai vu le dossier, il n'y avait rien[10]. »

Sur un feuillet volant glissé entre les pages d'un de ses cahiers, René Patard a noté : « Série en noir et blanc. Un imprésario, Jacques M., Delon, Nath., Mme Pompidou. Pornos. Une journaliste (pigiste) en a vu un jeu : services spéciaux allemands. » Rien n'indique l'origine de cette information.

Début décembre, le commissaire Samson a évoqué devant le magistrat la présence insistante d'agents des services secrets – français et étrangers – à proximité du tribunal et des locaux du SRPJ, situés non loin du palais de l'Élysée. L'un d'eux, qui se faisait passer pour un reporter, aurait été démasqué et obligé d'exhiber un badge tricolore. En cette même fin d'automne, Michel Jobert, prolongeant ses recherches à la demande de Pompidou, a prié le directeur de la DST*, Jean Rochet, d'ouvrir une enquête confidentielle sur les dessous de l'affaire Markovic [11]. Compte tenu du nombre de réfugiés yougoslaves peu ou prou impliqués, une manipulation des services de l'Est n'est pas à exclure – d'autant qu'une visite officielle du maréchal Tito à Paris est annoncée pour la mi-janvier 1969.

Le général Eugène Guibaud, directeur du SDECE, est également appelé boulevard de Latour-Maubourg. C'est que, le scandale grondant, une collaboratrice de Pompidou, Anne-Marie Dupuy, s'est souvenue d'un étrange incident. Fin octobre au siège de l'UDR, où elle a gardé un bureau, trois membres du service d'espionnage sont venus lui faire part d'« une histoire de photos qui circuleraient dans Paris, dans des milieux bizarres, de Mme Pompidou [12] ». Une tentative de déstabilisation de l'ancien Premier ministre est peut-être en cours, estimaient-ils. Le premier était le capitaine Paul Sentenac ; les deux autres, deux jeunes agents civils nommés Claude Pradier et Jean-Charles Marchiani**. Le trio servait à la base Bison, l'antenne du SDECE chargée de la détection des influences étrangères et du traitement

* Direction de la sécurité du territoire, le service de contre-espionnage, ancêtre de l'actuelle Direction générale de la sécurité intérieure (DGSI)

** Jean-Charles Marchiani deviendra conseiller de Charles Pasqua au ministère de l'Intérieur (1986-1988 puis 1993-1995), avant d'être nommé préfet du Var par Jacques Chirac en 1995. Il sera ensuite élu eurodéputé en 1999. Sollicité par l'auteur, il n'a souhaité répondre à aucune question sur l'affaire Markovic ni sur la base Bison.

des « honorables correspondants – les « H.C. » dans le jargon des espions.

Anne-Marie Dupuy, sur ses gardes, se rappelle avoir abrégé la conversation. « Tout ça avait un relent de calomnie, de méchanceté. J'ai dit : "C'est une histoire à dormir debout, s'il y a des photos, amenez-les-moi." »

Les deux visiteurs lui ont laissé une note mais elle n'en a parlé à personne, convaincue de l'invraisemblance de leur théorie. À présent, elle se demande si elle n'a pas commis une grave erreur.

Devant Jobert, le général Guibaud assure tout ignorer de cet épisode. Soit rien n'est remonté jusqu'à lui, soit il a choisi de se taire ; car à cette date, son service a bel et bien ouvert un dossier sur les photos de l'affaire Markovic. On l'a baptisé, selon l'usage dans le renseignement, d'un nom de code inspiré de l'identité de la source : « Karamel ».

Le point de départ de l'opération remonte au 21 octobre 1968. Josette Kamenka, une « HC » répertoriée par le service, prévient son « officier traitant », Jean-Charles Marchiani, qu'un album de photographies libertines s'échangerait sous le manteau. Selon elle, les images montreraient des parties fines organisées par Markovic ; des personnalités y apparaîtraient en fâcheuses postures, dont Claude Pompidou. Certains proches de Markovic, téléguidés par les services secrets yougoslaves, s'apprêteraient à les diffuser.

En vertu de la procédure réglementaire, Marchiani rend compte par écrit des déclarations de sa source, qu'il assortit d'une appréciation mitigée sur leur fiabilité. À ce stade, impossible d'affirmer que les documents dont elle parle sont authentiques, ni même que l'informatrice les a vus de ses yeux.

Josette Kamenka est une petite femme brune qui approche la cinquantaine. Sa silhouette et ses lunettes à montures épaisses lui donnent un faux air de Marguerite Duras. Journaliste indépendante, elle est bien introduite dans les cercles gauchistes dont le mouvement de Mai a révélé l'activisme. Elle a déjà un petit passé dans le renseignement. Entre 1944 et 1946, elle a travaillé au service de la « censure » (la surveillance du courrier et des communications téléphoniques) au sein de la Direction des services techniques*, dans la structure qui préfigurait le SDECE. En 1966, elle a été « réactivée » en Algérie – d'où son premier nom de code : « Aldona ». Son intimité avec le chef du contre-espionnage du gouvernement Boumediene lui donnait accès à des renseignements sensibles sur l'URSS, la Chine et Cuba, « pays frères » de l'Algérie indépendante.

Depuis son retour en France, l'espionne s'est mise en sommeil mais la journaliste évolue dans le milieu du cinéma. Son beau-père, le producteur Alexandre Kamenka, a ses entrées à l'ambassade soviétique et fréquente l'entourage d'Alain Delon. C'est à la confluence de ces mondes qu'elle prétend avoir entendu parler du mystérieux album photo.

Au SDECE, la fiche nominale de « Karamel » mentionne qu'elle relève de la « section K » et perçoit une rétribution mensuelle de 250 francs [13]. Elle signale en outre que la jeune femme serait une cousine de Jacques Foccart**.

---

* Cette DST, placée sous l'autorité du ministère des Armées, n'a rien à voir avec la Direction de la surveillance du territoire, dépendante du ministère de l'Intérieur, évoquée précédemment. Ces deux services ont cessé d'exister.

** La grand-mère de Jacques Foccart était née Masson, comme Josette Kamenka, mais les fichiers du SDECE ne donnaient aucune précision sur ce point.

Dirigée par le capitaine Sentenac, la section K est une unité spécialement chargée de la surveillance des mouvements subversifs et des étrangers suspects. Elle dépend de la base Bison, également appelée « Service 6 », unité qui jouit d'une grande autonomie : ses bureaux sont situés au 2 *bis*, avenue de Tourville, près des Invalides, loin de la caserne Mortier, siège historique du SDECE ; une partie importante de ses effectifs est extérieure à l'armée, et ses méthodes ont peu à voir avec la discipline militaire – horaires élastiques, contrôle hiérarchique en pointillés, notes de frais dispendieuses... Ce traitement de faveur s'explique par ses missions particulières : depuis la reprise en main consécutive à l'affaire Ben Barka, Bison suit les « affaires réservées », celles qui intéressent de près le pouvoir et ne peuvent pas tomber en n'importe quelles mains. Pour surveiller ou faire chanter leurs « cibles », ses agents ont régulièrement recours aux call-girls de Madame Claude, expertes en recueil de confidences sur l'oreiller et en mises en scène osées qu'immortalisent des caméras dissimulées dans des chambres d'hôtel – c'est pourquoi les membres du service 6 l'appellent en pouffant « base Baisons »...

Dans cette auberge espagnole de l'espionnage se croisent de vieux soldats et de jeunes fonctionnaires, des baroudeurs et des infiltrés, des braves et des opportunistes, des adorateurs du Général et des ralliés de circonstance. Le courant des gaullistes de gauche y est comme chez lui. Deux de ses figures au parcours glorieux, le général Pierre Billotte et le colonel Roger Barberot, compagnons de la Libération, tiennent là des réunions et donnent des rendez-vous. Le chef de Bison, le lieutenant-colonel Maurice Pierson, passe pour leur protégé. Sentenac, lui, se proclame « fidèle inconditionnel du Général, mais pas forcément de tous ceux qui se réclament de lui [14] ». Quant à Marchiani, il affiche sans pudeur sa nostalgie de l'Algérie française et son antigaullisme. Tous ont au moins une raison de ne pas apprécier Pompidou.

Dans ce contexte, il est tentant de prêter des intentions malveillantes aux hommes de la base Bison. « Les agents du SDECE jouaient en ordre dispersé un rôle mal défini », résumera Pompidou[15]. On ne saurait mieux dire que cet épisode reste ténébreux. En se lançant sur la piste des photos invisibles, peut-être espéraient-ils piéger Pompidou plus que le protéger. Mais dans ce cas, pourquoi être allés avertir sa collaboratrice ? S'ils cherchaient à lui nuire, leur démarche est incompréhensible. À moins que, justement, ils n'aient voulu accréditer d'avance leur bonne foi et « couvrir » une machination inavouable contre l'ancien Premier ministre… On se perd dans un labyrinthe de conjectures.

Il est en tout cas certain que, malgré les réticences initiales, la section K s'est lancée sur la piste du sulfureux album.

Peu après le premier contact avec « Karamel », Sentenac et Marchiani se rendent chez elle, un modeste appartement qu'elle habite seule, dans le 17e arrondissement de Paris. Ils la questionnent sur l'origine du tuyau, les moyens de le vérifier. Elle répond que « les photos seraient planquées en Italie » et propose « une opération pour les récupérer »[16]. Mais elle livre trop peu de détails et Sentenac ne veut pas s'engager à l'aveugle. La ligne téléphonique de la journaliste est placée sur écoute. La semaine suivante, une deuxième entrevue se tient. Pour plus de discrétion, on la convoque au domicile du lieutenant-colonel Pierson, à Sarcelles – ce qui contrevient à toutes les règles du service. Là, « Karamel » se dit incapable de certifier l'existence des photos. Ordre est donc donné de ne pas aller plus loin.

Était-ce une tentative d'intoxication ? Rien n'interdit de le penser. La femme avait peut-être pour objectif de faire croire à l'existence des photos plus que de les dénicher.

Dans cette hypothèse, « Karamel » et la « journaliste pigiste » en contact avec les « services allemands » mentionnée par le juge Patard dans ses cahiers pourraient n'être qu'une seule et même personne…

Il faut néanmoins souligner que la prise de contact avec l'agent Marchiani remonte au 21 octobre 1968, c'est-à-dire *après* l'apparition des rumeurs concernant les soirées de Markovic et l'implication de Claude Pompidou. S'il s'agissait d'une campagne orchestrée, le SDECE a pu la relayer, pas la déclencher à lui seul. Peut-être la source « Karamel » se faisait-elle simplement l'écho des bruits qu'elle avait entendus dans le monde du cinéma. Elle pouvait, à la rigueur, avoir entendu parler des « révélations » à venir de Bob Ackov, puisque le commissaire Samson avait vendu la mèche à certains journalistes dès avant l'interrogatoire du 30 octobre. Mais il semble qu'elle n'ait rien évoqué d'autre que des photos, ni jamais envisagé l'apparition d'un témoin, ce qui affaiblit l'hypothèse d'une opération concertée.

Seule une enquête approfondie consacrée à « Karamel » aurait pu démêler l'imbroglio en identifiant ses propres sources, en scrutant son entourage et en éclairant ses intentions. Rien de tel n'est décidé à l'époque. Au contraire, un événement précis démontre un empressement particulier à refermer le couvercle.

Intriguée par les liens qu'entretenait la journaliste avec « un individu fiché comme étant sous le contrôle du KGB et qui avait des intérêts dans le cinéma pornographique », la DST l'a elle aussi placée sous surveillance [17]. Mais quand les agents du contre-espionnage décident de l'arrêter pour lui faire subir un interrogatoire, un feu rouge s'allume : le directeur du service reçoit du ministère de l'Intérieur « l'ordre formel de renoncer à cette audition ». Il comprend alors que cette interdiction fait suite à « une intervention pressante du général Guibaud, patron du SDECE ».

C'est le signe que le dossier « Karamel » n'est pas refermé. Et une preuve supplémentaire que, jusqu'au cœur de l'appareil d'État, les ennemis de Pompidou tirent les ficelles et protègent leurs arrières.

Ils attendent une autre occasion.

11

Devine qui vient dîner ?

L'hiver est tombé sur la France, et aussi sur le pouvoir. Au conseil des ministres, de Gaulle laisse apercevoir une mélancolie qu'on ne lui connaissait pas. Il semble démoralisé, fatigué, gris.

« Le Général crayonne, le visage secoué de tics », décrit Philippe Alexandre[1]. Mi-décembre, le vieux président a mis son auditoire mal à l'aise en dissertant sur « la mélancolie » et « la neurasthénie » qui régneraient sur le pays. Les ministres ont pris cette glose pour une allusion personnelle. S'inquiétant de la versatilité des Français, il cite *La Guerre des Gaules* quand, hors de l'Élysée, c'est la guerre des gaullistes qui s'annonce. Les barons se désolent et se divisent. Couve de Murville peine à s'imposer – « Il ne suit pas les affaires », peste Foccart[2]. Giscard s'éloigne, en attendant son heure. Et Pompidou ? Il rumine.

Lui aussi a de la peine, mais il l'enfouit sous le courroux. Il n'entend pas se laisser affaiblir. Boulevard de Latour-Maubourg, les visiteurs se font plus rares ; qu'à cela ne tienne, lui et son épouse sortent, dînent, courent les galeries et les spectacles. Quand l'ennemi est tapi dans l'ombre, mieux vaut se tenir en pleine lumière.

« Il n'a jamais voulu qu'on puisse penser qu'il était atteint, il savait ce qui se jouait », témoigne Édouard Balladur[3].

En privé, Pompidou ne tait plus ses reproches envers de Gaulle. Il le trouve inconstant, fragile, exsangue.

« Le Général n'est plus lui-même, confie-t-il. Les choses se dégradent. Cela va plus vite que je ne pensais[4]. »

Peut-être est-ce pour lui la seule façon d'admettre que de Gaulle l'ait livré à l'opprobre sans lever le petit doigt. C'est aussi le déclic qui l'incite à accélérer les préparatifs pour, un jour, lui succéder. Le devoir le lui commande, le dépit l'y encourage. Auteur d'une magistrale *Anthologie de la poésie française**, il récite devant ses proches, de tête, ce vers de Sully Prudhomme :

> Le vase où meurt cette verveine
> D'un coup d'éventail fut fêlé
> Le coup dut l'effleurer à peine
> Aucun bruit ne l'a révélé (...)
> Personne encore ne s'en doute
> N'y touchez pas, il est brisé.

Cet objet abîmé, qui menace de voler en éclats, c'est non seulement la personne du Général, diminuée par l'âge et le pouvoir ; c'est aussi, pour Pompidou, le lien qui les unissait. Après tant d'années côte à côte, les deux hommes se tournent maintenant le dos.

Claude elle-même, peu encline à parler de politique, se laisse aller à le critiquer en public. « À son avis, son mari devrait désavouer de Gaulle pour avoir une chance de retourner au pouvoir après sa mort qui, a-t-elle ajouté avec peut-être une pointe d'espoir, ne devrait pas tarder », note l'acteur britannique Richard Burton au sortir d'un dîner mondain passé à sa table[5].

Au sein même de son foyer, le Général subit des réprimandes. À La Boisserie, durant les fêtes de Noël, Philippe

* Hachette, 1961.

de Gaulle assiste à une dispute entre ses parents au sujet de l'affaire Markovic.

« Comment peut-on laisser accuser une femme pareillement ? s'indigne Yvonne de Gaulle. Je connais trop Claude Pompidou, c'est une accusation mensongère. Ne peut-on pas arrêter toutes ces rumeurs scandaleuses ?

— L'Intérieur et la Justice s'en occupent. On découvrira bien vite l'inanité de ces ragots, soupire le Général.

— Mais enfin, il n'y a rien d'autre à faire ?

— Que peut-on faire de plus si ce n'est répondre à tout ça par le mépris[6] ? »

L'instant suivant, seul avec son fils, de Gaulle renouvelle pourtant ses reproches envers les Pompidou, comme s'il les rendait responsables de leurs propres ennuis :

« À trop vouloir dîner en ville dans le Tout-Paris et à y fréquenter trop de monde et de demi-monde, il ne faut pas s'étonner d'y rencontrer tout et n'importe qui. »

L'incompréhension s'est installée. Entre Latour-Maubourg et Colombey, la distance est plus grande que jamais. Le 31 décembre, dans son allocution télévisée pour les vœux, de Gaulle appelle à la réconciliation nationale :

« Portons donc en terre les diables qui nous ont tourmentés. »

Mais qui peut encore y croire ? Sur l'enregistrement, on entend distinctement Foccart tousser dans un coin.

Le 3 janvier 1969, Pompidou écrit à de Gaulle. Il couche son amertume sur le papier. L'année écoulée, souligne-t-il, lui laisse « un goût de cendres ».

> Jamais, depuis que je vous sers et à travers vous, la France, je n'ai eu l'impression d'avoir donné autant de moi-même. Jamais, pourtant, je n'ai eu l'impression d'être plus attaqué, calomnié, soupçonné (...) Que dire de la

> campagne menée contre moi et ma femme, du fait qu'il a fallu que, sans aucun moyen légal, je me livre moi-même à une enquête détaillée pour établir les origines et démonter le mécanisme d'une machination dont je n'ignore plus que l'inspirateur ? (...) Comment fut-il possible que des hommes qui ont été ministres à mes côtés, qui connaissent mon ménage depuis des années, aient pu réagir aussi faiblement, aussi honteusement, j'ose le dire, en présence des calomnies scandaleuses, invraisemblables, exprimées dans des conditions les plus anormales par des indicateurs de police de bas étage et évidemment inspirés ?

Le message de Pompidou est direct, cruel. Un complot a été ourdi contre lui, il a dû l'affronter seul ; sans l'ingratitude, l'injustice n'aurait pu prospérer. De Gaulle n'a d'autre choix que de répondre par la compassion. Mais il lui enjoint, encore une fois, de maîtriser ses nerfs :

> Ce que vous m'écrivez au sujet de votre état d'âme ne peut manquer de me toucher. Mais je voudrais beaucoup que vous ne vous laissiez pas impressionner par les ragots, même s'ils sont grotesques et infâmes, que l'on a dirigés contre vous. À un certain plan, rien ne compte que l'essentiel, c'est-à-dire ce que l'on a fait et ce que l'on a conscience d'être.

Le ton est celui du maître faisant la leçon à l'élève. Pompidou encaisse mais n'en pense pas moins. N'a-t-il pas le cuir assez épais ? Il est prêt à prouver le contraire.

« Ce que les agacements, les reproches, les colères, les désaveux, l'ingratitude, le renvoi n'avaient pu faire, il a suffi de quelques jours pour le provoquer : le dauphin reprend sa liberté pleine et entière à l'égard du souverain, résume Viansson-Ponté. Livré ou laissé, ce qui revient au même, en pâture aux loups, il va se rebeller, se défendre en attaquant à son tour[7]. »

Le 9 janvier, un nouvel acteur fait son entrée sur la scène de l'affaire Markovic. Un avocat au passé intrépide – il fut Résistant à vingt ans – et aux passions éclectiques : Roland Dumas. Ami des artistes, conseil du *Canard enchaîné*, député de gauche ; on lui prête des réseaux et on lui reconnaît du talent. C'est lui que le frère Markovic a désigné pour le représenter devant la justice française et cela n'augure rien de bon pour Georges Pompidou : Dumas est à la fois un procédurier hardi et un antigaulliste forcené. Depuis que « Thémis est entrée en politique », selon sa formule[8], il montre son habileté dans les dossiers sensibles. Il a défendu les partisans du FLN algérien, assisté la famille Ben Barka, aidé François Mitterrand à se tirer du piège dans l'affaire du faux attentat de l'Observatoire, qui menaçait sa carrière. Il est resté proche du leader socialiste, pour le meilleur et pour le pire*. Ses contacts dans la justice, la presse et la politique en font un des hommes les mieux informés de Paris, détenteur de grands et de petits secrets.

Par le fait du hasard, Roland Dumas est lié à Jean-Luc Javal, l'ancien conseiller qui a prévenu Pompidou des rumeurs visant son épouse ; tous deux épicuriens et amateurs de jolies femmes, ils partagent le bail d'un appartement où défilent leurs conquêtes. Ainsi l'avocat n'a-t-il pas tardé à être dans la confidence.

Devant le père de Stevan Markovic – dont il a obtenu les coordonnées par « des amis policiers[9] » –, Roland Dumas a revendiqué d'être « en même temps avocat et

* Après l'élection de François Mitterrand à la présidence de la République, en 1981, Roland Dumas deviendra ministre délégué aux Affaires européennes en 1983, puis ministre des Affaires étrangères de 1984 à 1986 et de 1988 à 1993, avec rang de ministre d'État. Il présidera le Conseil constitutionnel de 1995 à 2000.

homme politique » et s'est engagé à ne pas réclamer d'honoraires.

« Dans notre police, il y a des corruptibles mais aussi des gens qui aiment la vérité et qui ne permettront pas que cette affaire s'étouffe », a-t-il ajouté [10].

Après une rapide escapade à Belgrade, il est discrètement passé voir le juge Patard, à qui il a promis de l'aide pour « résister aux pressions [11] ». Puis il a prévenu la presse que le frère de la victime se constituait partie civile : avec l'interrogatoire d'Alexander Markovic, prédisait-il, l'enquête allait enfin progresser.

À 16 h 15, les deux hommes sont dans le cabinet du juge d'instruction. Le procureur Lajaunie les y attend, ainsi qu'une interprète assermentée – Alexander Markovic ne parle pas le français.

« Avez-vous une conviction sur les circonstances de la mort de votre frère ? questionne le juge.

— À mes yeux, les responsables de la mort de mon frère ont été désignés par lui dans ses lettres. Je ne peux échapper à cette impression, et il faudrait des arguments vraiment très forts pour m'en dissuader.

— Quelle explication la partie civile trouve-t-elle au meurtre par ceux qui sont désignés ? interroge Roland Dumas.

— Les véritables raisons, je ne crois pas les connaître, mais je me fonde sur le fait que durant sa vie, mon frère ne m'a trompé en rien. Je dois ajouter que chez nous, les Slaves, quand un membre d'une famille adjure un parent, il l'oblige par ce serment. Dans ses lettres, mon frère va tellement loin qu'il y a, à mon avis, un caractère solennel dans ce qu'il écrit. Il ne peut s'agir de choses approximatives mais d'une vérité grave [12]. »

L'intention d'Alexander Markovic est évidente : il veut éviter que la justice ne tienne les accusations posthumes de son frère comme les délires d'un mythomane, compte tenu de son profil d'escroc et de bonimenteur. « Il est vrai que Stevan a eu quelques problèmes avec la loi », admet-il, mais c'était un homme « droit et loyal », qui « n'aimait pas les choses sales ». Vrai aussi que son cadet était « mystérieux et compliqué », mais les fractures de l'enfance et l'emprisonnement de leur mère en seraient l'explication. Affirmations flatteuses qui brossent un portrait idéalisé : celui du « voyou au grand cœur » déjà décrit par les journaux, mais que les découvertes de l'enquête ont fâcheusement flétri. Alexander Markovic a beau dire, il ignorait presque tout des frasques de son frère, de sa relation amoureuse avec Nathalie Delon, des « gros coups » qu'il envisageait avant sa mort – en livrant des détails contradictoires selon les interlocuteurs. Même devant ses proches, Stevan biaisait, éludait, enjolivait, inventait. Maintenant qu'il n'est plus là, comment se fier à tout ce qu'il racontait ?

Pour étayer les accusations de son frère, Alexander Markovic n'a qu'un moyen : montrer qu'il n'est pas seulement le dépositaire de ses secrets mais qu'il en a, parfois, été le témoin.

Ainsi affirme-t-il que les photos et les lettres remises par Uros, l'ami de Stevan, ne constituent pas l'intégralité des archives qu'il avait amassées. « Je suis convaincu qu'il existait bien d'autres choses », dit-il, citant notamment une lettre de Nathalie Delon, longue de vingt-cinq pages, qu'il aurait « vue personnellement » et surtout le « journal personnel » de son frère, qu'il prétend également avoir aperçu chez lui, « dans une chemise de carton jaunâtre ».

Vient alors le passage qui va faire de sa déposition une bombe :

« Lorsque j'allais voir mon frère avenue de Messine, Delon voulait toujours que j'y couche. Il insistait même lourdement, mais je n'ai jamais accepté. En revanche, je suis allé plusieurs fois déjeuner ou dîner à sa table. J'ai remarqué qu'il avait un comportement puéril et capricieux. Il faisait des scènes désagréables et quittait la table au cours du repas, abandonnant ses invités. Chez les Delon en mai 1968, ou plus probablement en 1967, j'ai eu l'occasion de dîner avec M. et Mme Pompidou. À ce dîner (…) participaient sept personnes : M. et Mme Pompidou, M. et Mme Delon, mon frère Stevan, un Français inconnu de moi et moi-même.

— Comment avez-vous su qu'il s'agissait de M. et Mme Pompidou ? intervient le procureur.

— Parce que ces personnes m'avaient été présentées [13]. »

En soi, l'épisode n'aurait rien de préjudiciable pour l'ancien Premier ministre – accepter l'invitation d'une star de cinéma n'est pas un crime, *a fortiori* dans un lieu privé, à l'abri des regards. Cependant, il surgit à point nommé pour conforter les insinuations et alimenter les conjectures. Si Markovic dînait à la même table que Delon et les Pompidou – le frère soutiendra même que le repas était servi « dans la cuisine » –, n'est-ce pas la preuve que le playboy yougoslave avait ses entrées dans la haute société ? Et s'il avait un tel degré de familiarité avec des personnalités de ce rang, n'est-ce pas qu'il les fréquentait dans d'autres cadres, plus intimes ? Et s'il a été assassiné, ne serait-ce pas pour l'empêcher de révéler ce qu'il y a vu ?

Qu'importent les réponses à toutes ces questions. Quelle dénégation pèserait assez pour balayer le soupçon ? Les invraisemblances ne manquent pourtant pas dans le récit d'Alexander Markovic : il est curieux que la salle à manger n'ait pas été utilisée et que les Delon n'aient convié personne d'autre en une pareille occasion ; en outre, aucun employé de maison ne se souviendra d'avoir servi les Pompidou. Il n'empêche, l'évocation du dîner relance les spéculations et finalise le piège. Ne pas en vérifier l'existence, ce serait reconnaître que la justice protège les Pompidou ; interroger les prétendus convives, ce serait suggérer qu'ils peuvent avoir un lien avec la mort de Markovic. Dans les deux cas, la polémique paraît inévitable.

« Le procureur était drôlement ennuyé, se souviendra le juge Patard. Ni lui ni moi n'avons vraiment cru à cette histoire mais on s'est dit : quand ça sortira, on va nous demander des comptes [14]... »

Le procès-verbal n'est pas versé immédiatement au dossier. La Chancellerie, informée par Lajaunie, impose la confidentialité absolue. Seul Roland Dumas est libre de parler – la partie civile n'est tenue à aucun secret. Or lui aussi se tait. Si bien que, dans les journaux, les comptes rendus de l'audition ne mentionnent pas l'histoire du dîner. Avant de quitter le bureau du juge, l'avocat lui a tout de même soufflé une idée :

« Le septième invité autour de la table, et si c'était Marcantoni [15] ? »

Pour le gangster corse, les frimas de janvier sont douloureux. Ils réveillent le souvenir de ses blessures de guerre au bras et à l'épaule gauche et son ancienne fracture du nez lui provoque des rhumes incessants. Les inspecteurs de la PJ de Versailles, qui écoutent son téléphone, l'entendent fréquemment s'en plaindre. Sujet aux insomnies, Marcantoni pressent-il que l'enquête se rapproche de lui ? Il lui arrive d'écourter la conversation pour proposer un rendez-vous « de vive voix », ou de tempérer les inquiétudes d'un correspondant par un laconique : « Ça ira. » Habitué aux méthodes de la police, il ne peut douter que les arguments de sa défense sont soupesés, décortiqués un à un. Depuis sa garde à vue d'octobre, dont il est sorti avec le sourire, il a eu vent des investigations en cours. Il a de quoi se sentir cerné.

Son emploi du temps durant le week-end des 21 et 22 septembre a été reconstitué ; il est moins précis qu'il ne l'affirmait. Ainsi a-t-il prétendu être allé seul à Goussainville le samedi, avec la Renault 16 d'un voisin dont il refuse de dire le nom. Comment a-t-il restitué la voiture ? En la laissant dans la rue, dit-il. Invérifiable. Ensuite, le truand a été aperçu dans le village dans la journée du samedi et le dimanche matin, mais rien n'est certain pour la soirée. La boulangère déclare que son fils a servi une baguette à Marcantoni, mais elle souligne que « ce monsieur est venu le lui rappeler » récemment... Quant aux deux amis censés lui avoir téléphoné ce soir-là, le premier ne s'en souvient pas et le second, loin d'être un « camarade de Résistance » comme il l'a soutenu, s'avère être une figure du banditisme varois chez qui Marcantoni s'est subitement rendu, quatre jours après la disparition de Markovic[16].

L'enquête démontre en effet que le malfrat corse, sitôt alerté par le coup de fil nocturne d'Uros Milicevic*, a sauté dans un avion pour Nice, d'où il a gagné Toulon en voiture. En garde à vue, il a certifié que ce déplacement était prévu de longue date afin de régler « un litige familial ». Pourtant, sa précipitation était telle qu'il a oublié sa carte d'invalidité, ce qui l'a obligé à acheter un billet plein tarif, et il est parti sans avoir pu joindre son frère, qui n'est donc pas venu le chercher à l'aéroport. Tout cela ressemble fort à l'élaboration précipitée d'un alibi. La démarche malencontreuse d'Uros offrait quelques jours à Marcantoni pour s'y employer avant la saisie d'un juge ; il a sauté sur l'occasion. Son empressement se retourne aujourd'hui contre lui.

Ainsi, l'attestation fournie au gangster par le jeune Yougoslave – pour déclarer qu'il ne reconnaissait pas en

* *Cf. supra,* p. 51.

lui l'homme à bord du taxi emprunté par Markovic – ne l'innocente plus mais l'accable.

« On peut penser que Marcantoni, lorsqu'il fit rédiger cette lettre par Uros, eut la prémonition que la disparition de Markovic aurait une issue fatale et qu'il aurait bien besoin alors de ne pas être confondu avec le passager d'un taxi dont, autre prémonition curieuse, il paraissait savoir que le chauffeur serait le dernier à voir la victime vivante », analyse le commissaire Bardon [17].

Autre découverte encombrante pour le « Colonel » : ses relations avec Markovic se révèlent moins distantes qu'il ne l'a proclamé. La concierge de son immeuble, boulevard Gouvion-Saint-Cyr, se rappelle avoir pris le message d'un certain « Stevan » venu lui rendre visite à l'impromptu, fin août. Et plusieurs témoins ont observé de longs apartés entre les deux hommes, au champ de courses ou sur le trottoir de l'avenue de Messine, « à trois différentes reprises dans le courant du mois d'août 1968 » [18]. Pourquoi avoir menti sur ce point, sinon pour cacher que Markovic et lui discutaient bien ensemble d'une « affaire » à la veille de son assassinat ?

L'apparition d'une pièce à conviction contredit d'ailleurs ses déclarations et prouve qu'il a rencontré Markovic très peu de temps avant sa disparition. Il s'agit d'une paire de jumelles que le truand avait déposée au restaurant La Passée, son lieu de rendez-vous habituel. Or ces jumelles appartenaient à Markovic. Face aux enquêteurs, Marcantoni a assuré les avoir laissées au comptoir « fin août ou début septembre », parce que le Yougoslave l'avait chargé de les vendre pour son compte. Toutefois, un de ses compatriotes, Ismet, affirme les avoir empruntées à Stevan et ne les lui avoir restituées que le 20 septembre. De surcroît, un serveur du restaurant se rappelle que Marcantoni ne les lui a confiées que « le 8 ou le 9 septembre ».

Par conséquent, il est certain que le gangster s'est trouvé en présence de Markovic entre le 20 septembre et la date de sa mort. Et il ne peut expliquer comment il est entré en possession de ces jumelles si Markovic ne les lui a pas remises de son plein gré.

Mi-octobre, Samson et ses hommes avaient dû laisser filer Marcantoni la mort dans l'âme. Forts d'une pareille somme d'éléments à charge, ils pensent tenir leur revanche. Le 15 janvier, la décision du juge Patard est prise. Il l'inscrit dans son cahier : « Marcantoni – mandat d'amener. Inculpation complicité d'assassinat. »

L'opération est programmée pour le lendemain.

Ce même 15 janvier, un nouveau déjeuner des barons se tient chez Jacques Chaban-Delmas, président de l'Assemblée nationale. Georges Pompidou y retrouve Jacques Foccart, Olivier Guichard, Roger Frey, Michel Debré, Robert Poujade et Henri Rey. Une fois de plus, il est d'une humeur massacrante. Par Marie-France Garaud, qui suit l'affaire au jour le jour, il vient d'apprendre la teneur de l'audition d'Alexander Markovic.

« C'est complètement grotesque, s'insurge-t-il. On a fait venir le frère de Markovic, qui a tout bonnement déclaré qu'il avait dîné avec moi chez les Delon alors que je n'ai jamais, à aucun moment, dîné chez les Delon [19] ! »

Pour lui, c'est une preuve supplémentaire de la cabale. Il explose, s'imagine persécuté :

« Il n'y a pas un interrogatoire, pas un acte quelconque de toute la procédure où mon nom ne soit cité, et tout cela pour détourner l'attention.

— Je comprends votre agacement, Georges, tente Foccart, mais il ne faut pas dramatiser. C'est connu d'une cinquantaine de personnes, je vous assure que, dans le public, cela ne pénètre absolument pas.

— Détrompez-vous. À chaque occasion, les magistrats en parlent entre eux. C'est ainsi qu'après l'audition Dumas est revenu avec les deux magistrats qui ont dit : "Ah, là là, c'est dommage quand même..." Et Dumas a joué à l'homme généreux en disant : "Je suis dans l'opposition mais je suis ennuyé de ce qui arrive à celui qui était quand même le chef du gouvernement." Et tout le monde se lamente sur mon sort... »

Plus Pompidou explique, plus il s'emporte. Sa tirade terminée, il entraîne Foccart à l'écart, sachant qu'il rapportera la scène à de Gaulle :

« Vous direz au Général de ma part, je vous demande de le lui dire, que je suis excédé de voir que la justice a subi de réelles pressions l'invitant à me chercher des histoires. »

Pour la première fois, l'ancien Premier ministre dévoile alors sa conviction :

« Il y a dans cette affaire tout un gang corse qui protège des Corses et des gens très haut placés dans la police. J'ai une idée précise là-dessus. Et chaque fois que l'on voit que l'enquête s'approche de celui ou de ceux qui sont les coupables, on détourne l'attention en mettant les projecteurs sur moi. Tout cela n'est possible que grâce à de multiples complicités et j'en ai assez, j'en ai assez ! Vous le direz au Général[20]. »

Pompidou est-il au fait des intentions du juge Patard envers Marcantoni ? Ses confidences à Foccart le laissent clairement entendre. Dans son esprit, une borne supplémentaire a été franchie. Il en est certain, un clan s'est fixé pour objectif de l'abattre. Il ne voit qu'un but possible à cette machination : l'empêcher de succéder à de Gaulle. C'est pourquoi il n'envisage qu'un moyen de réagir : prendre les devants.

12

Le tigre blessé

Rome, 17 janvier 1969. La visite de Georges Pompidou a des airs de voyage officiel. C'est la première étape du programme qu'il a concocté avec de Gaulle pour parfaire sa stature internationale, et dont les destinations suivantes sont Londres puis Washington. La Yougoslavie, un temps envisagée, a été rayée de la liste – inutile de dire pourquoi. Dans la capitale italienne, on lui déroule le tapis rouge. Entretiens avec les plus hautes autorités, réception à l'ambassade, rencontres avec des personnalités ; une audience est prévue avec le pape Paul VI, où l'ex-Premier ministre se rendra avec son épouse – dans le contexte de l'affaire, c'est une image pieuse qui peut compter. En attendant, il reçoit quelques journalistes à son hôtel en début de soirée.

« Le niveau était modeste, les questions sans grand intérêt », relate-t-il [1].

Jusqu'au moment où le correspondant de l'AFP l'interroge de but en blanc :

« Serez-vous un jour candidat à la présidence de la République ?

— Ce n'est, je crois, un mystère pour personne que je serai candidat à une élection à la présidence de la République lorsqu'il y en aura une, répond Pompidou. Mais je ne suis pas du tout pressé. »

La première phrase occulte la seconde. Pompidou était l'héritier, il se pose en candidat. De Gaulle l'avait placé « en réserve », il vient de passer à l'attaque.

Au même instant – à quelques minutes près –, l'enquête sur la mort de Stevan Markovic entre dans une nouvelle phase.

Arrêté la nuit précédente dans un cabaret de Cannes, Le Monseigneur, François Marcantoni arrive au tribunal de Versailles, où l'attend le juge Patard*. D'énormes moyens ont été déployés. La veille, les policiers ont cru que le gangster s'était évanoui dans la nature, déjouant leur surveillance. Le ministère de l'Intérieur a « mis la pression [2] » et sa trace a été retrouvée sur la Côte d'Azur. Marcantoni a été conduit dans une caserne de gendarmerie à Draguignan, puis transporté vers Hyères à bord d'une fourgonnette banalisée escortée de motards, selon un itinéraire tracé pour éviter les grands axes. Ensuite, on l'a embarqué dans un Noratlas de l'armée de l'air, direction Villacoublay. À l'arrivée, des tireurs d'élite étaient postés sur les toits.

« La Chancellerie craignait qu'on ne refasse le coup de Dallas », expliquera le juge Patard, en référence à l'assassinat de JFK en 1963 [3]. Mais pourquoi vouloir tuer Marcantoni ? Poser la question, c'est y répondre : si l'on veut s'en prendre au truand, c'est qu'il a des choses à dire… Ainsi, le zèle policier alimente à nouveau les spéculations sur la dimension de l'affaire : un dispositif aussi imposant n'est-il pas le signe que le scandale l'est tout autant ?

---

* Dans ses cahiers personnels, à la date du 17 janvier 1969, le magistrat a écrit : « 12 h : Avis transfèrement par avion militaire de Grasse à Villacoublay. Arrivée à 19 h 15. » (En réalité, l'avion a décollé de l'aéroport de Hyères et non de Grasse.) *Archives de l'auteur.*

Le 17 janvier à 20 heures, Marcantoni est inculpé de « complicité d'assassinat » et emmené à la prison Saint-Pierre, qu'un tunnel relie au palais de justice. Sur ordre du juge d'instruction, il est placé « au secret » afin d'éviter toute communication « avec les autres détenus, les personnes du dehors, en un mot avec qui que ce soit, sauf avec son conseil »[4].

Le truand corse est désormais le « suspect numéro un » de l'affaire Markovic. Pendant quelques jours, il va partager la une des journaux avec Georges Pompidou.

Après le coup de tonnerre de Rome, l'orage gronde sur Paris. La déclaration de l'ancien chef du gouvernement provoque un déluge de commentaires et de conjectures. A-t-il voulu tuer le père ? Le gaullisme est-il au bord de l'explosion ? Le Général est estomaqué. Devant ses ministres, ses conseillers, il déverse son amertume :

« Qu'est-ce qui lui a pris ? C'est inadmissible, lamentable. Il se croit déjà président de la République[5] ? »

Sur le fond, le député du Cantal n'a rien dit d'outrageant : il y a bien longtemps que de Gaulle et lui ont abordé la question de la succession, dans leurs dialogues privés. Mais, vu de la présidence, envisager publiquement la fin de règne relève du sacrilège.

Dès 1964, après une opération de la prostate, de Gaulle a soufflé à Pompidou qu'« après son départ, il devrait quitter la rive gauche (l'hôtel de Matignon) pour la rive droite (le palais de l'Élysée)[6] ». L'année suivante, au terme de son premier septennat, il l'a rendu témoin de ses hésitations ; il lui a fallu des semaines pour décider de se représenter. Dans l'intervalle, Pompidou s'est découvert une ambition naissante, au point d'amorcer quelques préparatifs, au cas où… L'idée d'une candidature se frayait un chemin.

Entre les deux hommes, depuis, la suite allait de soi : Pompidou serait le continuateur, le légataire. Seul le calendrier était incertain. De Gaulle entendait en garder la maîtrise jusqu'à la fin. « Chaque homme tend à aller au bout de son pouvoir », disait Thucydide. Le mandat présidentiel court jusqu'en 1972. Entretemps, le Général atteindra quatre-vingts ans en 1970 ; l'automne du patriarche peut être l'occasion d'une sortie en majesté.

En son for intérieur, c'est l'hypothèse que privilégie Pompidou. Elle lui convient. Deux ans, c'est assez pour s'organiser, pas assez pour s'enfoncer dans l'ombre et perdre sa prééminence. C'est du moins ce qu'il pensait. L'affaire Markovic a tout déréglé. Dorénavant, plus rien n'est sûr. Le Général a douté de lui, alors Pompidou doute du Général. S'il s'accroche au pouvoir trop longtemps, il fera le jeu des opposants. Et s'il lui refuse son soutien, des rivaux tenteront d'en profiter. Edgar Faure se sent pousser des ailes à l'Éducation nationale ; Antoine Pinay reste auréolé du succès de la relance économique de 1958 ; à la tête des Républicains indépendants, Valéry Giscard d'Estaing prétend incarner l'avenir. Et il y a Maurice Couve de Murville, dont l'animosité et la duplicité se sont révélées avec l'audition d'Ackov et les manigances qui l'ont entourée.

À tous ceux-là, et aux Français, Pompidou veut montrer que rien ne le fera renoncer. « Je me suis durci, j'ai pris mes résolutions », répète-t-il à ses visiteurs du soir[7].

Dès avant sa visite à Rome, l'écho de sa détermination s'est répandu bien au-delà du cercle de ses partisans. C'est pourquoi, à son retour d'Italie, il croit pouvoir plaider le malentendu. Ses intentions relèvent du secret de Polichinelle, soutient-il : en répondant avec franchise à la question posée, il n'a pas eu le sentiment de commettre une transgression. Admettons. Mais les éditorialistes à qui il s'était confié jusqu'alors ont pu penser, eux, qu'il officialisait une démarche avalisée par de Gaulle. Le Général n'a pu que se sentir trahi, manœuvré, mis au rencart. Tel le *Roi Lear* de Shakespeare, il est gagné par le dépit : « Qu'il est plus aigu que la dent d'un serpent d'avoir un enfant ingrat... »

Les adversaires s'efforcent d'envenimer l'incident. Capitant dénonce un « complot » fomenté par Pompidou – c'est le monde à l'envers. Tricot et Couve de Murville relaient auprès des journalistes la fureur causée à de Gaulle par des « propos de buvette d'Assemblée [8] ». Sur ordre de Matignon, la télévision déprogramme le *Face à face* dont Pompidou était l'invité ; jusqu'à la fin avril, il n'apparaîtra plus à l'antenne. Le secrétaire d'État à l'information, Joël Le Theule, a passé la consigne.

Il n'est pas le bienvenu à l'Élysée non plus. Désireux de plaider sa cause, il sollicite une entrevue. En vain. Le Général lui condamne sa porte*.

Quatre jours durant, de Gaulle rumine sa peine et réfléchit à la riposte. Elle passera par un référendum, il y est de plus en plus résolu. Encore doit-il d'abord rétablir son autorité. Le 22 janvier, à la fin du conseil des ministres, le Général lit une brève mise au point, qui sera rendue publique dans la foulée :

> Dans l'accomplissement de la tâche nationale qui m'incombe, j'ai été le 19 septembre 1965 réélu président de la République pour sept ans par le peuple français. J'ai le devoir et l'intention de remplir ce mandat jusqu'à son terme.

Chacun comprend que Pompidou est remis à sa place. Le même jour, le déjeuner des barons est annulé *in extremis*.

---

* « Je lui ai fait dire que je ne pouvais pas le voir maintenant ; d'ailleurs, il l'a parfaitement compris », déclare de Gaulle à Jacques Foccart. *Cf. Le Général en mai*, *op. cit.*, p. 556.

Pour mettre les points sur les i, le secrétaire général de l'UDR, Robert Poujade, est invité à prendre ses distances avec l'insolent : « Le chef de la majorité, énonce-t-il, c'est le président de la République. (...) M. Pompidou occupe une place particulière au sein de l'UDR mais il n'est pas le seul : M. Couve de Murville, comme Premier ministre, est le guide tout naturel de la majorité[9]... »

Dès lors, c'est l'escalade.

Vexé, Pompidou se braque, refuse de se dédire. « Je n'aimais pas beaucoup être envoyé au coin, comme un enfant pas sage », admet-il dans ses *Mémoires*[10]. De Gaulle, sûr de son fait, ne cherche pas l'apaisement non plus. « Il a fait une gaffe, il n'avait pas à parler comme il l'a fait », maintient-il[11]. Les entourages soufflent sur les braises. Dans l'équipe de Pompidou, on espère que « le Vieux » passe la main au plus vite. En face, on n'a pas de mots assez durs contre le « Brutus » auvergnat.

« Mon Dieu que j'ai peur ! Je ne voudrais pas qu'un jour nous soyons amenés à être dans des camps opposés, s'affole devant Foccart la loyale attachée de presse de Pompidou, Simonne Servais. Je sens que, petit à petit, on va dans ce sens[12]. »

Le conseiller aux affaires africaines est, avec Chaban-Delmas, le seul à tenter d'éteindre l'incendie. Les autres barons sont aux abonnés absents. Ils redoutent de choisir un camp.

Officiellement étrangère aux arcanes de la politique mais aux premières loges du conflit, Yvonne de Gaulle elle-même se désole.

« Peut-être, Pompidou n'aurait pas dû dire exactement ce qu'il a dit, mais enfin, quand même, le Général a bien reconnu que ce serait lui qui serait son successeur ; par conséquent, je ne vois pas pourquoi il fait toutes ces histoires maintenant (...) C'est très mauvais tout cela ;

je l'ai dit au Général, j'ai dit que ce n'était pas bien de faire cela[13]. »

Mais que pèse le blâme d'une épouse quand le monarque sent son trône vaciller ?

Le 23 janvier, le juge Patard lance sa grande offensive. Marcantoni est extrait pour la première fois de sa cellule et conduit dans son bureau. En parallèle, la police a convoqué Alain Delon et plusieurs de ses proches – l'imprésario Georges Beaume, le chauffeur Marcel Gasparini, le photographe Jean-Pierre Bonotte – dans l'antenne du boulevard Gouvion-Saint-Cyr, devenue le QG de l'enquête. Les riverains ont vu des fonctionnaires y livrer des machines à écrire et des cartons de documents. Pour que le juge d'instruction soit informé en temps réel des réponses de l'acteur, une ligne téléphonique spéciale a été installée.

Face à Marcantoni, Patard affiche plus de certitudes que son dossier n'en contient : « Il ressort de l'enquête que vous avez organisé l'assassinat dont a été victime Stevan Markovic », affirme-t-il d'emblée, invitant le truand à « s'expliquer avec clarté »[14].

Il en faut plus pour attendrir un homme de ce calibre. Matois, l'inculpé invoque ses titres de Résistant, « blessé par balles au front et au bras, en février 1944 » et torturé par la Gestapo. Il jure avoir rompu avec le Milieu, se pose en père tranquille soignant ses chevaux et promenant ses chiens. « Depuis dix ans je n'ai pas été interpellé une seule fois par la police, ce qui prouve que je me conduis bien », se flatte-t-il.

S'il est inscrit au fichier du grand banditisme, il assure avoir « sollicité par écrit » sa radiation. Quand le juge brandit les lettres accusatrices de Markovic, Marcantoni affiche le flegme des vrais caïds : le personnage qu'elles décrivent ne peut être lui, soutient-il, puisqu'il « ne boite pas » et n'a « pas de cicatrice autour de la tête »[15].

Certes, le gangster veut bien admettre que Markovic, au hasard de leurs rencontres dans des bars PMU ou à l'hippodrome d'Auteuil, lui avait proposé de revendre des tableaux ou des bijoux volés ; mais c'est pour préciser qu'il a, bien entendu, décliné la proposition. De même, il « conteste formellement » avoir eu rendez-vous avec Markovic le 22 septembre, avenue de Messine ou ailleurs, *a fortiori* pour préparer un cambriolage.

« Le casse n'est pas ma spécialité, je n'en ai jamais fait de ma vie », argue-t-il, sachant pertinemment que les dossiers de la justice établissent le contraire.

« Pourquoi Markovic vous a-t-il désigné à la vengeance de son frère ? hasarde le juge Patard. Même si c'est une machination, quelle en serait la raison ?

— Je n'en sais rien. Peut-être Markovic m'en veut-il parce que je l'ai rembarré en refusant ses offres », élude le truand.

Quand il regagne sa prison, il peut se vanter de n'avoir rien cédé. Mais il sait que son épreuve ne fait que commencer.

À Paris, Alain Delon traverse une forêt de caméras et de micros pour pénétrer dans les locaux de la police. Il a le visage pâle, les yeux cernés, une écharpe de soie blanche nouée autour du cou. Fiévreux, il a dû quitter la veille le tournage d'un sketch destiné à la télévision avec la danseuse Zizi Jeanmaire – il jouait le rôle d'Al Capone. Son médecin lui a délivré un certificat attestant qu'il souffre d'une « affection grippale aiguë ». « Il est absolument nécessaire que le malade puisse être de retour chez lui ce soir pour recevoir les soins appropriés », indique le document.

À 15 h 10, il est tout de même placé en garde à vue. Le commissaire Pierre Redonet, de la PJ de Versailles, s'assied en face de lui. Le duel commence.

« Comment expliquez-vous la détérioration du climat d'amitié entre Stevan Markovic et vous-même ?

— Je m'en suis déjà expliqué. Stevan avait appris que, par une indiscrétion de Marcel, mon chauffeur, une secrétaire avait su la liaison entre lui et Nathalie Delon. Stevan prit le parti de me téléphoner pour m'expliquer. Ce n'était pas en soi une nouveauté pour moi, puisque Nathalie me l'avait déjà appris. En tout cas, il était comme un fou au téléphone, il ne s'est même pas justifié et il menaçait Marcel. Depuis un certain temps, je n'avais plus la même confiance en Stevan. Je pense qu'à partir de ce moment, se sentant gêné à mon égard, il a éprouvé le besoin de me rencontrer pour se justifier, ce dont je n'avais ni besoin, ni envie. Si on me demande de préciser un sentiment à son égard, je répondrai : de l'indifférence.

— Markovic s'est-il rendu à Saint-Tropez pendant le tournage de *La Piscine* et sinon, pourquoi ?

— Il devait me rejoindre au début du mois de septembre. La raison pour laquelle il n'est pas venu tient au fait que j'avais avec moi mon fils et que ma femme m'avait fait part de son désir que Stevan ne soit pas dans l'entourage d'Anthony. Elle ne m'a pas précisé ses raisons. Je ne les lui ai pas demandées [16]. »

Un compatriote de Markovic, Milan Domlija, a pourtant relaté aux enquêteurs l'avoir accompagné à Saint-Tropez et déposé aux abords de la villa de l'acteur, « début septembre 1968 [17] ».

« Avez-vous eu connaissance de ce voyage ? demande le commissaire.

— Non. Pendant mon séjour à Saint-Tropez, à aucun moment je n'ai vu Stevan Markovic ni été informé d'une visite qu'il aurait faite. »

La nuit est courte, Delon la passe sur un lit de camp, sous étroite surveillance. Le médecin requis par la police ne soulève aucune objection à la poursuite des interrogatoires. Au matin, les questions crépitent à nouveau. Elles portent sur les plans évoqués par Markovic auprès de plusieurs témoins pour lui soutirer de l'argent.

« Vous m'avez déjà fait part des intentions malveillantes que Stevan nourrissait à mon égard ; je ne comprends absolument pas comment un tel changement a pu survenir dans les sentiments d'un homme auquel, en définitive, je n'ai fait que du bien », réplique placidement l'acteur[18].

A-t-il eu vent d'un projet de kidnapping dont il aurait été la cible, ou de l'intention de Markovic de publier un livre sur sa vie avec le couple Delon ?

— Je ne sais que répondre à cela, c'est complètement démentiel. »

Le Yougoslave aurait-il pu s'allier avec Marcantoni pour tenter de le faire chanter ? insistent les policiers.

« Marcantoni, comme je l'ai déjà dit, est mon ami depuis dix ans. Cela relève de la pure fantaisie. »

Les enquêteurs lui lisent la déposition d'un nommé André, décorateur de vingt-trois ans, qui prétend avoir eu des relations sexuelles avec lui et relate leurs rencontres avec un luxe de détails embarrassants. À l'en croire, Markovic prenait « des clichés obscènes » pendant leurs ébats.

« Qu'avez-vous à répondre ? ose le commissaire.

— C'est incroyable d'avoir à répondre à des conneries pareilles et d'avoir à se justifier d'un tel tissu d'immondices, s'agace Delon. J'affirme n'avoir jamais entendu parler de cet individu. »

Enfin, on lui donne connaissance de la lettre de Bob Ackov. Le portrait du détenu de Fresnes lui « rappelle vaguement quelque chose », dit l'acteur. « Il peut s'agir d'un des nombreux Yougoslaves vivant dans le sillage de Stevan que j'aurais pu croiser. En tout cas, pas plus qu'avec Stevan, je n'ai assisté à des partouzes avec lui. » [19]

À 1 h 15 du matin, le 25 janvier, Alain Delon sort libre. Aucune question ne lui a été posée sur le prétendu dîner avec les Pompidou. Sur les images de la télévision, on distingue sur ses lèvres le sourire indéchiffrable du *Samouraï*.

Le 2 février, de Gaulle profite d'un déplacement en Bretagne pour annoncer la tenue d'un référendum « avant l'été » – la date du 27 avril sera retenue. Deux questions seront posées : l'une sur la régionalisation, l'autre sur la réforme du Sénat. Personne n'est dupe ; à travers ces projets, c'est une nouvelle onction populaire que désire le Général. Aussi éconduit-il ceux qui l'alertent sur l'incertitude du vote. Un péril, le référendum ? La belle affaire ! On ne forge pas la légende avec du fer-blanc. Ce sera pour ou contre de Gaulle. Pour « en finir avec les brumes de l'année 1968 », comme l'écrit Michel Jobert. Et « régler une affaire de cœur avec les Français » [20].

Sauf que Pompidou n'est plus à ses côtés pour mener la bataille. Sa « déclaration de Rome » – ainsi la presse l'a-t-elle baptisée – a même ouvert une brèche dans la forteresse.

« Tous ceux qui dans le compagnonnage, l'état-major gaulliste, les milieux influents et dans l'électorat trouvent que le Général est bien âgé pour conclure un nouveau bail avec le pays, que sa réforme régionale est bien mal bâtie et son référendum hasardeux, savent désormais que le choix n'est plus entre de Gaulle et le chaos, analyse Pierre Viansson-Ponté. L'avenir a maintenant un visage reposé, rassurant et familier ; le "non" ne serait plus une aventure[21]... »

En d'autres termes, l'ancien Premier ministre est devenu une menace. On le lui fait sentir. « Je ne me dresserai jamais contre le Général », promet-il[22]. Pas question de s'incliner pour autant : « Je me manifesterai encore. » Il se sent seul mais libéré.

Le 4 février, son père, Léon Pompidou, meurt des suites d'un infarctus. De Gaulle lui fait porter un mot de condoléances, mais ne le convie toujours pas à l'Élysée. Même le deuil ne les rapproche plus.

Le 12 février, le juge Patard organise une confrontation entre Marcantoni et Alexander Markovic. C'est Roland Dumas, l'avocat de la partie civile, qui lui en a soufflé l'idée.

« Entre la police et le parquet, chacun jouait son jeu, je n'avais personne sur qui compter ; j'avais besoin d'un allié », confie le magistrat[23].

Le procureur a tenu à assister à l'interrogatoire. Au milieu des échanges, il engage le Yougoslave à réitérer sur procès-verbal une allusion à un dîner « chez les Rothschild » prononcée en aparté, lors de sa première audition. Alexander Markovic obtempère :

« Effectivement, j'ai entendu dire par Stevan qu'Alain et Nathalie avaient été invités chez les Rothschild. Ils ne se sont pas rendus à ce dîner et lorsqu'on leur a fait savoir par téléphone qu'on les attendait, Alain a répondu que chez les Delon, ils étaient trois[24]. »

À la lecture du compte rendu, c'est peu dire que la sollicitation du procureur apparaît troublante. Sans la moindre précision sur la date ni sur l'identité des hôtes – la dynastie Rothschild compte d'innombrables membres –, à quoi peut servir cette évocation, sinon à sous-entendre l'implication de Pompidou, compte tenu de ses fonctions passées dans la banque du même nom ? C'est l'interprétation qu'en fera l'ancien Premier ministre quand il en prendra connaissance. D'autant que, durant la même confrontation, l'un des avocats de Marcantoni, Marcel Ceccaldi, revient, lui, sur le prétendu dîner de 1967 avec les Pompidou.

« C'est impossible, intervient alors le gangster. Delon n'aurait pas invité Stevan le jour où il aurait invité le Premier ministre. Pour le peu que je suis allé chez les Delon, j'ai constaté que Stevan n'était jamais là aux invitations. Je ne l'ai jamais vu à la table où on jouait, où on mangeait. Je n'ai jamais dîné chez Delon avec le Premier ministre. Il m'est arrivé de dîner chez Delon avec des gens du cinéma, mais Stevan n'était pas là[25]. »

Le lendemain, c'est au tour d'Alain Delon d'être convoqué par le juge Patard. Le frère Markovic et Roland Dumas sont encore là. Il est à nouveau question du dîner, et des Pompidou.

« Je maintiens mes déclarations sur les circonstances dans lesquelles je suis allé dîner chez le témoin, dit Alexander Markovic.

— Je ne suis pas d'accord, objecte Delon. J'ai reçu à dîner Alexander Markovic une seule fois, en mai 1966 ou mai 1967, je ne me souviens pas exactement. Étaient présents Mme Delon et moi-même, Alexander Markovic, Stevan Markovic et Pierre Caro*. Jamais n'ont été présents M. et Mme Pompidou. Je tiens à préciser que je n'ai reçu M. et Mme Pompidou ni dans ma propriété à la campagne, ni dans mes propriétés de la Côte d'Azur. Je n'étais pas assez intime avec eux pour me permettre de les inviter

* Associé d'Alain Delon dans sa compagnie de production, ADEL, fondée en août 1968.

chez moi. (...) Dans l'hypothèse où j'aurais offert un dîner intime à M. et Mme Pompidou, je ne vois pas les raisons pour lesquelles j'y aurais convié Alexander Markovic et son frère Stevan.

— Je maintiens ce que j'ai dit. Il ne peut être question d'erreur. D'ailleurs Stevan m'a confirmé qu'il s'agissait de M. et Mme Pompidou[26]. »

Sans conteste, le bon sens est du côté de l'acteur et l'épisode du dîner dans la cuisine semble cousu de fil blanc. Cela n'empêche pas le juge et le procureur de s'y accrocher avec obstination. On va jusqu'à prier le frère Markovic de désigner Georges Pompidou sur une page de magazine, comme si l'identification d'une personnalité aussi connue avait la moindre valeur !

Pourquoi une telle insistance ? L'ancien Premier ministre ne croit plus aux coïncidences. Voilà des mois qu'on piétine son honneur, que l'enquête est orientée contre lui – il n'en démord pas. Et plus le contexte politique lui est favorable, plus la cadence des coups s'accélère. Raison de plus pour ne pas baisser la tête.

Le 13 février 1969, alors que l'audition d'Alain Delon continue à Versailles, Pompidou est à Genève, où il prononce une conférence devant le Cercle français. Interviewé par la télévision romande, il récidive.

« Comment voyez-vous votre avenir politique ? lui demande le journaliste.

— Je n'ai pas d'avenir politique au sens où vous l'entendez. J'ai un passé politique. J'aurai peut-être, et si Dieu le veut, un destin national. »

Cette fois, l'irréparable est commis. Un mois après avoir forcé la porte de la succession, Pompidou proclame son ambition d'incarner un jour le pays. Il a délibérément ignoré l'avertissement du Général. Afin que tout soit clair, c'est même en empruntant au vocabulaire gaullien qu'il se dévoile – comme s'il se situait, déjà, à sa hauteur.

Les collaborateurs de Pompidou sont sans voix. Il n'avait prévenu personne. Avant son départ pour la Suisse, Jobert l'avait taquiné :

« J'espère que vous n'allez pas en profiter pour nous faire un coup de tabac...

— Ça, je ne vous garantis rien », avait-il répondu [27].

À son retour, il confie à Pierre Messmer :

« Mes déclarations de Rome n'étaient pas préméditées. Mais j'ai reçu une telle semonce que je ne pouvais pas l'accepter. Alors, il y a eu Genève [28]. »

À l'Élysée, une déclaration de guerre n'aurait pas fait plus d'effet. Pompidou est accusé de trahison, de sabotage même, car ses sorties répétées parasitent la campagne référendaire. Les grognards du parti s'alarment : comment défendre le « oui » si la principale figure de la majorité a l'air de parier sur le « non » ?

Foccart multiplie les ambassades entre les deux hommes, en pure perte.

« Si vous voulez voir le Général, commencez par arrêter de parler de sa succession », recommande-t-il à Pompidou [29].

« Je le verrai, grogne de Gaulle ; mais enfin, il faut laisser passer encore un peu de temps. Il ne s'est pas bien conduit [30]. »

À mesure que les jours passent, le fossé s'agrandit. Et la machine infernale de l'affaire Markovic tourne de plus belle.

Le 4 mars, c'est la stupeur. À 13 h 34, l'Agence France Presse annonce la nouvelle : les défenseurs de Marcantoni, Marcel Ceccaldi et Guy Vaschetti, réclament officiellement l'audition de Georges et Claude Pompidou par le juge Patard. En pleine période électorale, l'initiative est autant judiciaire que politique. Les deux avocats sont des gaullistes déçus, dont l'engagement pour la cause de l'Algérie française est notoire. Dans leur courrier, ils expliquent que les déclarations d'Alexander Markovic relatives au prétendu dîner avec les Pompidou revêtent « une importance capitale ». Ils exigent « un éclaircissement décisif et rapide qui ne saurait mieux venir que de M. et Mme Pompidou eux-mêmes ».

« C'est une bombe : pour la première fois, le nom de l'ex-Premier ministre est associé officiellement à "l'affaire" », écrit Pierre Bénichou dans *Le Nouvel Observateur*, journal qui n'a pas l'habitude de compatir à ses ennuis. « Une bombe politique, précise-t-il : jusque-là, "on" avait laissé dire ; cette fois, "on" est allé plus loin, "on" a dit. » L'article, alimenté par l'entourage de Pompidou, indique que celui-ci a réagi « comme un tigre blessé ».

Quand il est prévenu, Foccart déjeune avec Chaban.

« Il faut absolument que je voie Georges cet après-midi pour l'empêcher de faire une blague, s'exclame-t-il. Il est comme un écorché qu'on a badigeonné à l'alcool à 90 °, c'est épouvantable[31] ! »

La mécanique médiatique se met en branle – inarrêtable, elle aussi. Une dépêche de l'Agence centrale de presse (ACP) met le feu aux poudres. Elle indique que, sur la demande des défenseurs de Marcantoni, les époux Pompidou « pourraient être convoqués par le juge ». Pompidou en prend connaissance alors qu'il reçoit l'un de ses confidents, le journaliste Georges Suffert. Il entre dans une rage froide.

« On dit que je tiens à ma carrière. Eh bien, je vais vous confier quelque chose. Si je reçois cette convocation, je m'y rendrai. Mais auparavant, je tiendrai une conférence de presse. Ce sera la fin de Georges Pompidou comme homme politique, mais vous aurez de la copie pour des mois. Je n'ai pas le goût du suicide. Je suis trop nonchalant pour me scandaliser. J'ai le cuir épais. Mais il y a des moments où il faut savoir casser sa vie. Pour une chose sans importance à notre époque, figurez-vous : l'honneur[32]. »

Bientôt, la dépêche de l'ACP est reprise par France Inter dans un flash. Jacques Chirac, secrétaire d'État aux Finances et tout dévoué à Pompidou, l'entend dans sa voiture. Il se gare sur un trottoir, bondit dans un café, s'empare d'un téléphone et injurie Joël Le Theule, son collègue chargé de l'Information. Le journaliste* avait « un ton de jubilation » pour annoncer la nouvelle, s'insurge-t-il[33]. Secoué, Le Theule alerte Matignon. Couve ordonne que la demande des avocats de Marcantoni ne soit plus relayée à l'antenne, mais à la Maison de la Radio les appels sonnent dans le vide.

Une fois de plus, Pompidou refuse la thèse de la simple bévue.

« On ne me fera jamais croire que c'est un hasard si la radio nationale a été la première à donner de la publicité à ce communiqué », s'indigne-t-il[34].

En outre, l'ACP est dirigée par des proches de Gaston Defferre, le maire socialiste de Marseille. Et pour ne rien arranger, Capitant, son pire adversaire, a terminé sa convalescence et vient de reprendre ses fonctions au ministère de la Justice. Il y a de quoi, en effet, se montrer soupçonneux.

Boulevard de Latour-Maubourg, Pompidou s'enferme avec Édouard Balladur et rédige en quelques minutes un communiqué dont chaque mot est pesé.

> Selon une information diffusée par l'ORTF et reprise par la presse, les défenseurs d'une personne

---

* Il s'agissait d'Yves Mourousi (1942-1998), futur présentateur du journal de 13 heures sur TF1.

inculpée dans une affaire judiciaire ont demandé l'audition de M. et Mme Pompidou.

Ceci fait suite à une série de rumeurs mensongères complaisamment répandues, depuis déjà plusieurs semaines, à des fins totalement étrangères à l'intérêt de la justice.

Le secrétariat de l'ancien Premier ministre du général de Gaulle fait connaître que M. Pompidou et son épouse ignorent tout des causes et des circonstances de ce fait divers.

En trois paragraphes, Pompidou en appelle à l'opinion, à la justice et à de Gaulle. À la présidence au moins, le message est reçu.

« C'est ridicule, rugit le Général ; il n'a pas à être entendu par le juge, c'est grotesque[35] ! »

Après avoir imposé que l'affaire suive son cours, il mesure qu'elle est allée trop loin. Il faut corriger le tir, et vite. Couve est recadré, Le Theule chapitré, Capitant sommé d'éteindre le feu. Buvant le calice jusqu'à la lie, le garde des Sceaux doit préparer une mise au point. Il n'en donnera lecture au conseil des ministres que le 12 mars – à croire que la défense de Pompidou, décidément, pouvait attendre :

> Des rumeurs mensongères ont été perfidement répandues autour de l'affaire Markovic afin de nuire à certaines personnalités. La justice a pour devoir de rechercher les auteurs et les complices de l'assassinat de Stevan Markovic. Elle ne se laissera pas égarer par des manœuvres dont le but est manifestement étranger à sa mission.

À la table du conseil, le Général marmonne : « C'est très bien ainsi[36]. »

Il se refuse néanmoins à tout geste personnel pour défendre Pompidou. Tricot lui en fait la suggestion, par un petit mot griffonné dans la marge du communiqué de

Capitant : « Que dire ? Quand le dire ? » À quoi de Gaulle répond d'un seul mot : « Non. »[37]

Ni Pompidou ni sa femme ne seront jamais convoqués.

Dans la soirée, de Gaulle accueille enfin Georges et Claude Pompidou à dîner à l'Élysée. Foccart, grippé, s'est décommandé. Michel Debré, également souffrant, n'a pas pu faire de même – de Gaulle a insisté. Tricot et son épouse aussi sont conviés. Si bien que le repas de réconciliation tourne à la mise en scène hypocrite. Trop de sous-entendus, trop de silences, l'atmosphère est lugubre. Claude Pompidou serre les dents.

Au café, le Général et son ancien Premier ministre reviennent furtivement sur les incidents de Rome et de Genève.

« Que voulez-vous, dit Pompidou, je ne peux pas me coucher parce que vous m'avez grondé[38]. »

Le dialogue ne va guère plus loin. L'abcès n'est pas crevé.

« Ni Mme de Gaulle, par réserve habituelle, ni le Général, par gêne j'imagine, n'eurent un mot du cœur », note Pompidou dans ses *Mémoires*[39].

Décrivant la scène à Foccart, de Gaulle ne se montre pas plus satisfait :

« Eh bien, ce n'était pas très brillant. Mme Pompidou est complètement malade. C'est même inquiétant. Elle a été très touchée par toutes ces histoires sordides. Quant à lui, il est en bonne forme, mais contracté : il n'a pas l'air à son aise. Quant à Debré, on n'en parle pas : il a voulu être là malgré sa grippe. Ça n'a pas été bien fameux[40]. »

Les retrouvailles n'ont pas eu lieu. Après cette soirée, de Gaulle et Pompidou ne se verront plus jamais.

13

L'évasion d'Alain Delon

Est-ce son plus mauvais rôle ou le meilleur ? Bientôt six mois que dure l'enquête et Alain Delon reste impénétrable. Il a d'abord dit sa tristesse, puis sa perplexité, ensuite sa colère et son écœurement. Il a perdu un ami, or c'est à lui que l'on demande des comptes. Ses interrogatoires s'éternisent, il en sort libre de toute poursuite – on le cherche sans le trouver. Il n'est pas aux abois mais aux aguets.

En marge de ses convocations, l'acteur a fait part aux autorités de ses craintes pour sa sécurité et celle de ses proches. La voiture de Nathalie, désormais son ex-femme*, puis la sienne, ont été sabotées. Il a obtenu un permis de port d'arme et une protection rapprochée lui a été octroyée.

« Pendant des mois, nous vivons entourés de policiers en civil, nous demandant parfois s'ils ne sont pas là également pour nous surveiller, pour noter tous nos faits et gestes », témoigne Mireille Darc [1].

Avant la sortie de *La Piscine*, un sondage a classé Delon parmi les dix personnalités les plus admirées des Français, à côté du pape, des astronautes américains de la mission

* Le divorce a été prononcé le 14 février 1969.

Apollo et de Charles de Gaulle. Il feint d'en remercier ses détracteurs :

« C'est à cause de l'affaire. Je n'ai jamais été, je ne figurerai sans doute jamais plus dans un sondage de ce type. La presse a été trop loin. Dans le Tout-Paris et certains journaux, il y a des gens qui aimeraient bien qu'on m'inculpe. Vous voyez ça, le tirage du papier-cul... Les bons, les sensibles n'y tiennent pas tellement : ils aimeraient seulement que ça me casse, moi, ma carrière, ma vie. Ces gens-là ont envie de faire et de défaire. Je ne baisserai la tête devant personne. Je les emmerde[2]. »

Le feuilleton Markovic, c'est vrai, emplit les pages des faits divers. Encore peu habituée à tenir la chronique des scandales, la presse parisienne s'est jetée sur cet incroyable roman qui a tous les ingrédients d'un best-seller : un meurtre, une star, des gangsters, le plus haut niveau du pouvoir, un parfum de mystère et de débauche... Si les principaux titres traitent avec parcimonie les rebondissements impliquant le couple Pompidou, Delon n'est pas ménagé. Les récits de ses démêlés avec la justice sont moins aimables que les critiques de ses films. Le personnage de mauvais garçon qui a fait sa fortune à l'écran se retourne contre lui ; maintenant qu'il se retrouve au milieu d'une enquête criminelle, sa filmographie lui est opposée comme un casier judiciaire.

Tel de Gaulle à Pompidou, il pourrait dire : « La presse est basse » et se taire. Tel Pompidou face à de Gaulle, il préfère se battre.

À la veille de retourner chez le juge Patard – « À bientôt », l'a salué le magistrat après sa dernière audition –, Delon a décidé de s'exposer. Son mentor et imprésario Georges Beaume a négocié avec les deux grands magazines du moment pour qu'ils lui ouvrent leurs colonnes. Le 10 mars 1969 paraissent simultanément un entretien fleuve dans *L'Express* et un long portrait-interview dans *Le Nouvel Observateur.* Le Samouraï s'y livre sans langue de bois. L'enfance sauvage mais « brimée », l'armée en guise de fuite, la liberté et la peur en Indochine, la rancune tenace envers les parents, la galère à Barbès, les petits boulots et les hôtels borgnes – « On n'était pas trop mal faits, les filles, ce n'était pas un problème... ». Puis le cinéma, la métamorphose, la passion, le succès. Et à présent, les ennuis.

Markovic ? « Il était ma doublure, et avant tout mon ami, répond-il. On peut se tromper.

— Quand vous êtes-vous aperçu que vous vous trompiez ? insistent les journalistes.

— Me tromper vraiment, je ne l'ai jamais su. Je l'ai découvert à la police, par ses lettres. Je le découvre chaque jour.

— Pourquoi ne vous êtes-vous pas mieux protégé ?

— Mon enfance, ma nature, ma vie m'ont incité à la défiance. Mais quand je fais confiance, c'est définitif.

— Y compris aux amis de Markovic ?

— Mais non ! Tous les gens qui disent qu'ils étaient des amis de Stevan, qu'ils venaient chez moi, ceux-là vivent matériellement de cette affaire depuis six mois. Ils reçoivent de l'argent pour raconter n'importe quelle histoire. D'innombrables cousins surgissent d'on ne sait où. Quand ils ne sont pas sortis de l'ombre, ils sortent de prison ; quand ils ne sortent pas de prison, ils y rentrent[3]. »

Delon raconte ses séances chez les flics, où il a eu « quelques prises de gueule », assume sa camaraderie avec des voyous, se moque des questions sur sa collection d'armes – ses toiles de maître, Géricault, Delacroix, Courbet, « c'est tout de même autre chose... » Il se dit étranger au crime, ignorant de ce qu'on lui reproche :

« C'est une affaire qui dépasse tout le monde. Moi aussi. Plus personne ne sait pourquoi Marcantoni est en prison. On m'a dit que le procureur réfère au procureur général, qui réfère à la Chancellerie. Puis au ministre. Je suis là, au milieu, comme un mannequin de chiffons. »

Delon sûr de lui mais impuissant, Delon intranquille mais combatif. Dans *Le Nouvel Observateur*, Olivier Todd se demande : « Comment distingue-t-on un acteur qui est confiant d'un acteur qui joue la confiance ? » Bonne question.

S'il pense avoir réponse à tout, Delon ignore que le juge Patard a réuni des éléments susceptibles de le mettre en difficulté. N'étant pas inculpé, l'acteur n'a accès à la procédure qu'à travers les questions qui lui sont posées, parfois assorties d'extraits des dépositions d'autres protagonistes, et la lecture des journaux. Aussi, après sa garde à vue, le 25 janvier, a-t-il affirmé à la télévision que « le seul fait réel du dossier » était le contenu des lettres écrites par Markovic avant sa mort, auxquelles il ne trouve « aucune explication cohérente ».

En réalité, le magistrat versaillais a d'autres cartes dans son jeu.

Le chauffeur de l'acteur, Marcel Gasparini, a livré un témoignage troublant. Selon lui, c'est au cours d'une « violente dispute » que Nathalie a révélé à Alain Delon sa liaison avec Markovic ; or Delon a soutenu que cet aveu l'avait laissé de marbre, puisque sa femme et lui s'étaient déjà séparés. Le chauffeur ajoute qu'à compter de cet instant les relations entre Delon et Markovic se sont tendues au point de susciter un « climat malsain » et il formule carrément ce soupçon :

« Je n'ai aucune preuve mais j'ai souvent pensé qu'Alain Delon pouvait être soit l'auteur soit l'instigateur de la mort de Stevan. (…) Stevan était sérieusement brouillé avec Alain, il n'est pas impossible qu'il l'ait menacé[4]. »

Les récits convergents des amis de Markovic mettent en lumière un rapport de cause à effet entre sa fâcherie avec Delon et les projets d'extorsion qu'échafaudait le Yougoslave avant sa mort, comme s'il s'agissait de se venger autant que de s'enrichir. Ismet Osmanovic est l'un des plus précis :

« Stevan m'a dit qu'il avait l'intention de voler la collection d'armes d'Alain Delon, ainsi qu'une table ronde ancienne. D'après lui, la collection d'armes valait 60 à 70 millions, la table 20 millions environ*. Il m'a dit qu'il ne comptait pas vendre ces objets mais s'en servir comme gage pour obtenir de Delon la remise d'une somme de 20 ou 30 millions. Il ajoutait que si Delon ne voulait pas lui donner l'argent, il casserait tout et le jetterait à la Seine[5]. »

À la même époque, l'acteur recrutait des gardes du corps pour lui et pour son épouse, sans fournir d'explication sur la cause de ses appréhensions. Et de son côté, Markovic confiait à Ismet « qu'il ne craignait pas qu'Alain le chasse ni d'aller en prison, mais qu'en revanche, il craignait pour sa vie ».

L'avocat du frère de Markovic, Roland Dumas, en déduit que Delon a « travesti la vérité » pour « tenter de faire admettre qu'il n'avait aucune raison d'en vouloir à Stevan Markovic ». Dans une longue note adressée au juge Patard, il ajoute : « De familier, Markovic était devenu indésirable, puis exigeant et enfin, dangereux[6]. »

---

* Sommes en anciens francs. Le nouveau franc était en vigueur depuis 1960, mais la plupart des prix étaient encore donnés dans l'ancienne monnaie. Un million d'anciens francs équivalait à 10 000 nouveaux francs, soit environ 1 525 euros.

Autrement dit : Delon avait un mobile, il s'est efforcé de le cacher.

Le chauffeur livre d'ailleurs un détail supplémentaire : Delon recevait fréquemment la visite de Marcantoni durant l'été 1968, dans sa loge au théâtre du Gymnase ou devant son domicile, rue François-Ier, où « ils marchaient de long en large pour discuter sans témoin ». Or le comédien a présenté ses rencontres avec le truand comme épisodiques et purement amicales. Les vérifications policières attestent que les deux hommes ont eu quatre contacts – *de visu* ou par téléphone – entre le 6 et le 25 septembre 1968, alors que Markovic a disparu le 22. Conclusion de Roland Dumas : « Tout dans l'attitude d'Alain Delon, avant comme après le meurtre, permet de penser qu'il a été mêlé de près à la conception du piège tendu à Stevan Markovic, qu'il lui a été rendu compte et qu'il a contribué à entraver la recherche de la vérité[7]. »

C'est pourquoi l'avocat demande officiellement l'inculpation de l'acteur pour « complicité d'assassinat ».

Le juge Patard, pourtant, n'a pas de certitude. En janvier, il écrivait dans ses cahiers : « Delon : inculpation ? Charges ? Assez légères. » Ses doutes subsistent. « On tourne autour de la vérité, mais on n'y est pas », tempère-t-il[8].

Le 12 mars, Delon est de retour au tribunal de Versailles. En costume sombre et col roulé bleu, il repousse d'un geste les journalistes pour se faufiler jusqu'au cabinet du magistrat. Patard l'accueille avec courtoisie. Il a relevé dans *Le Nouvel Observateur* cette remarque d'Olivier Todd : « Pourvu que le juge ne soit pas cinéphile, pourvu que trop de gens ne se demandent pas si Delon est *à la ville comme à l'écran…* »

D'où ce préambule maladroit, et la réplique cinglante de l'acteur :

« Monsieur Delon, je ne vais pas voir vos films pour ne pas me laisser influencer.

— Monsieur le juge, je comprends très bien. J'espère que, l'affaire terminée, vous en ferez une cure[9]. »

Le face-à-face dure deux jours, entrecoupé de courtes pauses à la mi-journée, où le comédien file au Trianon Palace se faire servir un repas froid dans sa suite. Sur sa table, Patard a étalé les papiers jaunes et blancs où sont inscrites les cent dix questions qu'il a à poser. Delon répond lentement, sans s'énerver, et exige de pouvoir relire avec soin chacune de ses réponses, tapées à la machine par la greffière. Au fil de la déposition, par touches subtiles, il infléchit ou rectifie ses explications précédentes. Par exemple sur sa rupture avec Markovic :

« À la suite d'indélicatesses de la part de Stevan, assure-t-il, j'ai perdu confiance en lui, mais cette perte de confiance ne s'est pas manifestée d'une manière ostensible dans mes rapports avec lui. Je n'ai jamais eu de dispute avec Stevan. Il s'est établi un certain froid (...) Néanmoins, je le voyais presque tous les jours et mon attitude à son égard ne s'était guère modifiée (...) Contrairement à l'impression que vous avez pu acquérir, quand j'ai su après l'été 1967, par divers renseignements, que Stevan avait eu des relations intimes avec Nathalie Delon, cela m'a déçu mais j'ai néanmoins continué à le voir sans marquer d'animosité. À aucun moment, je n'ai menacé Stevan[10]. »

Pour lui, le scénario le plus vraisemblable est que « Stevan racontait n'importe quoi à ses copains yougoslaves » pour se mettre en valeur, y compris sur l'influence qu'il aurait exercée auprès de lui, ses prétendus projets illicites, les menaces qu'il proférait ou subissait. « Il voulait apparaître auprès de ses amis comme celui qui a réussi ; en fait, c'est le contraire qui s'est produit et je me demande s'il ne m'a pas rendu responsable de cet échec », avance-t-il pour expliquer l'animosité de Markovic.

Quid alors des soupçons de Marcel, le chauffeur ? « C'est un garçon influençable auquel on peut faire dire n'importe quoi », tranche Delon. Et les échanges qu'il a eus avec Marcantoni avant et après le crime ? L'acteur ne les nie pas, mais jure qu'ils étaient sans rapport avec Markovic : « Les conversations que j'avais avec Marcantoni portaient essentiellement sur le cinéma et les actrices[11]. »

Néanmoins, il est bien forcé de reconnaître que le truand lui a téléphoné après la visite d'Uros – « pour me dire qu'il ne comprenait rien à cette histoire » – et qu'ils ont eu une entrevue à Paris, à son retour de Saint-Tropez, au sujet de « l'affaire de drogue qu'Uros [lui] avait révélée ».

Curieusement, le juge ne lui demande pas pourquoi, ayant eu vent de ce vrai-faux trafic, il lui sembla urgent d'en parler avec Marcantoni alors qu'il « ignore tout de ses activités » et qu'il affirme n'avoir « jamais vu Marcantoni et Markovic ensemble, même par hasard ».

Le nom de Georges Pompidou ne figure pas, cette fois, sur les procès-verbaux. La Chancellerie a donné des consignes strictes : l'affaire ne doit plus concerner l'ex-Premier ministre. Du reste, la position de Delon sur ce point est publique, il l'a livrée dans l'article du *Nouvel Observateur* : « Je ne comprends pas qu'on puisse mêler l'ancien Premier ministre à une affaire de ce genre[12]. »

Pour éviter toute interprétation abusive, le procureur n'assiste pas aux interrogatoires de l'acteur. Prière de comprendre : l'enquête sur la mort de Markovic n'est même plus un dossier « sensible ». En haut lieu, on s'en désintéresse. Du moins, on fait semblant.

Deux semaines plus tard débutent les prises de vues du *Clan des Siciliens*. Même si les contrats sont signés de longue date pour adapter le polar d'Auguste Le Breton, inventeur du « rififi » et du « verlan », impossible de ne pas y voir un bras d'honneur à ceux qui croyaient Delon mort et enterré. Réalisé par Henri Verneuil, le film est coproduit par la prestigieuse Twentieth Century Fox et doté d'un budget spectaculaire – une centaine de lieux de tournage, quarante-cinq décors, Jean Gabin et Lino Ventura à l'affiche avec lui. Pour Delon, c'est un retour en force et un retour en grâce.

Inévitablement, le synopsis percute l'actualité. Dans l'une des premières scènes, le gangster joué par Delon s'échappe d'un fourgon cellulaire en chemin vers la prison de Fresnes, après son passage devant un juge d'instruction… Des caméras sont disposées à l'intérieur du palais de justice de Paris, dans la « souricière » qui relie aux salles d'audience les cellules du Dépôt, au sous-sol du bâtiment. Comme son personnage doit avoir les poignets entravés, l'acteur exige une protection spéciale pour écarter les paparazzis :

« Je suis à la merci d'une photo à la une des journaux avec des menottes », s'inquiète-t-il [13]. Il n'y en aura pas.

Dans l'équipe du film, l'omniprésence policière autour de lui fait encore jaser. « C'était horrible, il y avait tous les jours deux inspecteurs sur le plateau », se rappelle le producteur Jacques Éric-Strauss, tout en soulignant : « Delon a assuré complètement le tournage, il n'a jamais laissé cette affaire perturber son travail. » [14]

En tous points, son évasion est réussie.

Pendant l'affaire, la politique continue. La campagne pour le référendum bat son plein. Elle s'annonce difficile pour de Gaulle, qui paraît jouer son pouvoir sur un coup de dés. Elle est plus que délicate pour Georges Pompidou, obligé de marcher sur un fil, tel un équilibriste. Il milite pour le « oui » mais table sur la victoire du « non ». Il fait son devoir sans ignorer où est son intérêt.

Depuis Mai-68, il n'a cessé d'exprimer des réserves quant aux pulsions référendaires du Général. Il juge l'initiative hasardeuse, le projet mal ficelé, l'avenir du Sénat et des régions hors sujet au regard des tensions sociales qui taraudent le pays. D'autant que le pari du Général offre à ses opposants la possibilité inespérée de faire bloc contre lui. François Mitterrand et Pierre Mendès France, les deux figures de la gauche, Valéry Giscard d'Estaing, le communiste Jacques Duclos, le centriste Alain Poher, nouveau président du Sénat, les leaders importants grossissent de semaine en semaine les bataillons du « non » en criant à la dérive plébiscitaire. Même le conseil d'État rend public son désaccord avec la procédure utilisée.

Sentant la pente glissante, de Gaulle songe à reculer : « Je suis devant un piège à cons, alors il ne faut pas y tomber ! » glisse-t-il à Foccart, prêt à ajourner le scrutin [15]. La plupart de ses fidèles l'en dissuadent ; il s'est trop avancé pour renoncer. C'en serait fini de sa légende, et de son septennat. Alors il continue et prévient : si le « non » l'emporte, c'est qu'il n'aura plus la confiance des Français ; sa démission sera instantanée. L'échéance approchant, il se persuade même que « ce sera une très belle sortie [16] ».

Il s'y prépare en secret : l'Élysée demande à Michel Debré, à la tête du Quai d'Orsay, de lui fournir deux passeports diplomatiques en blanc pour le Président et son épouse. Foccart s'enquiert d'hommes du SAC et de camions pour déménager nuitamment les archives personnelles du Général.

Pour Pompidou, la marge de manœuvre est étroite. Il ne peut se tenir à l'écart de la bataille puisque la succession – il en est convaincu – sera bientôt ouverte. S'il a l'air de se désintéresser de l'enjeu, ses adversaires l'accuseront de désertion. Alors il joue les bons soldats. Par professionnalisme plus que par sentimentalisme. Les plaies de l'affaire Markovic restent à vif – Debré confie tristement que « Pompidou n'aime plus de Gaulle [17] ». Fin mars, il joue pourtant des coudes dans une réunion des chefs de l'UDR et galvanise les troupes. Le 12 avril, au congrès du parti, il lance : « Je voterai oui et je ne permets à personne de traduire mes pensées et mes arrière-pensées. »

Résultat : les « incartades » de Rome et de Genève sont oubliées ; les dirigeants de la majorité ne veulent plus se passer de lui. « S'il en est ainsi, remarque *Le Monde,* c'est que l'on a dû admettre – que ce fût avec joie ou résignation – que l'offre publique de candidature du député du Cantal avait non pas importuné mais "sécurisé" une opinion tourmentée par les incertitudes de l'après-gaullisme [18]. »

Vu de l'Élysée, Pompidou était devenu infréquentable, le voilà à nouveau incontournable.

« Il faudra le faire parler à la télévision, c'est quelque chose où il se débrouille bien », recommande de Gaulle à Couve de Murville [19].

Le Premier ministre se fait prier mais il n'a guère le choix. Dans ses *Mémoires,* Pompidou lui reprochera de s'être « opposé » à ce qu'il joue les premiers rôles dans la campagne [20]. Ce n'est qu'en partie exact ; Pompidou est l'un des trois porte-parole du « oui » et dans la dernière ligne droite, en avril, la majorité s'en remet à lui pour fixer la ligne et le tempo. En vérité, l'affrontement entre les deux Premiers ministres successifs s'étale désormais au grand jour.

Leur détestation est humaine et politique. Depuis des années, ils se disputent la faveur du Général tels deux frères auprès d'un père vénéré, si bien qu'une jalousie presque enfantine attise leur rivalité. Un incident d'ordre privé a achevé de les séparer. En 1967, Pompidou avait été prévenu par Foccart que Couve de Murville entretenait une maîtresse d'origine orientale, suspectée d'être manipulée par les services secrets d'un pays de l'Est – un peu léger pour un ministre des Affaires étrangères. Le téléphone de la dame ayant été placé sur écoute, les agents du SDECE faisaient des gorges chaudes au sujet des week-ends aux sports d'hiver où le couple se rendait en wagon-lit. Pompidou a dû adresser à Couve une mise en garde discrète mais ferme. L'intéressé s'est cru surveillé ; il n'a pas digéré cette humiliation.

De son côté, Pompidou n'a jamais apprécié l'attitude hautaine de cet aristocrate guindé, qu'il prend pour du mépris de classe. Avec l'histoire Markovic, la méchanceté a surgi derrière les bonnes manières. Et maintenant qu'ils visent tous deux la succession, la concurrence décuple l'amertume.

Leurs situations respectives dictent aux deux hommes des stratégies différentes.

Pompidou est persuadé que, même si le référendum était gagné, le Général écourterait son mandat. Aussi n'a-t-il pas voulu laisser le temps à ses rivaux – Couve en particulier – de se positionner ; c'est pourquoi il s'est déclaré.

Couve, lui, se sait trop peu connu des Français et insuffisamment légitime ; il a besoin que le septennat aille à son terme, en restant à la tête du gouvernement jusque-là pour revendiquer l'héritage. C'est pourquoi il avance masqué.

Toutefois, un point crucial a attiré l'attention de Pompidou. Le projet soumis au référendum prévoit de transférer la charge de l'intérim présidentiel, en cas de vacance, du président du Sénat au Premier ministre. Si le texte est adopté et que de Gaulle vient ensuite à quitter ses fonctions avant 1972, c'est donc Couve de Murville qui le remplacera à l'Élysée. Ce jour-là, c'est lui qui représentera la continuité du gaullisme...*.

Ainsi se comprend le dilemme ressenti par Pompidou. Contribuer à la victoire du « oui » ne serait pas seulement retarder son propre calendrier dans la marche vers la présidence, ce serait aider son rival le plus menaçant – l'un de ceux qui ont tenté de le poignarder en salissant sa femme – à le supplanter.

Dans le même temps, l'ex-Premier ministre doit repousser les assauts des barons. Debré, Malraux, Sanguinetti, Fouchet, le général Billotte l'implorent de renoncer ouvertement à être candidat au cas où de Gaulle partirait. De cette façon, plaident-ils, il peut encore dissuader des électeurs de voter « non » par crainte du « chaos », ce qui sauverait le Général et le régime. Pompidou refuse.

À Saint-Flour, dans son Cantal natal, il proteste de sa loyauté et retourne l'accusation contre ceux qui la portent :

« Après avoir passé vingt-cinq ans de ma vie auprès du Général de Gaulle, il est inadmissible de penser que je puisse trahir à des fins personnelles. Les Français, et les Auvergnats en particulier, n'apprécient pas les traîtres. »

---

* S'il n'en fait pas l'aveu dans ses *Mémoires*, Maurice Couve de Murville se dévoile (un peu) dans la biographie admirative que lui consacre Jean-Philippe de Garate (*Couve de Murville, un président impossible*, L'Harmattan, 2007). Il y explique que le Général l'avait nommé à Matignon pour « espérer avoir un successeur qui soit pleinement dans sa ligne », alors qu'il avait déjà décidé du référendum. « S'il démissionnait, qui était apte à lui succéder ? Son Premier ministre de l'époque, vous ? » interroge Garate. « Oui, bien sûr, mais cela ne s'est pas fait », répond Couve de Murville.

Le 22 avril, lors du dernier grand meeting de la campagne, il entre dans la salle avec Debré et Couve de Murville ; c'est son nom seul que scandent les militants.

À la tribune, Malraux sermonne la foule : « Il est grand temps de comprendre qu'il n'y a pas d'après-gaullisme contre le général de Gaulle. On peut fonder un après-gaullisme sur la victoire du gaullisme, mais on ne pourrait en fonder aucun sur la défaite du gaullisme. »

Pompidou applaudit la première phrase, mais non la seconde. À la fin de la réunion, c'est encore vers lui que vont les acclamations.

Le 27 avril 1969, le « non » l'emporte. De Gaulle démissionne. Une nouvelle campagne commence. L'affaire Markovic, elle, est loin d'être terminée.

14

L'ennemi de l'intérieur

Plus de retour en arrière possible. Le 29 avril, Georges Pompidou se déclare candidat à la présidence de la République, « dans l'incertitude que connaît actuellement le pays ». S'il a tenu à informer le Général de sa démarche, il ne reçoit pas la réponse espérée : « Il est archinaturel et tout à fait indiqué que vous vous présentiez, lui écrit de Gaulle. J'espère donc vivement votre succès et je pense que vous l'obtiendrez. » C'est un pronostic plus qu'un adoubement. Ni audience à Colombey, ni autorisation de rendre publique la lettre. « Il va de soi qu'au cours de la campagne, tenant compte des dimensions de tout, je ne me manifesterai d'aucune façon », prévient même le ci-devant chef de l'État.

Numéro 2 depuis vingt ans, voilà donc Pompidou en première ligne, plus exposé encore aux attaques – celles du combat électoral, violentes ; et celles de la basse police, sournoises. La campagne est féroce. Jacques Duclos, le candidat communiste, est un orateur redoutable – des cailloux dans son accent, des flèches dans ses discours. Alain Poher, le candidat centriste, est un fin manœuvrier. Devenu président du Sénat presque par hasard à l'automne 1968, il s'est installé à l'Élysée pour effectuer l'intérim prévu par la Constitution après le départ de De Gaulle.

Pompidou brosse de lui un portrait très éloigné de son personnage public : « J'ai rarement rencontré quelqu'un de plus dissimulé, de plus tortueux, d'assoiffé d'honneurs et prêt à tout pour les obtenir. Son hypocrisie durant l'intérim de 1969 était odieuse. Bien décidé à se présenter dès le premier jour, il a joué le rôle du brave homme arraché malgré lui à sa tranquillité avec l'impudeur de celui qui sait que l'opinion est dupe des apparences. Son attitude de père noble, au-dessus des mesquineries et des compromissions politiciennes, dissimule un sens aigu de ses intérêts et une claire perception de ses ambitions [1]. »

La sévérité du trait en témoigne, leur affrontement est plus rude que les Français ne le voient.

Malgré ses préventions contre la politique, Claude Pompidou s'investit – un peu – dans la bataille. « Je suis vraiment la femme qui suit son mari », confie-t-elle au magazine *Elle* [2]. Elle sourit aux caméras, accepte quelques séances de pose pour *Paris Match* mais n'apparaît pas dans les meetings. En réalité, elle est en pleine dépression et souffre d'un zona très étendu qui l'oblige à se reposer dans leur propriété de Cajarc, pendant que lui bat les estrades. C'est aussi le moyen de se protéger des attaques. À Paris, des lettres anonymes arrivent presque chaque jour à leur domicile du quai de Béthune. Des tracts à l'effigie du candidat sont distribués sur les marchés : « Président : Georges Pompidou ; Premier ministre : Alain Delon ; ministre de la Justice : François Marcantoni », ironise le texte – le truand en reçoit un exemplaire jusque dans sa cellule ! Deux lycéens sont interpellés à Vanves pour avoir répandu des montages pornographiques représentant Claude Pompidou. Ils jurent qu'un inconnu leur en a remis un paquet sans leur dire d'où il venait. À la suite de cet incident, le préfet de police donne l'ordre d'arrêter « tous les colleurs d'affiches et distributeurs de tracts, quelle que soit leur appartenance », jusqu'à la fin de la campagne[3].

La presse à scandale publie des photos du couple à la sortie d'un souper chez le milliardaire et mécène Paul-Louis Weiller ainsi qu'à un bal donné par les Rothschild, pour souligner leur proximité avec les grandes fortunes[4]. Un autre cliché est exhumé : il montre les Pompidou à Saint-Tropez en toute décontraction au milieu d'amis, elle assise par terre, lui admirant une danseuse. *Minute* le publie avec ce titre : « Il se pourrait bien que Saint-Tropez ait coûté la France à Pompidou. »

S'il ne compte plus ses ennemis, Pompidou doit compter ses amis. Il reçoit le soutien des Républicains indépendants, où Raymond Marcellin et André Bettencourt s'activent en sa faveur jusqu'à forcer la main de Giscard. Le parti gaulliste, lui, est traversé de courants contraires. Les légitimistes se rallient à sa candidature – ce sont les plus nombreux. Le président du groupe UDR de l'Assemblée, Henri Rey, les y engage « de la part du général de Gaulle » en usant d'une formule qui resservira : « Le meilleur d'entre nous est candidat[5]. » Les grognards hésitent. Certains se taisent, comme Malraux ou Fouchet ; d'autres s'affairent à susciter une alternative auprès de l'ancien ministre Pierre Sudreau, sans résultat. Les gaullistes de gauche, eux, vitupèrent.

« Pompidou a trahi de Gaulle, et de Gaulle sait que Pompidou l'a trahi », enrage Capitant, qui dénonce « un scénario très bien organisé », de la déclaration de Rome à l'échec du référendum[6]. Alors que Couve de Murville reste à Matignon pour expédier les affaires courantes, le garde des Sceaux quitte le gouvernement par fidélité au Général. Une bonne nouvelle pour Pompidou ? Non, car Capitant annonce *urbi et orbi* sa propre candidature.

« Tricot m'a encouragé », assure-t-il – ce que l'intéressé est obligé de démentir. La vieille garde fait son siège pour le convaincre de renoncer. Devant Foccart, Capitant « finit par accepter l'idée de reporter ses voix sur Georges Pompidou, bien qu'il le déteste[7] ». Le député Louis Vallon, son âme damnée, s'y refuse. Il se répand en propos féroces et annonce un pamphlet contre le candidat qui dévoilera les preuves du « complot »*. Quant au général Billotte, député UDR et familier, on l'a vu, de la base Bison du SDECE, il est surpris par l'un de ses collègues, Jean de Lipkowski, en train de propager des ignominies « en disant qu'en plus de la femme de Pompidou, c'était lui qu'on trouvait dansant avec des petits marins – vous voyez le genre[8] ! ».

Plus virulent encore est l'ancien ministre Louis Joxe, jadis chargé par de Gaulle (avec Pompidou) de négocier en coulisse avec le FLN algérien en vue des accords d'Évian. À ses yeux, le félon ne peut devenir le successeur. « Pompidou n'a fait que se servir du Général, c'était un affreux personnage », dira-t-il[9].

Des années après, se confiant au journaliste Jean Mauriac, Joxe ressassait encore sa haine, qu'alimentent les fantasmes nés de l'affaire.

« Il n'y a jamais de fumée sans feu, s'emportait-il ; les amis de Pompidou, ces mannequins, ces petites comédiennes, ces acteurs, ces artistes, tout son petit monde, c'était la lie, la pègre ! (...) Pompidou était comme grisé par le monde parisien – par ce qu'il croyait être le monde parisien –, par l'argent, par les Rothschild. Comment a-t-il pu prendre de tels risques ? Eh bien, il les a pris et quand on fréquente la pègre, il faut savoir où cela peut mener : à l'affaire Markovic. »

---

* Le livre sortira après l'élection présidentielle, sous le titre *L'Anti-de Gaulle* (Seuil, 1969), et vaudra à son auteur d'être exclu du bureau politique de l'UDR.

« Nous les gaullistes, il nous détestait », ajoutait Joxe[10], rapportant cette saillie de Couve de Murville : « Pompidou ? C'est le plus affreux salaud que j'aie connu…*. » La tirade est injuste, sans doute, et le ressentiment, disproportionné – décoré de la francisque sous Pétain, Couve n'était pas le mieux placé, après tout, pour décerner des brevets de gaullisme. Mais ils sont révélateurs de l'hostilité intense que suscite Pompidou.

Dans un tel climat, la campagne électorale démarre difficilement. Le 12 mai, un sondage crée la surprise : Poher serait élu au second tour. En Irlande, où il s'est exilé le temps de la campagne électorale, de Gaulle lui-même semble changer d'avis : « Bon, eh bien c'est évident, Poher sera élu », lâche-t-il à son secrétaire, Xavier de Beaulaincourt[11].

Pour les comploteurs, il reste une chance d'abattre Pompidou. Ils entendent bien la saisir.

Au lendemain du référendum, le juge Patard a reçu un surprenant coup de téléphone. Son cahier en garde la trace : « Prendre contact avec M. Capitant GDS pour accélérer l'affaire Markovic. Comm. Tel 11 h 30 le 2-5-69. »

S'il a inscrit l'identité du correspondant qui lui a proposé l'entrevue – un haut magistrat apparemment étranger à l'affaire –, il n'indique nulle part la suite donnée à cette démarche. À la date indiquée, le garde des Sceaux avait déjà quitté ses fonctions, mais il envisageait encore d'entrer en lice contre Pompidou. S'il n'était plus en mesure de hâter les poursuites judiciaires, peut-être continuait-il, dans l'ombre, à s'y intéresser…

---

* Alors qu'il travaillait à la biographie du futur président qu'il devait publier en 1994 (*Georges Pompidou,* Jean-Claude Lattès), Éric Roussel assure avoir recueilli cette réponse vipérine de Maurice Couve de Murville : « Je ne comprends pas que vous vous intéressiez à cet imbécile. »

Pour remplacer Capitant place Vendôme, Poher a suivi l'exemple de De Gaulle : il a rappelé Jean-Marcel Jeanneney. *A priori*, c'est un choix rassurant pour Pompidou ; Jeanneney s'est montré plus que loyal envers lui. Foccart, lui, est limogé. Victime de sa réputation sulfureuse, l'éminence grise du Général doit quitter le bâtiment annexe du 2, rue de l'Élysée en emportant ses cartons. Soucieux de ne pas rester inactif, il s'est basé au ministère des DOM-TOM et s'enrôle derrière Pompidou. Pour le candidat, c'est un soutien de poids. Foccart incarne à lui seul une grande partie du gaullisme historique. L'avoir à ses côtés, c'est aussi disposer d'une tour de contrôle sur l'activité des services de renseignement et pouvoir compter sur la loyauté du SAC, dont les débordements sont toujours à craindre*. Enfin, Messmer et Marcellin restent en place, l'un aux Armées, l'autre à l'Intérieur. Avec ces hommes aux manettes, Pompidou se pense protégé des mauvais coups. L'est-il vraiment ? Non.

Au début de juin 1969, à quelques jours du second tour, le conseiller de Pierre Messmer chargé des « affaires réservées », Pierre Pascal, est alerté au sujet d'une interception téléphonique suspecte. Pascal est un ancien de la France d'outre-mer qui a l'expérience des coups tordus : il suivait déjà le travail des services au moment de l'affaire Ben Barka. Son informateur est un jeune lieutenant de gendarmerie détaché au SDECE, au destin prometteur : Michel Roussin**.

---

* Même si Pompidou porte officiellement le titre de « président d'honneur » du très controversé service d'ordre du parti gaulliste.

** Michel Roussin dirigera le cabinet du directeur général du SDECE, Alexandre de Marenches, puis celui de Jacques Chirac à la mairie de Paris (1988-1993), deviendra préfet, député puis ministre de la Coopération dans le gouvernement d'Édouard Balladur (1993-1994).

« Ma mission consistait à trier et à vérifier le contenu de la “production”, c'est-à-dire les écoutes administratives, pour éviter les tripatouillages », se souvient Roussin[12]. C'est ainsi qu'il est tombé sur une transcription troublante : une femme, conversant avec un cousin en partance pour le festival de Cannes, l'encourageait à « trouver les photos » dans les milieux du cinéma ou de la presse ; le cousin promettait de « faire l'impossible », à condition de disposer de « beaucoup d'argent ».

« Ne t'inquiète pas, on a ce qu'il faut », répondait la femme.

C'était la source « Karamel ».

À cette date, Pascal et Roussin ignorent tout du rôle de la mystérieuse locutrice auprès de la section K, et *a fortiori* de l'ordre donné à la base Bison, fin octobre 1968, de couper le contact avec cette source. Seule l'évocation des photos les fait tiquer. Ils font le rapprochement avec « les photographies auxquelles des journaux faisaient allusion », relatera Pierre Pascal dans un rapport resté secret[13]. En scrutant les archives du Groupement interministériel de contrôle (GIC), l'organisme chargé des écoutes téléphoniques, Roussin retrouve « trois ou quatre » conversations précédentes sur le même sujet, à la suite d'un branchement effectué en mars. Chaque interception devant obligatoirement être justifiée et validée par écrit au niveau ministériel, les registres du GIC révèlent que la surveillance de « Karamel » a été requise par le directeur du SDECE en personne, le général Guibaud ; la fiche qui l'accompagne est remplie par le directeur de la recherche, Jean Bertrand, alias « colonel Beaumont ». Le motif mentionné est le plus vague possible : « contrôle de source ».

« Dès ce moment, mon sentiment était clair, indique Pierre Pascal dans son rapport. Il était évident que le SDECE recherchait ces photos et était prêt à les payer.

Le directeur général du SDECE et le directeur de la recherche, qui avaient connaissance de cette écoute depuis une dizaine de jours, ne m'avaient pas alerté et n'avaient pas donné l'ordre que ces recherches cessent. Ils couvraient donc l'opération. »

De fait, lorsque le conseiller de Messmer réclame des explications au général Guibaud, celui-ci commence par biaiser, fait mine de tomber des nues avant de soutenir effrontément que « les références ne correspondent pas à une écoute du SDECE ».

Confronté aux preuves de son mensonge, Guibaud passe aux aveux et livre une révélation stupéfiante. Il assure que c'est le ministre de l'Intérieur, Raymond Marcellin, qui lui a « demandé le concours du SDECE dans le cadre des recherches sur l'affaire Markovic » ! Il le répète « deux ou trois jours plus tard », lors d'une visite de Pascal au siège du SDECE – et le réaffirmera encore en février 1970, dans le cadre d'une enquête interne déclenchée par Georges Pompidou, devenu président.

Dans les textes, le ministre de l'Intérieur n'a aucune autorité sur un service dépendant du ministère des Armées. Si Marcellin a demandé au service d'espionnage de lancer des investigations sur l'affaire Markovic, son initiative est donc par définition illicite. Elle est également bizarre car la police dispose de ses propres services de renseignement, la DST et les RG, eux-mêmes habilités à effectuer des écoutes ; il aurait été plus simple d'en passer par eux. D'autant que le SDECE n'est pas compétent, lui, pour s'occuper d'une affaire intérieure relevant de la justice ; ses missions n'ont trait qu'à la protection des intérêts français en dehors du territoire. Or au moins deux conversations interceptées sur la ligne de « Karamel », les 7 et 10 mai 1969, font clairement état de l'affaire Markovic. Selon une note de synthèse du service, la journaliste indiquait à son officier traitant, l'agent Jean-Charles Marchiani, que « des photographies compromettantes pour Mme Pompidou circulent à Paris, il serait regrettable qu'elles tombent entre les mains de l'opposition* ». C'était déjà ce qu'elle disait en octobre 1968, sans aucun élément probant...

Marcellin joue-t-il double jeu ? On peut aisément le croire. En apparence, il soutient Pompidou. Mais il est établi qu'il lui a menti au début de l'affaire. Comme Couve de Murville, il a servi le régime de Vichy avec assez de zèle pour obtenir la francisque et n'a eu de cesse, depuis, de le faire oublier. Après le référendum, qui a divisé les Républicains indépendants, il a milité pour le ralliement à l'ex-Premier ministre, tout en restant proche de Giscard, qui a hésité jusqu'au bout. Dans une période de grande incertitude politique, le ministre de l'Intérieur peut faire primer ses propres intérêts.

Talleyrand disait de Fouché : « Le ministre de la Police est un homme qui s'occupe d'abord de ce qui le regarde, et, ensuite, de ce qui ne le regarde pas. » Émule du duc d'Otrante, Marcellin a pour l'espionnage une inclination notoire : il a la réputation de tenir des fiches sur des centaines de personnalités et ne répugne pas à l'entretenir lui-même en glissant dans sa conversation des détails croustillants sur tel ou tel – en 1973, il sera mis en cause pour avoir fait poser des micros dans les locaux du *Canard enchaîné*. S'il tente de se procurer les photos invisibles de l'affaire Markovic, ce peut être autant pour secourir Pompidou que pour l'abattre ; ou bien encore pour détenir

---

* Ce document évoquant « l'affaire Kamenka » a été déniché par Jean-Christophe Notin dans les archives d'Alexandre de Marenches, ancien directeur du SDECE (1970-1981), dont il a écrit une biographie de référence : *Le Maître du secret* (Tallandier, 2018). Non daté, il pourrait avoir été rédigé par le directeur du cabinet de Marenches, Didier Faure-Beaulieu.

un moyen de pression sur lui. Encore faut-il qu'il agisse dans l'ombre : d'où le recours au SDECE, dont les actions ne l'engagent pas. Ainsi le carton relatif à la surveillance de « Karamel » est-il signé par le ministère des Armées et, selon la procédure usuelle, par Matignon, mais l'Intérieur n'apparaît pas.

Que sait Georges Pompidou de l'implication de Raymond Marcellin dans la quête des photos scandaleuses ? Pendant la campagne électorale, probablement rien puisque Messmer lui-même n'est pas au courant. Par la suite, il évoque une explication en tête à tête dans un bref passage de ses *Mémoires*, mais la scène paraît antérieure à l'imbroglio autour des écoutes de « Karamel ».

Voici ce qu'écrit Pompidou : « Je vis Marcellin ; je lui dis ma pensée, il me jura que lui non plus ne croyait pas un mot de ces infamies et qu'il m'aiderait au maximum. Je crois qu'il le fit, non sans maladresse parfois et avec des méthodes brouillonnes. Il faut dire que ses services l'aidaient peu[14]. » Sauf que le rapport Pascal prouve qu'il en avait sollicité d'autres... Tout porte donc à croire que Pompidou n'en a jamais été informé.

Le 11 juin, le « colonel » Beaumont convoque l'agent Marchiani. Il lui donne pour instruction de lui remettre en mains propres tous les clichés qu'il récupérerait, quitte à court-circuiter sa propre hiérarchie. Peu après, Beaumont dépêche à Marseille son propre adjoint, Jean-Claude Fichard, sur la piste des photos. Il y a urgence : le second tour de l'élection se tient dans quatre jours.

Au siège de la base Bison, avenue de Tourville, règnent méfiance et confusion. Chacun se demande qui roule pour qui. Le lieutenant-colonel Pierson est réputé proche des gaullistes de gauche. Le capitaine Sentenac, supérieur direct de Marchiani, est un gaulliste orthodoxe qui a l'oreille de

Pierre Pascal au cabinet de Messmer. Échaudés par l'épisode d'octobre 1968, ils craignent d'être les jouets d'une opération politique aux objectifs troubles. En veut-on à Pompidou parce qu'il est gaulliste ou parce qu'il a rompu avec le Général ? Ses ennemis cherchent-ils à lui faire payer sa traîtrise ou à installer l'un des leurs au pouvoir ? Toutes les hypothèses sont envisageables.

Pour les agents de la section K, même le commandement du SDECE est suspect. Le général Guibaud passe pour un faible. Nommé à la suite de l'affaire Ben Barka, il s'efforce d'éviter les ennuis en rasant les murs. Son bras droit, Beaumont, en a profité pour prendre ses aises. Engagé dans la Collaboration – il appartenait au service de propagande sous le gouvernement de Vichy –, il a échappé à l'épuration grâce à l'aide de personnalités communistes, si bien qu'il est décrit par les uns comme un officier d'extrême droite, par les autres comme une « taupe » des Soviétiques. En 1968, c'est Beaumont qui a imposé à la base Bison d'avoir recours à « Karamel ». Inquiets de la parenté – réelle ou supposée – de la source avec Jacques Foccart, Pierson et Sentenac étaient plus que réticents. Avec le recul, ils se demandent si l'entrée en scène de la vraie-fausse journaliste n'était pas la première phase d'une manipulation.

L'arrivée d'Alain Poher à l'Élysée n'a fait qu'accroître leurs appréhensions. Le président intérimaire a nommé auprès de lui, avec le titre de « conseiller technique auprès du secrétaire général », un de ses proches pour avoir l'œil sur les services secrets : André Bussinger. Or son profil de lobbyiste pro-européen nourrit les fantasmes et la section K a eu vent de ses relations avec Fichard, l'adjoint du « colonel » Beaumont. De là à penser que les dirigeants du SDECE roulent pour Poher, il n'y a qu'un pas.

Dans son rapport secret, Pierre Pascal évoque la question des influences politiques sans y répondre :

« Je n'ignorais pas, et le bruit en courait au SDECE, que M. Beaumont avait pris des assurances du côté de M. Poher, par l'intermédiaire de M. Coste-Floret*. Je connaissais également les liens anciens du général Guibaud avec "la famille démocrate**". J'avais donc de bonnes raisons de craindre que, si les photos existaient et que le SDECE les trouvait, il n'en soit fait un usage irrégulier. »

Le conseiller précise avoir donné à son ministre, Pierre Messmer, son « sentiment personnel sur le jeu politique du général Guibaud et de son directeur de la recherche ». Pascal a notamment découvert que le colonel Beaumont s'était « réservé l'exclusivité de la production de l'écoute Karamel » depuis « le début de la campagne présidentielle ». Sa conclusion est lourde de sous-entendu : « La hiérarchie du SDECE a couvert ces recherches pendant plus d'un mois, correspondant à l'intérim de M. Poher, sans en référer au ministre des Armées, et en laissant poursuivre l'opération. »[15]

Le 13 juin, avant-veille du second tour, Pierre Messmer reçoit en urgence son conseiller, qui le briefe sur les des-

* Alfred Coste-Floret, député (MRP) sous la IVe République et ancien chef des renseignements du réseau de Résistance Combat, frère jumeau de Paul Coste-Floret, ministre d'État dans le gouvernement de René Mayer (1953) puis député (MRP) jusqu'en 1967, nommé au Conseil constitutionnel en 1971 par Alain Poher, alors président du Sénat.

** C'est-à-dire les centristes. Eugène Guibaud avait appartenu au cabinet de Pierre de Chevigné, ministre de la Défense nationale dans le dernier gouvernement de la IVe République avant d'être élu député (MRP) ; il fut aussi le collaborateur de Robert Lecourt, député (MRP) puis ministre d'État dans le gouvernement de Michel Debré (1959-1961).

sous de l'affaire. Il s'indigne d'un « détournement de mission » du SDECE et ordonne au général Guibaud d'interrompre « toute recherche et toute manipulation de la source en cause ». Nul ne sait s'il réclame ensuite des explications à Marcellin – Messmer n'en parlera jamais publiquement et n'en souffle pas mot dans ses Mémoires [16]. Des années après, il estimera tout au plus que l'opération montée contre Pompidou était l'œuvre d'un « groupe de gens de la base Bison mis à la disposition d'un groupe de gaullistes intégristes [17] », ce qui suggère qu'il n'incluait pas Marcellin parmi les conspirateurs.

Sans entrer dans cette controverse, le général Paul Grossin, légendaire chef du SDECE au début des années 1960, livrera quant à lui cette confidence – que l'on imagine puisée à des sources internes :

« Je sais que quatre hommes de la base Bison, qui appartenaient également au SAC et opéraient dans un bureau des Invalides, ont effectivement été chargés de trouver des preuves attestant que Mme Pompidou trompait son mari. Cette enquête n'est pas passée par le circuit habituel. Et ces hommes ont effectivement trouvé des photos compromettantes. Par la suite, il s'avéra que ces photos avaient été truquées [18]. »

C'est sans doute l'un de ces montages que des policiers des Renseignements généraux montrent à Georges Pompidou alors qu'il effectue, le 19 mai, une visite électorale à Nanterre et s'apprête à monter dans un hélicoptère pour gagner Antony. À son arrivée, le jeune député Pierre Mazeaud, futur président du Conseil constitutionnel, accueille le candidat puis l'accompagne jusqu'au lieu du meeting. Il voit « des larmes couler de ses yeux ».

« Ah, mon petit Mazeaud, c'est vraiment trop dur », sanglote Pompidou [19].

Reste à comprendre qui est derrière la falsification.

Devant Mazeaud, les fonctionnaires des RG parlent d'un « photomontage des types d'extrême droite ». Ancienne gloire de la PJ, l'ex-commissaire Lucien Aimé-Blanc, lui, accuse les agents du SDECE. « Quelques mois après l'assassinat » de Markovic, un de ses amis d'enfance, affecté à la base Bison, lui aurait demandé de l'aider à recruter dans le monde des call-girls « une fille discrète qui accepte de remplir une mission », sans préciser laquelle. En l'accompagnant dans plusieurs établissements spécialisés, le grand flic comprend que son compère est en quête d'une femme au physique particulier. L'agent sélectionne une « blonde platine, pas très jolie mais plutôt sympathique, intelligente et avec un certain style », âgée d'environ quarante-cinq ans. Le commissaire ne réalise le but de l'opération qu'après plusieurs mois, quand il reconnaît la jeune femme sur une photo, nue sous un manteau de fourrure, en compagnie d'une autre agenouillée devant elle. Le cliché, se souvient-il, circule alors « dans divers services de police en relation avec le SRPJ de Versailles », où « tout le monde semble persuadé qu'il s'agit d'une photo de Mme Pompidou prise par Stevan Markovic »[20].

Accablant pour la base Bison, ce récit ne suffit pas à résoudre entièrement l'énigme. En effet, la photo décrite par Lucien Aimé-Blanc existe et va bien figurer dans la procédure du juge Patard ; mais la ressemblance entre la femme au manteau de fourrure et Claude Pompidou est très exagérée et, de toute façon, le document ne sera remis au juge que le 19 septembre 1969. À ce moment-là, il est trop tard pour barrer la route du pouvoir à Pompidou, il est déjà à l'Élysée. Quel but poursuivait alors l'agent de Bison avec cette mise en scène ? Mystère. Peut-être s'agissait-il de justifier *a posteriori* les recherches lancées par le service.

Le cheminement même du cliché est intrigant. Selon un procès-verbal signé par le magistrat, il lui a été remis « par une personne désirant garder l'anonymat » et prétendant le tenir « d'un ami de Stevan Markovic »[21]. En fait, c'était « un interprète yougoslave que le tribunal utilisait parfois pour traduire pendant les auditions », dévoilera Patard. « J'ai pensé que ça pouvait être un piège. Alors j'ai préféré mettre la photo au dossier… »[22]

La police se lance dans de fastidieuses recherches. « Les deux femmes figurant sur la photographie placée sous scellés sont inconnues de notre service », conclut un premier rapport de la brigade mondaine, précisant qu'il s'agit d'« un tirage photographique sur papier net d'après négatif d'origine, donc exécuté par un photographe ou un amateur averti »[23]. Après des mois de recoupements, on finit toutefois par retrouver le duo. Lise et Véronique jurent leurs grands dieux qu'elles ne sont pas des call-girls, encore moins des personnalités susceptibles d'être visées par un chantage. Elles se disent « de condition modeste », n'ont jamais côtoyé Markovic ni fréquenté les partouzes. Aucune n'évoque son recrutement par l'homme du SDECE. Interrogée, l'une des deux femmes explique au contraire que le cliché a été pris « pour plaisanter »[24].

« Qui en est l'auteur ? questionne un inspecteur.

— Mon mari ! s'esclaffe-t-elle. »

On passe de Simenon à Feydeau.

Personne ne saura jamais pourquoi la photo a été prise, ni comment elle a atterri sur le bureau du juge Patard.

15

Les avocats du diable

Les soubresauts de la campagne présidentielle, François Marcantoni les suit de la prison de Versailles. Mis à l'écart des autres détenus, il a le droit de lire les journaux et d'écouter la radio sur un transistor. Ses avocats, Marcel Ceccaldi, Guy Vaschetti et le bâtonnier Fournier, se relaient pour l'informer des évolutions de l'enquête – leurs visites ont lieu dans une cellule contiguë à la sienne, où fut autrefois enfermé Landru*. Les nouvelles sont moins encourageantes pour le gangster que pour Pompidou. Tandis que l'ancien Premier ministre progresse vers le pouvoir, les charges s'accumulent contre Marcantoni.

Son alibi pour le 22 septembre, on le sait, s'est brisé sur les découvertes de la police. La réalité de ses relations avec Markovic, plus étroites qu'il ne l'avait soutenu, ne fait plus de doute. L'histoire de la paire de jumelles déposée dans son restaurant favori prouve même qu'il a été en contact avec le Yougoslave peu avant sa mort. « Ah, ces putains de jumelles », a-t-il lâché devant un ami, au sortir d'un interrogatoire [1].

* Célèbre tueur en série, Henri Désiré Landru fut arrêté en 1919 et condamné en 1921 par la cour d'assises de Versailles pour l'assassinat d'au moins onze femmes, la plupart découpées en morceaux et brûlées. Il fut guillotiné en 1922.

À ces éléments déjà connus* s'en ajoutent désormais d'autres, plus lourds encore.

Ainsi le truand corse avait-il affirmé, contre toute évidence, que le personnage décrit par Markovic dans ses lettres ne lui correspondait pas, parce qu'il « ne boite pas » et qu'il ne « présente pas de cicatrice autour de la tête »[2]. Coquetterie ou impudence ? Le juge Patard a désigné deux experts qui ont eu tôt fait de balayer ses dénégations. Le premier relève que « la démarche de Marcantoni n'est pas normale » et estime que « l'asymétrie » de ses pas « est normalement considérée par un sujet non averti comme une boiterie ». Le second observe « l'existence de cicatrices derrière le crâne » du gangster, due à la pose d'implants capillaires[3]. Marcantoni crie au mensonge. Son opération date de décembre 1968, certifie-t-il ; mort en septembre, Markovic n'a pas pu en apercevoir les séquelles… Défense tirée par les cheveux, si l'on ose dire : le malfrat, visiblement obsédé par sa calvitie, a effectivement été opéré le 4 décembre ; mais il avait subi deux précédentes chirurgies, les 8 juin et 13 juillet 1968. Au moment où Markovic a écrit à son frère, cet été-là, « on pouvait voir sur le cuir chevelu, d'une région pariétale à l'autre, la cicatrice de l'implantation », tranchent rétrospectivement les médecins[4]. Marcantoni avait déjà le profil d'un suspect ; voilà qui lui fait une tête de coupable.

Sur ces entrefaites, une perquisition dans sa propriété de Goussainville apporte des révélations supplémentaires. À la tête d'une escouade de policiers et de gendarmes, le juge Patard fouille la demeure et ses dépendances du sol au plafond. Les meubles sont déplacés, les tiroirs ouverts, les cadres décrochés des murs et retournés, un

* *Cf. supra*, p. 156 et 157.

plongeur de la brigade de Meulan est même appelé en renfort pour inspecter le fond du puits. Dans la maison, l'exploration permet de découvrir « une boîte de 25 cartouches calibre 9mm pour pistolet-mitrailleur et pistolet parabellum » et une autre « pour pistolet Colt automatique », dissimulées à l'intérieur d'une banquette transformable – pour les « préserver de l'humidité », assure Marcantoni[5]. Dans un placard, on déniche « une boîte de cigares contenant 34 cartouches de calibres divers » et « un sac en matière plastique à fermeture éclair renfermant 56 cartouches ».

« Ces munitions étaient déjà là quand j'ai acheté la maison », prétend le gangster. Drôle d'arsenal, tout de même, pour un honnête retraité. Hormis deux fusils de chasse et une carabine, les policiers s'étonnent de ne retrouver aucune arme. À quoi bon entreposer des cartouches si l'on ne peut les tirer ?

Dans le tiroir d'un secrétaire, les enquêteurs tombent finalement sur une pièce à conviction providentielle : un paquet de cartes de visite imprimées au nom de « Marc-Anthony », producteur de cinéma. Or c'est ainsi – à un h près – que l'appelait Markovic dans ses lettres-testaments, et le truand arguait que l'orthographe fautive de son nom prouvait qu'ils se connaissaient peu. La trouvaille policière l'oblige à en rabattre.

« J'ai fait imprimer ces cartes il y a deux ou trois ans ; il s'agit de cartes bidon que j'utilise pour faciliter mes conquêtes féminines », plaide laborieusement Marcantoni[6]. Il n'empêche, sur ce point non plus, Markovic ne se trompait pas.

Enfin, la piste de la housse de matelas, suivie par les enquêteurs avec une remarquable minutie, aboutit à un résultat qui fragilise davantage la position du truand.

On se souvient que le corps de Markovic avait été placé dans un emballage de literie en plastique, lui-même contenu dans un sac en toile de jute. Très vite, la PJ de Versailles a acquis la certitude que ce linceul de fortune « provenait de l'usine Treca de Beaugency et correspondait à la livraison d'une literie de cette marque constituée d'un matelas et d'un sommier[7] ». L'examen des sacs établit qu'il s'agit d'une commande spéciale compte tenu de ses dimensions – un matelas long de 2 mètres environ – qui n'a pu être livrée avant le 30 novembre 1967, étant donné le type de plastique utilisé. D'après les fichiers de l'usine, les enquêteurs recensent tous les clients qui, entre cette date et celle du crime, ont reçu une literie correspondant à ces caractéristiques. Ils en dénombrent 865, répartis dans la France entière et commencent à interroger chacun d'entre eux – un travail de Romain.

« Au lieu de s'égarer sur la pseudo-piste politique, c'était notre seule chance d'aboutir au meurtrier, se souvient le commissaire Bardon : partir d'un élément matériel – le seul que nous avions – plutôt que sur des spéculations[8]. »

Le 10 avril 1969, Bardon se rend en personne chez une antiquaire parisienne qui figure sur la liste. Elle confirme sans hésiter avoir acheté, le 7 juin 1968, un matelas et un sommier Treca, type Pullman, large de 1,46 mètre et long de 1,94 mètre. Et elle précise : « Il s'agit d'un achat que j'ai effectué pour le compte d'un de mes clients, Marcantoni François[9]. »

Devant le juge, le gangster n'a d'autre option que d'en convenir. La literie en question a bien été commandée par l'antiquaire, puis installée chez lui par un tapissier de Goussainville. Pour toute défense, Marcantoni jure n'avoir « jamais vu les emballages du sommier et du matelas en question, ni dans des pièces de la maison, ni dans les dépendances ou le jardin ».

« J'ignore ce qu'ils sont devenus », conclut-il[10]. Il sait bien qu'il ne convainc personne.

Une situation aussi compromise requiert un spécialiste. Dans les derniers jours d'avril, après le rejet par la cour d'appel de deux demandes de remise en liberté, Marcantoni décide de renforcer sa défense avec un nouvel avocat : Jacques Isorni. C'est un plaideur chevronné et un procédurier machiavélique. C'est surtout ce qu'il est convenu d'appeler un avocat politique. Il s'est rendu célèbre en défendant Philippe Pétain, inventant la théorie du « bouclier » pour justifier le pacte du Maréchal avec l'Occupant, éclipsant à la barre des confrères plus chevronnés que lui. Il a ensuite prêté son éloquence à l'écrivain collaborationniste Robert Brasillach, exécuté à la Libération, aux auteurs de l'attentat du Petit-Clamart contre de Gaulle et à d'anciens chefs de l'OAS – causes perdues dont le point commun est « un antigaullisme spécifique qui, pour s'exprimer, aura pris prétexte de tout », résume le fameux chroniqueur judiciaire Jean-Marc Théolleyre[11].

Ayant échoué à faire acquitter Pétain, mort en détention sur l'île d'Yeu en 1951, Isorni mène une croisade pour la révision du procès et le transfert de ses cendres à l'ossuaire de Douaumont.

Hors des prétoires, il a été député de Paris en 1951 et en 1956, seul élu de droite au Palais Bourbon à voter contre l'investiture de De Gaulle. Ses insolences contre des magistrats lui ont valu trois années d'interdiction d'exercer ; ses philippiques contre le régime, de multiples condamnations pour diffamation. En 1965, Isorni s'est activé en faveur d'une candidature d'Antoine Pinay pour empêcher la réélection du Général. En Mai-68, il a cru en François Mitterrand, avec qui il conserve « les relations les plus cordiales[12] », souvent par l'entremise de leur ami commun, Roland Dumas.

Pour toutes ces raisons, et quoique Mitterrand ait publiquement soutenu Pompidou face aux attaques*, l'irruption d'un tel personnage dans un dossier déjà explosif ravive les craintes de la Chancellerie.

« Quand le procureur a su qu'Isorni arrivait, ça a été l'affolement, racontera le juge Patard. On s'attendait au pire[13]… »

Le choix du moment n'est pas anodin : Marcantoni prend contact avec l'avocat juste après la démission de De Gaulle, alors que s'ouvre la bataille pour la succession. Dès leur première rencontre, à la prison Saint-Pierre, Isorni conçoit une ligne de défense : pour sauver son client, il impliquera Pompidou. Mais avec une tactique retorse ; sans chercher à prêter à l'ex-Premier ministre un rôle dans le crime, il clamera que le scandale a été monté pour l'atteindre. Ainsi Marcantoni se présentera-t-il en victime collatérale d'un complot qui le dépasse, et s'abritera-t-il derrière Pompidou.

« Je savais jusqu'où je devais aller, écrira Isorni. Si c'était nécessaire, rien ne me retiendrait[14]. »

Le 6 mai, il tire sa première salve : en pleine campagne présidentielle, il formule une nouvelle demande de convocation des Pompidou, au prétexte de les inviter à démentir l'existence du dîner chez les Delon relaté par Alexander Markovic. Monument de sournoiserie, sa lettre au juge Patard invoque « l'importance capitale » d'une audition qui « permettrait d'établir la mauvaise foi de la partie civile

---

* Au moment où la presse évoquait l'éventuelle convocation du couple Pompidou par le juge, le futur président socialiste, alors député, déclarait : « Je réprouve sans réserve le terrain choisi par certains, notamment par quelques officines gaullistes, pour atteindre, directement ou indirectement, et pour abattre l'ancien Premier ministre. Ce ne sont pas en tout cas les méthodes de la gauche. » (*Cf. Le Monde* du 13 mars 1969)

qui accuse [son] client », alors que les charges réunies contre Marcantoni ne doivent rien au frère Markovic. L'avocat va jusqu'à réclamer l'urgence au nom du calendrier électoral :

« S'il advenait que M. Pompidou fût élu à la présidence, il vous apparaîtrait certainement que son audition – comme celle de Mme Pompidou – serait difficile et tout porte à penser que vous seriez obligé d'y renoncer… »

Que répliquer à une telle provocation ? Le juge interroge le procureur, qui prévient la Chancellerie. Après une semaine de cogitations, la réponse de Patard est apportée à Isorni par un motard de la gendarmerie :

« Vous conviendrez que la réalité de la rencontre dont il s'agit, d'ores et déjà démentie par plusieurs témoignages, n'intéresse en aucun cas l'information dont je suis saisi et les raisons de l'assassinat de Stevan Markovic. Dans ces conditions, je n'aperçois pas l'utilité de la mesure sollicitée. »

La semaine suivante, à l'issue d'une confrontation au palais de justice, Jacques Isorni apprend aux journalistes l'existence de sa requête et le refus qui lui est opposé. Avec force effets de manches, il dénonce les « graves anomalies ou étrangetés » de l'instruction, cite parmi elles « la recherche assidue d'un témoignage mettant en cause Mme Pompidou » et, cauteleux, feint de s'étonner « que M. et Mme Pompidou n'aient pas pris l'initiative de se présenter spontanément devant le juge d'instruction pour y être entendus ».

La diversion est grossière mais la presse, à nouveau, est prise au piège – impossible de taire ce nouveau rebondissement, même si personne n'est dupe. « Me Isorni a eu et a encore trop la pratique de la vie politique pour affecter de croire que sa déclaration sera retenue comme celle d'un défenseur de l'actuel candidat à la présidence de la République », remarque *Le Monde*.

Moyennant quoi, plus on parle de Pompidou, moins on parle de Marcantoni.

Pour le député du Cantal, cet énième assaut est au moins l'occasion de vérifier que les temps ont changé. Place Vendôme, un communiqué cinglant est diffusé sans tarder : « La justice ne se laissera pas égarer par des manœuvres dont le mobile est manifestement politique. » Le soir, le candidat tient un meeting à Asnières. Ignorants de la crise des derniers mois, les militants scandent « De Gaulle-Pompidou » comme si leur duo était encore d'actualité. Sur l'estrade, le candidat évoque les troubles de Mai-68 et, songeant à l'instant d'égarement du Général filant vers Baden-Baden, lance à la foule : « La certitude que j'ai que, quoi qu'il arrive, je ne fuirai pas, fait que j'ose me présenter. » Le lendemain, ses adversaires feignent d'y voir une réponse à l'offensive d'Isorni.

En coulisse se livre une autre escarmouche. L'avocat ayant introduit une nouvelle requête visant à faire libérer Marcantoni, l'examen du dossier par la chambre d'accusation est d'abord fixé au 28 mai, puis reporté au 4 juin, c'est-à-dire entre les deux tours de la présidentielle : une tribune idéale pour Isorni. Saisie de panique, la Chancellerie exige le report de l'audience. Une astuce est trouvée : le parquet général néglige de convoquer les avocats dans les délais. Isorni rugit, accuse le gouvernement de vouloir escamoter l'affaire, cible de plus en plus nettement Pompidou :

« M. Pompidou, qui sait que l'information a tenté de l'atteindre au travers de M. et Mme Delon et de François Marcantoni, et ne le cache à personne en privé, se devait d'apporter au magistrat instructeur les éléments dont il dispose (…) Si sa carence par rapport à sa famille ne regarde que lui, elle est grave dans la mesure où elle a pour conséquence de maintenir en prison celui dont nous assurons la défense[15]. »

En filigrane, c'est l'insincérité du candidat qui est suggérée : s'il n'a rien à cacher, pourquoi refuser de parler à la justice ? L'audience est finalement reportée au 16 juin. La veille, Georges Pompidou a été élu président de la République*.

Le débat sur le maintien en détention de François Marcantoni s'ouvre dans une ambiance électrique. Après les plaidoiries de ses confrères, Isorni se lève. Devant les magistrats médusés, il lit à voix haute, lentement, le procès-verbal de Borivoj Ackov, l'homme qui relatait la soirée de 1966 avec « la femme du Premier ministre », sans épargner aucun détail. « Au fur et à mesure que je parlais, les juges transpiraient à grosses gouttes », résumera-t-il[16].

En début de soirée, Marcantoni est reconduit dans sa cellule. Sa détention est prolongée. Isorni promet à son client de revenir à la charge. Il a tout fait pour déstabiliser le candidat, il est résolu à attaquer le Président.

Dans la presse du lendemain, il n'y a pas une ligne pour relater sa plaidoirie.

Moins flamboyant que Jacques Isorni, moins en vue que Roland Dumas, un troisième avocat joue un rôle dans le dossier Markovic. Quel rôle exactement ? Personne ne peut le dire. Certains journalistes le connaissent – il a un passé dans les « affaires » qui outrepasse le cadre de la procédure pénale. Certains policiers aussi le fréquentent et échangent des tuyaux avec lui, car il a ses entrées dans le Milieu comme dans la politique. C'est Pierre Lemarchand.

---

* Vainqueur d'Alain Poher au second tour, le 15 juin 1969, il recueille 11 millions de voix, soit 58,21 % des suffrages exprimés.

La quarantaine alerte et le front dégarni, ce rude gaillard a de son métier une conception musclée ; il préfère le treillis à la robe. Maquisard à dix-huit ans, commando en Algérie contre le FLN puis aux avant-postes de la lutte contre l'OAS – il fut l'un des chefs des « barbouzes », ces soldats de l'ombre qui pourchassaient les partisans armés de l'Algérie française –, il prétend servir le général de Gaulle, et seulement lui.

Il n'a jamais aimé Pompidou. Pendant la guerre, Lemarchand et son frère, élèves au lycée Henri IV où il enseignait les lettres, moquaient l'« attentisme » du futur président, qui leur semblait préférer l'élégance vestimentaire à l'engagement patriotique. Quand Pompidou l'apprit, il « catalogua pour toujours les frères Lemarchand dans la catégorie des agitateurs irresponsables et des fabricants de ragots, ce qui ne fut pas sans conséquence vingt ans plus tard », raconte l'avocat [17].

Lemarchand a épousé la fille d'Aimé Lepercq, considérée par de Gaulle comme une filleule depuis la mort de son père, ministre des Finances à la Libération, dans un accident de voiture. Aussi l'avocat baroudeur se targue-t-il d'une proximité quasi familiale avec le Général qui, ajoutée à ses exploits militaires, lui a ouvert grand les portes d'une carrière politique. Proche de Roger Frey et d'Alexandre Sanguinetti, pères spirituels – avec Jacques Foccart – du SAC, il s'est fait élire député de l'Yonne en 1962, en remerciement de son investissement dans la lutte contre l'OAS à la tête d'un commando baptisé Talion, berceau des barbouzes. On y recrutait « des gens de tous horizons : militants convaincus, anciens du service d'ordre, militaires démobilisés, malfrats emprisonnés ou en cavale, spécialistes des arts martiaux », énumère l'historien François Audigier [18].

François Marcantoni était du nombre. S'il conteste avoir appartenu aux barbouzes, le gangster corse, qui s'est activé sans se cacher durant les campagnes électorales de Sanguinetti, laisse échapper dans un de ses livres cet aveu fortuit : « La guerre d'Algérie, la lutte de l'OAS, période difficile qui servit le Milieu et les anciens du Milieu comme moi. Dans les périodes agitées, les hommes politiques se souviennent de nous [19]. »

Quand Lemarchand est éclaboussé par le scandale Ben Barka, en 1965, ses connexions interlopes et son intervention scabreuse dans la préparation du kidnapping l'obligent à renoncer à ses ambitions. Il n'est pas poursuivi par la justice mais suspendu pour trois ans par l'Ordre des avocats. Sa réputation devient encombrante pour le parti gaulliste. On ne veut plus de lui sur la photo. Il doit sortir du champ.

L'affaire Markovic lui donne une occasion d'y revenir.

Le 4 juin, le commissaire Aimé Brémond, chef de la section financière de la PJ, reçoit un appel de Lemarchand. L'avocat souhaite lui parler discrètement. Une de ses relations, un ferrailleur de Saint-Ouen, se trouve incidemment mêlée à l'enquête sur la mort de Markovic : il a fourni un faux certificat d'emploi à Marcantoni pour l'aider à obtenir un prêt de 220 000 francs. Il est menacé de poursuites pour « complicité d'escroquerie ». Si la police fait preuve de mansuétude, Lemarchand est disposé à partager ce qu'il sait.

Brémond prévient son collègue Samson, qui informe le juge Patard. Celui-ci donne son feu vert pour que Brémond « reprenne le contact avec Lemarchand ». Le 20 juin 1969, jour de l'intronisation officielle de Pompidou à l'Élysée, le magistrat inscrit dans l'un de ses cahiers : « Lemarchand : strictement confidentiel. Chargé par un copain ministre de faire enquête sur bruits. »

L'avocat a expliqué au commissaire être mandaté par Roger Frey, l'ancien ministre de l'Intérieur, pour démêler le vrai du faux dans la mise en cause du couple Pompidou. « Lemarchand serait intéressé de savoir où se trouvent les documents de Markovic et aurait offert de fortes sommes à qui les lui procurerait », note le juge Patard.

Cherche-t-il de quoi innocenter le candidat ou de quoi l'accuser ? Pompidou a son idée : « Frey, à qui j'en dis un mot, me déclara que Lemarchand agissait pour me défendre. Ce qui est certain, c'est que je ne le lui avais pas demandé et qu'il ne prit aucun contact avec moi. J'étais d'ailleurs fort étonné de ce zèle, ayant refusé de donner l'investiture à M. Lemarchand pour les élections législatives de 1967, à cause de ses compromissions plus qu'apparentes dans l'affaire Ben Barka[20]. »

Si l'objectif est vraiment de secourir Pompidou, les antécédents de l'avocat-détective peuvent effectivement faire douter de son abnégation. La chronologie pose également question : selon les cahiers du juge Patard, son approche initiale date du 4 juin 1969, et la première entrevue avec le commissaire Brémond, du 9 juin – soit entre les deux tours de l'élection présidentielle, et huit mois après le début des rumeurs. Pour protéger le candidat, n'aurait-il pas fallu réagir plus vite ? Enfin, la prétendue mission ne présentait plus grand intérêt après la victoire de Pompidou. Pourtant, les notes du juge Patard prouvent que Lemarchand a continué. Jusqu'au 28 novembre 1969, il aura huit autres rendez-vous avec le commissaire Brémond.

Au gré des comptes rendus qui lui sont faits, Patard consigne les confidences glissées par l'avocat. L'ex-barbouze souffle le chaud et le froid, distille les noms de suspects et les mobiles possibles, s'insinue au cœur de l'enquête sans laisser entrevoir ses propres desseins.

« À l'époque, Lemarchand est partout, autour du dossier, dans le dossier… Il était lié au SAC et le SAC avait des hommes chez nous, à tous les étages », se souvient le commissaire Bardon.

« Nos rapports remontaient à la direction centrale, c'était facile pour lui d'y avoir accès », ajoute-t-il[21].

L'avocat-barbouze bénéficie en outre de fuites venues d'en bas : un CRS détaché à la PJ de Versailles, Michel Bétremieux, lui remet en douce des copies des procès-verbaux qu'il transporte chaque semaine au tribunal. Si bien qu'on ne sait plus si Lemarchand renseigne les enquêteurs ou s'il se renseigne sur leur enquête…

Dans l'un de ses cahiers, Patard indique : « Selon Lemarchand, il n'existe pas de documents compromettants concernant P. » Pour l'avocat, le crime n'a pas de mobile politique. Son explication est que « Markovic avait fait chanter des artistes, dont Marie Laforêt, qui aurait versé 22 millions ». Toujours d'après Lemarchand, Marcantoni aurait « perçu l'argent » de la chanteuse mais, « ayant des dettes dans des cercles de jeux [il] n'aurait pas versé sa part à Stevan », qui se serait « fait pressant ». Le gangster aurait alors « décidé de supprimer Stevan et pour ce faire aurait fait recruter deux truands de Toulon qui seraient les tueurs ». Lemarchand assure que « Delon serait au courant de tout ».

Il ne produit aucune preuve de ce qu'il avance mais cite certaines de ses sources dans la pègre, désignées par leur surnom. D'après « Le Grec », Marcantoni aurait fait appel à la légendaire équipe du tueur des « Trois Canards » – du nom d'un bar situé dans le quartier de Pigalle – pour « se débarrasser de Markovic ». Selon « Le petit vieux », « les exécuteurs n'ont pas suivi les explications du chef » et « les coups de marteau seraient postérieurs au coup de feu », sans doute pour maquiller le crime en bagarre.

Lemarchand est, par ailleurs, le premier à jeter le doute sur la spontanéité du témoignage de Bob Ackov qui a mis le feu à l'affaire. Il est vrai qu'il a des liens avec l'officier Georges Monceau, le policier qui a procédé aux deux premiers interrogatoires du Yougoslave en prison – « Un gaulliste acharné que je connaissais », admettra-t-il[22].

La manipulation, confie l'avocat, a consisté à « mettre dans la cellule d'Ackov un mouton », c'est-à-dire un détenu renseignant la police, qui aurait incité le Yougoslave à écrire à Alain Delon puis à faire une déposition orientée. Le tout aurait été accompli sur des « instructions de Hug, de concert avec Isorni »...

Que Bob Ackov ait été téléguidé à des fins politiques ne fait guère de doute. Cependant, la mise en cause d'Isorni dans cette opération laisse perplexe. Lui et Jean Hug, l'avocat d'Ackov, se connaissent ; mais on voit mal pourquoi et comment l'ancien défenseur de Pétain aurait participé à un tel montage dès l'automne 1968, alors qu'il était encore étranger à l'affaire.

Interrogé des années plus tard sur cet épisode obscur par une commission parlementaire, Lemarchand renouvellera ses accusations contre Jean Hug, mais en lui associant un autre avocat : Marcel Ceccaldi, prédécesseur d'Isorni dans la défense de Marcantoni*... Devant le même auditoire, l'ex-barbouze prendra un soin particulier à exonérer

* Évoquant le témoignage d'Ackov, Pierre Lemarchand déclarait : « Il avait pour avocat – c'était un hasard – mon ancien patron de stage Hug, dont un ami, Me Ceccaldi, n'aimait pas Pompidou et a cherché à utiliser contre lui Ackov, probablement pour le compte de Giscard. » Audition du 10 mars 1982. *Cf. Rapport de la Commission d'enquête sur les activités du SAC, tome 2*, Alain Moreau, 1982, p. 742. Curieusement, dans son livre de souvenirs paru en 2005, Lemarchand n'implique plus Hug mais uniquement Ceccaldi... *Cf. Barbouze du Général*, Le Cherche Midi, 2005, p. 186.

le SAC de toute responsabilité, accusant en revanche le ministre de l'Intérieur, Raymond Marcellin, d'avoir « monté de toutes pièces » le scandale contre Pompidou. Avec cette supposition : « Marcellin a cru que le Général voulait la perte de Pompidou et il a tout fait pour compromettre celui-ci. »[23]

Ce scénario-là n'est pas le moins plausible, d'autant qu'il est corroboré – on l'a vu – par le jeu étrange du ministre de l'Intérieur auprès de la direction du SDECE pour dénicher les fameuses photos. Marcellin, au même moment, s'ingéniait à discréditer le SAC auprès de Pompidou, afin de le convaincre de dissoudre l'organisation. On ne peut exclure, dans ce contexte, que l'activisme de Lemarchand ait eu pour but principal de démontrer à Pompidou la loyauté et l'efficacité de ces soldats de l'ombre dont il se méfiait tant…

Dès l'ouverture de la campagne, c'est justement de la dénonciation des « polices parallèles » qu'Alain Poher fait son leitmotiv. Il entrevoit dans l'ombre de Foccart des cohortes d'espions et d'agents d'influence, dotées de moyens d'action et de « ressources inavouées », prêtes à toutes les vilenies. « Je n'ai pas le sentiment que M. Pompidou fréquente beaucoup ces milieux-là, insinue le président intérimaire. Certains de ses amis les fréquentent beaucoup plus mais vous me permettrez de ne pas citer de nom[24]. » Il en livre tout de même un : « Lemarchand ».

Poher en sait-il plus que d'autres sur les grenouillages de l'avocat ? Difficile en tout cas de croire que son allusion relève d'une simple coïncidence.

Embarrassé, Pompidou consent à recevoir – sur l'instance de Foccart – une délégation de cadres du SAC pour leur témoigner sa reconnaissance, mais en toute discrétion. Le lendemain, sa déclaration sur Europe 1 douche leurs ardeurs : « S'il y a des polices parallèles, je vous garantis que je les supprimerai. Qu'il s'agisse de partisans de ma personne ou d'adversaires, je les mets sur le même plan. Je ne veux pas d'organisations armées quelles qu'elles soient, autre que ce qui est officiel. »

Dès lors, les gros bras du SAC se savent dans le collimateur. Que Pompidou ou Poher l'emporte, ils ont tout à craindre pour leur avenir. Les uns vont donner libre cours à leur aversion pour le premier, en intriguant contre lui – Roland Dumas affirme par exemple qu'il est « approché par des amis de la Résistance en Corrèze, qui se faisaient les intermédiaires de membres du SAC venus offrir leur aide pour abattre politiquement Pompidou »[25]. Les autres, sous la férule de Foccart, s'efforceront de démontrer leur fidélité au gaullisme, sans pour autant se dévouer à l'héritier.

Les jours précédant l'élection présidentielle, les services de renseignement signalent aux frontières suisse et belge les « bizarres allées et venues de personnages connus pour appartenir aux réseaux parallèles du régime » chargés de monceaux de documents[26]. Au ministère de l'Intérieur, on détruit à la va-vite des pages et des pages. Jamais l'expression « dossiers brûlants » n'a été aussi appropriée.

16

Sueurs froides à l'Élysée

Par une chaude nuit de juillet 1969, Claude et Georges Pompidou décident d'une promenade en quête de fraîcheur dans les jardins du palais présidentiel. Ils déambulent dans les couloirs, s'éclairant à la flamme d'un briquet – ils ne trouvent pas les interrupteurs. Dans le parc, ils se font héler par une patrouille :

« Halte-là ! Qui va là ?

— C'est nous ! » lance Claude Pompidou, effrayée [1].

À la tête de l'État, le nouveau Président ne se sent pas comme chez lui. S'il a triomphé de ses adversaires, il n'a pas conquis tous ses partisans ; il s'est imposé à eux, nuance. Pour la commémoration de l'Appel du 18 juin, au mont Valérien, les compagnons historiques ne l'ont pas invité à entrer dans la crypte. À l'Élysée, le fantôme du Général semble flotter entre les murs. Les services appliquent encore l'ancienne étiquette. Pompidou doit se fâcher pour qu'on lui serve deux fois du café au petit-déjeuner et la sécurité fronce les sourcils quand il se rend seul chez son antiquaire, au volant de sa voiture. Après une visite au fort de Brégançon, où il compte passer ses vacances d'été, il ordonne qu'on aménage un accès à la mer pour la baignade et fait commander des chaises longues.

À Colombey, de Gaulle ricane : « Il n'a pas perdu de temps… » Le soir de l'élection, il a sobrement félicité le nouvel élu « pour toutes raisons nationales et personnelles ». En privé, il multiplie les critiques, mais trouve toujours quelques mots apaisants pour compenser – il sait qu'on les répétera. À sa sœur aînée, Marie-Agnès Cailliau, qui lui demande s'il est content de son successeur, il répond : « Bien sûr. Il était le seul possible. » Et, à propos de Claude Pompidou : « On a été abominable avec elle. »[2]

Toutefois, la communication est rompue entre La Boisserie et l'Élysée. De Gaulle ne reçoit aucun membre du nouveau pouvoir, même issu de ses propres fidèles.

Pour diriger le gouvernement, Pompidou choisit Chaban-Delmas. C'est un héros de la Résistance, il a connu la IVe République, ses amitiés vont jusqu'au centre et à la gauche. Sa loyauté durant les heures sombres de l'affaire Markovic a également pesé. C'est devenu un facteur décisif, l'équivalent d'une médaille reçue au combat. Édouard Balladur, nommé secrétaire général adjoint de la Présidence, se souvient d'une confidence : « Guichard aurait pu parler au Général pour défendre notre honneur, il ne l'a pas fait ; il ne sera pas Premier ministre », lui a dit Pompidou[3].

Michel Debré aurait pu incarner la continuité ; il est écarté – il remplace néanmoins Pierre Messmer à la Défense. « Je l'ai trouvé bien absent quand j'étais à me battre contre l'affaire Markovic », écrira Pompidou[4].

Foccart est rappelé à l'Élysée, Capitant s'est exilé de lui-même, Le Theule est banni. Couve de Murville, lui, est tenu à distance. Il tente de faire promouvoir sa candidature au Quai d'Orsay par Tricot, dans l'espoir que de Gaulle intervienne. Pompidou explose : « Mais de quoi se mêle Tricot[5] ? » Comme il se l'était promis, le nouveau président n'a rien pardonné.

Raymond Marcellin est reconduit à l'Intérieur. Il représente, certes, le courant des centristes ralliés à Pompidou. Mais tous les doutes à son égard sont-ils dissipés ? Rien n'est moins sûr. Éric Roussel, biographe de Pompidou, a obtenu de Simonne Servais, l'attachée de presse du Président, le récit d'une scène singulière. Le soir de l'élection, un collaborateur du ministre l'a priée de passer place Beauvau et a exhibé sous ses yeux des photos sorties de son tiroir : « Vous voyez, Pompidou était mal parti, nous avons tout fait pour l'aider[6]... » – sous-entendu : en escamotant les sulfureux clichés. Il s'agissait forcément de montages. On ne peut imaginer que Simonne Servais n'ait pas rapporté l'incident à son patron.

Un autre initié au moins a donné l'alerte à propos de Marcellin : le directeur de la DST, Jean Rochet. En froid avec son ministre, il est maintenu dans ses fonctions sur décision personnelle du chef de l'État. Marie-France Garaud, désormais conseillère à l'Élysée, instaure un canal direct pour traiter avec lui les sujets délicats. Rochet est en effet convaincu que certaines informations sensibles collectées par son service et destinées au Président n'ont pas été transmises par Marcellin. La méfiance reste de mise.

« Le dossier Markovic continuait à peser d'un grand poids sur les rapports du président de la République avec certains hommes politiques de premier plan », en déduit-il[7].

Le directeur de la DST n'a pas oublié l'interdiction opposée par sa hiérarchie quand il a voulu faire arrêter « Karamel », l'étrange source du SDECE*. Le feu rouge ne pouvait venir que du cabinet de Marcellin. Sachant comment tournent les rouages des enquêtes sensibles, il

---

* *Cf. supra*, p. 145.

est persuadé de l'implication du ministère de l'Intérieur jusqu'au plus haut niveau :

« Il était évident, écrit-il, que les policiers chargés de l'affaire n'avaient pas pris tout seuls la responsabilité de mêler dans les procédures d'audition d'un détenu yougoslave nommé Ackov le nom de l'épouse de celui qui, à l'époque, était l'ancien Premier ministre mais restait une personnalité considérable. (...) Dès qu'on creusait un peu pour dégager les éléments et les circonstances de cette conjuration, elle se révélait avoir été nouée par une conjonction étonnante et très inquiétante [8]. »

Malgré ces suspicions, le ministre de l'Intérieur échappe donc à la purge. À quel prix ? « Marcellin a dénoncé tout le monde pour prouver sa loyauté », croit savoir Édouard Balladur [9]. Quand le pouvoir est en jeu, rien n'est pardonné mais tout se négocie. D'évidence, Pompidou juge avisé de garder auprès de lui un homme aussi redoutable, plutôt que de le pousser dans le camp de ses ennemis. Du ministre reconduit, il attend en tout cas le plus grand zèle. Le 6 août, il lui adresse un courrier officiel dont certains termes sonnent comme des reproches :

> Mon cher Ministre,
>
> Voici près d'un an que l'affaire Markovic a éclaté et que mon nom y a été mêlé dans des conditions dont vous savez, *mieux que tout autre**, qu'elles étaient inadmissibles. Pour cela, comme dans l'intérêt général, il importe que la recherche du ou des coupables de l'assassinat de Stevan Markovic soit menée jusqu'à son terme, avec la plus grande diligence et dans les délais les plus rapides.
>
> Je compte que les fonctionnaires de votre ministère, *à tous les échelons**, auront à cœur d'apporter à la justice, dans le cadre de l'instruction ouverte, le concours le plus

* Souligné par l'auteur.

entier et de lui fournir tous les éléments nécessaires à la manifestation de la vérité.

La réponse de Marcellin arrive deux jours plus tard. Il assure avoir « renouvelé avec la plus grande fermeté les instructions [qu'il n'a] cessé de donner dans ce sens aux fonctionnaires de la direction de la PJ depuis le premier jour de cette affaire ». Le ministre ajoute cependant que, tant qu'une instruction est en cours, la police est « au service exclusif des autorités judiciaires »[10]. C'est une façon de limiter sa responsabilité, à l'avenir comme pour le passé.

De fait, la justice aussi est placée sous surveillance. Pompidou nomme garde des Sceaux une figure respectée de la vie politique, René Pleven, deux fois président du Conseil sous la IVe République après avoir siégé dans les premiers gouvernements de De Gaulle à la Libération. Il est entendu avec lui que, de l'Élysée, Marie-France Garaud aura l'œil sur tout ce qui touche à l'affaire, en liaison avec le directeur des affaires criminelles et des grâces, Pierre Arpaillange, également renouvelé à son poste. Ce dernier reçoit des points réguliers sur l'instruction via le procureur général de Paris, Guy Chavanon, lui-même informé par le procureur Lajaunie.

Pompidou a subi, des mois durant, les effets ravageurs du scandale sans pouvoir en anticiper les rebondissements ; il ne veut plus avoir un coup de retard.

Dès l'installation du nouveau gouvernement, un état des lieux de l'enquête est commandé au SRPJ de Versailles. Le 20 juillet 1969, Arpaillange reçoit une note de neuf pages intitulée : « Affaire Markovic. Les points de l'enquête restés mystérieux, obscurs ou n'ayant pu être élucidés. » Elle porte cette mention manuscrite : « Confidentiel. Hors dossier[11] ».

Le constat dressé par les policiers n'est pas triomphaliste, c'est peu dire. Ni les mobiles ni le lieu du crime « n'ont pu être déterminés ». Les armes utilisées sont « un objet contondant » et « un pistolet Smith et Wesson » restés introuvables – « la balle est dans un tel état de détérioration que les experts ne pourraient procéder à une reconnaissance valable », est-il précisé. La date de la mort n'est pas non plus certaine, entre le 22 et le 27 septembre 1968, compte tenu de la décomposition du sang et des témoignages des passants. Quant aux meurtriers, les enquêteurs confirment qu'ils tiennent Marcantoni pour le suspect numéro un, même si « aucun élément n'a permis d'assurer qu'il ait une part directe au crime ».

Le gangster pourrait avoir « joué le rôle de juge de paix » et « le meurtre a eu lieu dans sa maison de campagne », indique la note, sans préciser sur quoi est basée cette théorie. « Il convenait de discuter en présence de Markovic d'affaires dans lesquelles ce dernier aurait été irrégulier ; il s'agirait vraisemblablement de chantage ; un représentant de Delon aurait été présent ; à la suite d'un coup malheureux, Markovic aurait dû être achevé. »

À propos de l'implication de l'acteur, ils soulignent néanmoins : « Contre Delon, aucun document n'a été retrouvé, aucun témoin n'a vu un texte propre au chantage contre lui. » En somme, l'enquête avance… dans un épais brouillard.

Un long passage est consacré à la « déposition Ackov ». Il résume – sans citer le nom de Pompidou – les propos du détenu yougoslave et relève qu'ils n'ont « pas été vérifiés » en dépit de recherches poussées. « Il est toutefois intéressant de noter qu'Ackov, depuis son entrée en France en 1962, a passé plus de temps en prison qu'en liberté, ajoute le rapport. Or lorsqu'on lit le style de la lettre datée du 10 octobre 1968 qu'il écrivit à Alain Delon, on peut s'étonner d'une certaine élégance de style, de l'absence de fautes, de la part d'un individu sans formation ; peut-être serait-il bon de rechercher d'autres écrits d'Ackov ? »

Question pertinente, qui reste pourtant sans réponse. En cet été 1969, personne n'a très envie, dans la hiérarchie policière ni dans la magistrature, de tirer au clair un épisode aussi explosif. D'autant que les instructions de l'Élysée sont nettes : les implications politiques doivent être oubliées. L'affaire Markovic doit redevenir un fait divers.

Pas de ministre donc, mais des « vedettes », comme on le dit à l'époque. La liste des personnes mises sous surveillance ressemble au générique d'un film à succès. Pour contourner le mutisme – ou les mensonges – des principaux témoins, le juge Patard choisit les grands moyens : les téléphones d'Alain et Nathalie Delon, Mireille Darc et Georges Beaume sont placés sur écoute. Casques sur les oreilles, les policiers épient leurs conversations durant des semaines. Dialogues entre acteurs, projets de films, questions d'argent, de publicité, de jalousie, échanges professionnels et confidences intimes... rien n'échappe à leur curiosité.

« C'est comme s'ils étaient dans les coulisses du festival de Cannes », s'amuse le magistrat [12].

Le soir de l'élection présidentielle, les inspecteurs de permanence ont entendu le journaliste Jean Cau annoncer à Delon le résultat. « Soulagement de Delon de voir que c'est Pompidou », note Patard dans son cahier. Auprès de son avocat, René Moatti, le comédien manifeste le « souci constant d'être renseigné dans le détail sur l'instruction ». Le 20 juin, démoralisé, il se décommande à un dîner prévu chez Régine – « Ça va pas », s'excuse-t-il.

Depuis l'évocation par Pierre Lemarchand d'un éventuel chantage, la ligne de Marie Laforêt est particulièrement scrutée. C'est ainsi que les enquêteurs surprennent un appel passé par la chanteuse à... Jacques Isorni. Pourquoi diable veut-elle parler à l'avocat de Marcantoni ? Elle souhaite le rencontrer au plus vite. Elle détient « des éléments très importants contre Pompidou », assure-t-elle*. Un rendez-vous est fixé. « J'apporterai le dossier », promet-elle.

Les jours suivants, les écoutes n'apportent aucune confirmation de l'entrevue, ni de la remise de documents. Les notes du juge Patard sont muettes sur ce point, et Isorni n'en fera jamais état. On ne sait donc pas ce que pouvait contenir son « dossier », s'il a existé – l'artiste est réputée pour son imagination débordante…

Le 26 juin, Marie Laforêt est interrogée par l'un des commissaires chargés de l'enquête. Elle conteste avec aplomb avoir été victime de la moindre extorsion. Elle a à peine croisé Markovic à deux reprises, dit-elle : dans un avion entre Paris et Nice en 1967, alors qu'il voyageait avec Nathalie Delon, et quelques mois après, lors d'un dîner avenue de Messine. Malgré la célébrité, la « fille aux yeux d'or » assure mener une existence dénuée d'écarts. Elle n'aime pas les sorties, ne boit pas, n'éprouve « aucune attirance pour les stupéfiants », est « restée fidèle » à ses compagnons successifs et n'a « jamais participé ni même assisté passivement à une "partouze" »[13].

« Pour qu'il y ait eu chantage, encore faudrait-il qu'il y eût motif à chantage et ma conduite n'a jamais permis de susciter un tel motif, résume-t-elle.

— N'avez-vous pas versé 200 000 francs à un maître-chanteur ? risque le commissaire.

— C'est entièrement faux. Je vous ai déjà dit que je n'étais victime d'aucun chantage. D'ailleurs, mes revenus ne me le permettraient pas ! »

---

* Selon les cahiers du juge Patard, 18 juin 1969. *Archives de l'auteur.*

Sous pression, Marie Laforêt fait un malaise ; elle doit annuler son spectacle au music-hall La Tête de l'art, où le Tout-Paris du spectacle est chaque soir à ses pieds. La section financière de la PJ prend le relais et examine ses comptes bancaires. Ses cachets d'actrice et de chanteuse lui ont rapporté 730 000 francs entre 1965 et 1968, mais le solde de ses opérations est « presque constamment débiteur ». Les vérifications s'achèvent, une fois encore, sur un constat d'échec : « Il n'a pu être établi que Marie Laforêt ait été la victime d'un chantage en corrélation avec le meurtre de Stevan Markovic. Toutefois, en raison de l'importance de ses gains, l'actrice aurait pu disposer de la somme qui aurait été exigée d'elle. Si rien n'est venu confirmer ce chantage, rien ne permet de dire que le renseignement qui l'a rapporté est sans fondement[14]. »

Autant dire que le juge n'est pas plus avancé.

Le défilé de stars continue au siège du SRPJ. Le 26 juin, c'est au tour de Nicoletta de devoir répondre à des questions. L'interprète de *Il est mort le soleil* a connu Markovic durant la brève idylle qu'elle a eue avec Alain Delon, entre mai et août 1968 – ils ont rompu durant le tournage de *La Piscine*. Elle trouvait le Yougoslave gentil, ignorait qu'il était brouillé avec l'acteur, ne sait « rien qui puisse faire avancer l'enquête » et s'offusque qu'on puisse l'imaginer dans des « parties fines ».

« Je suis assez libre en amour mais je n'aime qu'un partenaire à la fois », affirme-t-elle[15].

Le lendemain, Mireille Darc est elle aussi convoquée, cette fois dans l'annexe du boulevard Gouvion-Saint-Cyr, pour déjouer la vigilance des photographes. Elle non plus ne peut guère coopérer. Elle n'a « jamais connu ni vu Stevan Markovic », et n'en a même « jamais entendu parler avant qu'éclate cette affaire », certifie l'actrice. « Alain Delon ne m'a jamais donné de précisions concernant le rôle qu'avait eu auprès de lui Stevan Markovic, poursuit-elle. D'ailleurs, si vous connaissiez bien Alain Delon, vous comprendriez qu'il n'aime pas beaucoup que lui soient posées des questions de ce genre... »[16]

« Avez-vous connaissance d'un chantage effectué sur Delon et vous-même, avez-vous été victime d'un chantage ? la questionne-t-on.

— Absolument pas », répond-elle.

Comme Marie Laforêt et Nicoletta, la « grande sauterelle » doit affronter d'insistantes allusions à des orgies sexuelles, qu'elle balaie aussi sèchement : « Je n'ai jamais eu connaissance que des photos compromettantes pouvant être l'objet d'un chantage aient été en possession de Markovic. En ce qui me concerne, je n'ai jamais assisté à des scènes de débauche et ne puis absolument rien vous dire sur ce genre d'activité. »

Le soir venu, Mireille Darc éclate en sanglots quand Delon la retrouve chez elle. « De tels événements pourraient nous éloigner l'un de l'autre, écrit-elle, mais on dirait au contraire que, plus les coups pleuvent, plus nous nous sentons forts[17]. »

Pour l'acteur, ces convocations en série ressemblent à un encerclement : l'enquête continue de tourner autour de lui, les ennuis aussi. À Rome, il est condamné à quatre mois de prison pour avoir rossé un photographe. À Aix-en-Provence, où il se retire pour préparer son prochain tournage, d'autres dangers le rattrapent.

Le 27 août 1969, le commissaire Samson alerte le juge Patard : « Le Milieu de Marseille a l'intention de faire la fête à Delon au sujet de la sortie de son film. » « Mireille a peur », inscrit le magistrat dans son cahier. Les seigneurs de la pègre locale n'admettent pas qu'on adapte au cinéma un livre que Mémé Guérini en personne poursuit devant les tribunaux. L'ouvrage, paru l'année précédente*, sert de base au scénario de *Borsalino*, qui réunira Delon et Belmondo à l'écran pour la première fois. Les personnages incarnés par les deux stars sont inspirés de Carbone et Spirito, deux caïds qui ont pactisé avec la Gestapo pour régner sur Marseille durant la guerre ; leurs descendants non plus n'apprécient pas. Delon négocie. Grâce aux écoutes téléphoniques, la police ne manque rien des tractations. Le script sera modifié et les héros transformés et rebaptisés.

« Pas d'allusions politiques expresses dans le film, donc pas de raison de menacer », note Patard. Samson est tout de même envoyé à Aix pour proposer à l'acteur une sécurité renforcée – s'il lui arrivait malheur en pleine affaire Markovic, imagine-t-on le vacarme ? Au commissaire, « Delon dit n'avoir rien versé pour sa protection au Milieu ». Pourtant, une conversation interceptée sur la ligne de Georges Beaume laisse supposer le contraire. On y entend Nathalie Delon se plaindre que son ex-mari lui refuse de l'argent : « Alain n'est pas chic, j'ai besoin de 4 millions et demi et il ne veut pas, alors qu'il vient de donner 15 millions de la main à la main pour Lili, l'amie de celui qui ne voit pas la campagne tous les jours. » Les enquêteurs n'ont pas de mal à traduire : « Lili » est le surnom d'Alice, la femme de Mémé Guérini qui, à cette date, est toujours derrière les barreaux, à la prison des Baumettes...

En septembre, alors que débute le tournage à Marseille, la police hérite d'un nouveau tuyau. Un producteur prétend avoir assisté, « au cours d'un repas fin 1967 » entre le cinéaste Jean-Pierre Melville, François Marcantoni et Nathalie Delon, à un échange révélateur :

« On en a marre du chantage de Stevan, aurait lancé Nathalie.

* Eugène Saccomano, *Bandits à Marseille*, Julliard, 1968.

— T'inquiète pas, on va s'en occuper », aurait répondu Marcantoni*.

Face aux enquêteurs, Melville est presque aussi taiseux que les héros de ses œuvres. Il se rappelle avoir aperçu Markovic pendant le tournage du *Samouraï* mais n'a pas de détails à livrer sur sa personne.

« Il était doublure d'Alain Delon et lui servait vraisemblablement de chauffeur. Je peux dire que je n'avais pas une sympathie extraordinaire pour ce garçon, mais je n'ai pas eu l'occasion de lui dire bonjour ni au revoir. »

Quant au prétendu dîner au cours duquel Nathalie Delon se serait plainte de Markovic, le réalisateur n'en a pas le moindre souvenir. S'il s'est rendu trois fois chez les Delon et les a reçus trois fois chez lui, à Paris ou dans sa maison des Yvelines, il n'a « jamais invité Marcantoni » et n'a pas eu d'autres occasions d'apprendre quoi que ce fût sur le crime. Depuis *Le Samouraï*, ses relations avec les Delon se sont distendues.

« En général, les amitiés des stars ne durent que le temps d'un film », expose-t-il[18].

Moins célèbre mais plus loquace, Lemarchand revient bientôt à la charge. Il réaffirme que Markovic faisait chanter Marie Laforêt et assure que c'était « avec le concours de Marcantoni ». Il prétend tenir ses renseignements de l'entourage immédiat de l'artiste. À son retour d'un voyage au Mexique, celle-ci téléphone à Mireille Darc et lui décrit les avanies que la police lui fait subir. Elle redoute un contrôle fiscal.

« Ne t'inquiète pas, lui répond la compagne de Delon. Je suis très intime avec une haute personnalité politique. Si les flics t'emmerdent, tu me le diras – ça n'ira pas très loin[19]. »

* Cahiers du juge Patard, 13 septembre 1969. *Archives de l'auteur.*

Les policiers savent de qui il s'agit : en espionnant la ligne, ils ont surpris plusieurs échanges complices entre Mireille Darc et Valéry Giscard d'Estaing, alors ministre des Finances. Décidément, il est difficile de tenir la politique éloignée de l'enquête…

À la Chancellerie, les incursions de la PJ dans le show-business intéressent peu. C'est Marcantoni qui concentre l'attention. Durant l'été, des documents ont été découverts par hasard chez sa maîtresse ; ils révèlent que le gangster s'attribue une médaille de la Résistance dont il n'est pas titulaire. La direction des Impôts confirme par ailleurs qu'il ne remplit aucune déclaration de revenus et les vérifications se prolongent en parallèle sur l'obtention de son prêt grâce à de faux documents. Tout cela est utile pour alourdir la barque devant la chambre d'accusation, saisie tous les mois par Isorni de demandes de libération en faveur de son client. Mais cette stratégie ne peut rester efficace si l'enquête fait du surplace. En droit, l'incarcération de l'inculpé doit être nécessitée par des investigations en cours ; or les mois passent et toutes les vérifications urgentes sont accomplies.

Après un entretien avec le procureur général, le directeur des affaires criminelles, Pierre Arpaillange, résume ces affres dans un mémo : « Si on demande le maintien en détention, le juge d'instruction suivra sans doute, mais quid de la chambre d'accusation ? Cela paraît très difficile. Et en vue de quoi ? Car on tourne en rond et on ne voit rien qui puisse faire déboucher[20]. »

En style télégraphique, il complète : « Vu M. Pleven. Réquisitions de détention. Si appel de Marcantoni, fermeté de l'avocat général devant la chambre d'accusation. » Le message est clair : le truand doit absolument rester en prison. Mais il faut, au plus vite, trouver de quoi le confondre.

Sous la pression, le commissaire Samson prévient qu'un « indic » s'est manifesté pendant le mois d'août. Les assassins de Markovic seraient deux tenanciers de night-clubs cannois, Joseph Battaglia et Henri Diana*, venus spécialement à Paris pour honorer un « contrat ». Impossible de les arrêter sur la foi d'une source aussi incertaine mais il y a quelque chose à tenter : réunir assez d'indices pour les accuser de proxénétisme – l'un vit avec une prostituée, les deux disposent de revenus occultes – et les placer en garde à vue dans le cadre d'une enquête distincte, en espérant qu'ils craquent.

Place Vendôme, l'acrobatie procédurale fait hésiter. Samson, lui, est prêt à jouer cette carte, à condition de pouvoir bien « préparer l'approche » – toujours sa prudence légendaire... Mais le ministre de l'Intérieur, qui a promis de l'efficacité à Pompidou, exige qu'on fonce.

« Marcellin met l'épée dans les reins à Samson pour arrestation immédiate », note Arpaillange au sortir d'un entretien avec un conseiller de Pleven[21].

L'opération est programmée, le procureur de Grasse est sommé d'ouvrir une enquête en toute discrétion. Or l'un des deux suspects n'est pas chez lui ; la Brigade mondaine doit relancer les recherches...

Pendant ce temps, Isorni accentue la pression pour faire relâcher Marcantoni. Sur ses conseils, le gangster laisse à nouveau entrevoir un grand déballage. Le 10 septembre, dans le cabinet du juge Patard, il dénonce les « propositions officieuses » qui lui seraient faites pour « mettre en

* Considéré comme une figure du milieu varois, Henri Diana sera tué un demi-siècle plus tard, le 29 octobre 1993 par les mêmes jeunes voyous qui, l'année suivante, assassineront la députée Yann Piat.

cause des tiers » et s'insurge contre les intimidations de la police sur les témoins. Il ajoute, dans une tirade préparée à l'avance : « D'autres témoins n'ont pas été entendus, qui devraient l'être : j'affirme encore aujourd'hui que l'audition de M. Pompidou est indispensable, non seulement parce qu'il a été mis en cause par la partie civile, mais encore parce qu'il n'ignore pas le rôle qu'a joué la Chancellerie avant le référendum du 27 avril dans la mise en cause de sa propre épouse. Il en connaît les raisons. Je me refuse à être le bouc émissaire d'un ancien règlement de comptes entre hommes politiques. » Et de conclure : « Si par impossible, en dépit de mon innocence, j'étais renvoyé devant la cour d'assises, aucune menace, aucune promesse ne serait susceptible de me faire taire. »[22]

Trois semaines plus tard, nouvel interrogatoire de Marcantoni, nouveau coup de boutoir. Isorni affirme que, durant sa confrontation avec Alain Delon, le 17 avril, son client et l'acteur ont eu un aparté : « Tiens bon, Pompidou va arranger l'affaire », aurait murmuré Delon. Aussi Marcantoni réclame-t-il « l'audition d'Alain Delon sur les conversations qu'il a eues avec M. Pompidou après [son] arrestation au sujet de cette affaire[23] ».

Face au juge, il fait flèche de tout bois pour saper l'instruction. Pourquoi la photo pornographique représentant deux femmes et remise par une source anonyme a-t-elle été placée sous scellés, hors la vue des avocats ? Pourquoi les questions posées par le procureur sur ses relations « avec M. et Mme Pompidou et Guy de Rothschild » n'apparaissent-elles pas sur le procès-verbal ? Patard ne sait trop quoi répondre et c'est lui qui, à présent, est mis sur la sellette.

Le 13 octobre, la chambre d'accusation de Versailles refuse de libérer Marcantoni mais, au tribunal, l'inquiétude gagne. La veille, les deux gérants de bar soupçonnés d'être les tueurs ont été appréhendés par surprise à la tombée du soir. Mauvaise nouvelle : ils affirment qu'ils se trouvaient sur la Côte d'Azur au moment de la disparition de Markovic et leurs compagnes respectives confortent leur alibi. Encore un espoir qui s'évanouit.

Patard, tenu à l'écart de l'opération, n'est informé que de son échec. Chacun pressent que, si rien de décisif n'est trouvé avant la fin de l'année, Marcantoni finira par sortir.

« S'il n'est pas mis en liberté la prochaine fois, ça va barder », gronde Isorni dans le bureau de Patard. L'avocat lance même cet avertissement : « S'il le faut, Delon fera une conférence de presse disant que Pompidou est un lâche. »[24] Coup de bluff ? Personne n'a très envie de s'en assurer. Il faut donc accélérer, mais sans commettre le moindre impair car chaque audition peut, en une phrase, rallumer l'incendie autour de l'affaire.

Dans ces conditions, tout le monde sort le parapluie. Tout acte d'instruction est soumis à autorisation. Quand le juge veut convoquer Viktor Markovic, l'étudiant qui jurait avoir vu une photo licencieuse chez son homonyme, Arpaillange lui fait répondre par le parquet : « Pas très opportun. » Quand la PJ milite pour interroger Delon à propos de son aparté avec Marcantoni, la Chancellerie marche sur des œufs – l'Élysée est-il d'accord ? Une réunion se tient au cabinet du garde des Sceaux, en présence de Marie-France Garaud. Consigne est donnée de ne pas se précipiter.

« On fait le jeu de la défense », s'inquiète le directeur général de la Police, Jean Dours, récemment promu par Pompidou, dont la position est ainsi résumée par Arpaillange : « Ne pas mettre une fois de plus en vedette le nom de M. Pompidou. Ne pas faire venir Delon sur cette seule question. L'entendre sur un ensemble, et poser incidemment cette question[25]. » Quoi qu'il en soit, Dours

« attend que je puisse en parler à M. Pleven », se rassure le haut magistrat[26].

À Versailles, Patard tâte le terrain auprès du procureur. « Analyse possibilité contact Delon avec entourage P. », consigne-t-il dans son carnet.

Et plus l'enquête ralentit, moins la détention de Marcantoni se justifie.

Le 7 novembre, Isorni dépose une nouvelle demande de libération.

Delon est finalement réinterrogé le 3 décembre. Patard applique les consignes : au détour de l'audition, entre la lecture de témoignages de Yougoslaves sans intérêt et l'évocation du coup de fil d'un faux avocat canadien, il pose la question prévue :

« Est-il vrai qu'à l'occasion d'une confrontation avec Marcantoni, le 17 avril, vous lui avez confié en aparté de ne pas s'inquiéter et lui avez donné des assurances sur l'issue favorable de l'affaire pour ce qui le concerne ?

— Je crois qu'il y a eu une mauvaise interprétation de mes propos, rectifie Delon. Je n'ai donné aucune assurance à François Marcantoni.

— Le nom de M. Pompidou a-t-il été prononcé à ce propos ?

— Oui, et je m'en explique. Lors de cette confrontation, nous étions en pleine période électorale. Connaissant les opinions politiques de M. Marcantoni et les partageant moi-même, nous en sommes venus à parler des chances de M. Pompidou (...) Je souhaitais d'abord l'élection de M. Pompidou pour des raisons personnelles, d'autre part je pensais que M. Pompidou à la présidence de la République ne permettrait plus ou ferait en sorte qu'une affaire dans laquelle il avait été ignominieusement calomnié se prolonge. Il s'agit là d'une opinion intime dont je n'ai pas fait part à Marcantoni[27]. »

Promptement informé de ces déclarations, le cabinet de Pleven prévient l'Élysée. Tout le monde est soulagé.

En fin d'après-midi, Alain Delon sort du palais de justice. Une foule de journalistes l'attend. C'est alors qu'il apprend la nouvelle : la cour d'appel vient de décider la remise en liberté de Marcantoni, contre une caution de 60 000 francs. « Je suis tout à fait disposé à payer la caution », annonce fièrement l'acteur. Ce ne sera pas utile, les proches du caïd ont déjà réuni la somme. Un reporter lance :

« Pensez-vous être à nouveau confronté avec lui ?

— Très certainement, mais, cette fois, ce sera avec un Marcantoni libre », répond Delon en souriant.

En s'éloignant, il lâche : « Je pense que l'on va vers une conclusion de cette affaire. »[28]

Étrange remarque : c'est comme si, à présent, Delon était sûr que le crime ne sera jamais élucidé.

Le lendemain, Marcantoni arbore un large sourire en quittant la maison d'arrêt. « J'ai beaucoup souffert pendant ces dix mois de détention, déclare-t-il devant une forêt de micros. Maintenant je vais reprendre ma petite vie tranquille[29]. »

Quelques jours plus tard, Pierre Arpaillange s'entretient avec Michel Jobert, le bras droit de Pompidou à l'Élysée.

« Cette décision qui a été prise, j'en aurais pleuré, se lamente Jobert.

— Soyez rassuré, il n'y avait pas d'autre solution, tempère le magistrat.

— Le ministère de l'Intérieur nous dit que Delon est mouillé jusqu'au cou...

— C'est possible, mais non établi. Et depuis qu'on nous menait en bateau...

— Oui. On n'avait pas le choix[30]. »

17

Règlements de comptes

Pourquoi Alain Delon s'inquiète-t-il ? Après 1969, année erratique, le printemps 1970 s'annonce pour lui enchanteur. Avec Pompidou à l'Élysée, dont son ami Jean Cau brosse dans *Paris Match* un portrait dithyrambique [1], il considère que la France est en de bonnes mains. Au cinéma, l'accueil triomphal de *Borsalino* confirme sa réussite d'acteur et son flair de producteur. Sa vie personnelle est au beau fixe : il a élu domicile avec Mireille Darc dans un hôtel particulier cossu d'Aix-en-Provence, ce qui lui permet de rejoindre en vitesse le tournage du *Cercle rouge*, le prochain film de Melville, qui a débuté à Marseille. Pourtant, Delon broie du noir. Il dort mal, redoute des menaces indéfinies, semble en permanence sur le qui-vive. Un homme s'est présenté à l'école de son fils en prétendant le ramener à la maison ; la nounou était déjà passée mais la peur d'un kidnapping le hante. Il a obtenu que la police instaure des rondes autour du domicile de Nathalie et Anthony.

La Brigade financière, en revanche, n'a pas attendu qu'il le demande pour étudier son train de vie et ses avoirs. Découvrant que « ses comptes avaient été épluchés avec diligence », l'acteur se « plaint de contrôles et de surveillances » intrusifs [2]. Il est vrai que les recherches ont été poussées jusqu'à Genève, où il a placé en toute discrétion les cachets de trois de ses films américains, sous couvert de la société COGERIP, créée à cet effet en 1964 et dont il est le seul bénéficiaire. Au mois de novembre 1969, son gestionnaire de fortune a eu la surprise d'être convoqué par un juge suisse. Il a admis sans barguigner que les fonds étaient transférés vers l'UBS de Montreux, où Delon possède deux comptes – l'un à son nom, l'autre numéroté. L'enquête établit que le comédien a pu disposer par cette filière d'environ 1,5 million de francs entre 1966 et 1968, dont une partie a été versée à son imprésario, Georges Beaume[3].

Ce que Delon ne sait pas, c'est que la police cherche à identifier le bénéficiaire d'un chèque de 1 million débité en mars 1968. Un informateur a désigné Marcantoni, mais le nom du gangster n'apparaît pas dans les registres helvétiques. Le commissaire Brémond, chef de la section financière, se rend sur les bords du lac Léman pour suivre la piste. Là, le magistrat genevois invoque la règle du secret fiscal : il refuse de coopérer sans l'assurance formelle de la justice française que le résultat des investigations ne sera exploité que dans le cadre du dossier Markovic – autrement dit : ses découvertes ne doivent pas servir à alimenter des poursuites fiscales contre Alain Delon. La Chancellerie s'assure précipitamment que le parquet général n'a pas encore mobilisé les Impôts. « Prudence, car si les Suisses apprennent que les Finances sont déjà saisies, ils risquent de ne plus rien dire », note Pierre Arpaillange dans l'un de ses mémos[4].

C'est beaucoup d'effervescence pour peu de choses, car aucune trace du prétendu chèque n'est finalement retrouvée. Le seul débit important enregistré par la banque en mars 1968 est un versement de 14 000 dollars au profit de Georges Beaume. Le fisc doit renoncer à toute poursuite contre l'acteur. La piste ne s'interrompt pas pour autant. La liste des dépenses révèle plusieurs achats chez un armurier de Genève, Ernest Mayor, dont un revolver de calibre 38 – le même que celui de l'arme du crime. Et si c'était la preuve qui manquait ? Déception : il s'agit d'un Colt spécial, alors que Markovic a reçu une balle de Smith et Wesson.

Tenu au courant de ces vérifications, Delon fulmine. S'il a pu penser que l'élargissement de Marcantoni garantirait qu'on le laisse en paix, il doit bien admettre qu'il s'est trompé.

Le 25 avril 1970, un gros titre barre la une de *France-Soir* : la contre-attaque de l'acteur prend la forme d'une « lettre ouverte au président de la République ». Delon frappe fort : il réclame la protection de Pompidou contre une machination policière en préparation ! S'il ne fait pas référence à l'affaire Markovic, les allusions sont explicites.

> Depuis bientôt dix-huit mois, j'ai traversé de durs moments ; la calomnie, la jalousie, l'entêtement de gens médiocres : rien ne m'a été épargné (...) J'ai la fierté de n'avoir jamais désespéré de la justice de mon pays. Ma seule arme fut d'être en règle avec ma conscience et de sentir que l'opinion publique me protégeait. Rien n'a été épargné à mon entourage et à moi-même : auditions agressives, photographies truquées, témoignages déshonorant davantage ceux qui les utilisaient que ceux qu'on interrogeait, perquisitions abusives, enquêtes orientées, tentatives réitérées de me faire manquer aux règles de l'honneur pour « mettre dans le bain » des tiers en les déshonorant, mais en y gagnant l'impunité et la tranquillité [5].

Passé ce préambule, l'acteur assure avoir été prévenu par « un homme en place » qu'un traquenard monté par des policiers visait à le faire arrêter à l'étranger avec de la drogue dans ses bagages ; or il est justement en partance pour la Colombie… « Qui pourrait mettre un terme à l'entreprise avant qu'elle se développe, sinon le plus haut magistrat du pays ? » interroge-t-il à voix haute. La conclusion de son adresse à Pompidou est presque menaçante :

> Ceux qui espèrent m'atteindre doivent savoir qu'ils sont démasqués et que je suis homme à dire un jour, par le détail, tout ce que les enquêtes ont eu de sordide et de méprisable, contre moi et contre d'autres… Et il fallait que, par la publicité donnée à cette lettre, le peuple de France sache que je me suis placé sous votre sauvegarde.

L'écho est retentissant. Le texte est publié un an pile après le référendum qui a ouvert à Pompidou les portes du pouvoir et tout semble fait pour lier, dans l'esprit des lecteurs, le sort de Delon à celui du chef de l'État. « Je vous ai protégé, à votre tour de me protéger », semble crier le Samouraï au Président. Et s'il a choisi *France-Soir*, est-ce seulement pour l'importance de son tirage ? Le directeur du journal, Pierre Lazareff, est un familier de Pompidou : c'est à sa table que Delon l'a rencontré quand il était Premier ministre, chez lui aussi qu'ils ont disputé par la suite quelques parties de poker. Ce sont des détails que le grand public ignore mais qui ne peuvent échapper à Pompidou.

Le Président, pourtant, reste muet ; les autorités policières et judiciaires tout autant. Que répondre à une interpellation aussi rocambolesque ? Seul le juge Patard réagit dans la presse ; il se dit « étonné » et défend son enquête en lançant : « À ma connaissance, l'instruction a été menée de façon régulière et rigoureuse[6]. » Est-ce à dire que des actes pourraient lui avoir été cachés ? Cette maladresse lui vaut une remontrance du parquet général.

À l'Élysée comme chez les enquêteurs, on se demande surtout pourquoi Delon replace au centre de l'actualité une affaire qui l'empoisonne et dont plus grand monde ne parlait.

« Dans quel dessein l'acteur a-t-il agi ainsi ? » questionne dans *L'Express* Jacques Derogy, pionnier du journalisme d'investigation. Rompu au suivi des intrigues politico-judiciaires, il formule cette hypothèse : « Delon relance l'aspect scandaleux de l'exploitation de l'affaire à un niveau tel qu'il puisse en résulter la conclusion précipitée du dossier par un non-lieu (...) C'est, de la part de l'acteur de *Borsalino*, une entreprise pour le moins hasardeuse. »[7]

Le soir de la parution de la « lettre ouverte », le chef de la Brigade criminelle se rend chez l'acteur pour lui demander des précisions.

« En ce qui concerne le complot préparé contre moi, je ne désire fournir aucune explication complémentaire », balaie Delon. Il maintient les termes de sa lettre et ne demande cette fois « aucune protection particulière »[8].

Peu après, il s'envole pour l'Amérique du Sud, sans deviner que son offensive médiatique a ouvert une brèche, où d'autres vont s'engouffrer.

La deuxième charge explose à la mi-mai. L'avocat de Marcantoni, Jacques Isorni, adresse au juge Patard la copie d'un courrier au contenu dévastateur. Son auteur est un policier, Michel Bétremieux, un CRS détaché au SRPJ de Versailles au début de 1968, où il était affecté à des tâches subalternes. Il prétend avoir été témoin de « manœuvres » et de « procédés » destinés à orienter l'instruction de l'affaire Markovic dans un but politique. « À la suite de la publication de la lettre de M. Alain Delon à M. le président de la République, je tiens à libérer ma conscience », écrit-il[9]. En réalité, il ne s'accuse de rien, dénonce plutôt ses supérieurs et multiplie les critiques sur le travail des enquêteurs.

Bétremieux affirme : « Avant et pendant la campagne électorale, les commissaires Samson, Redonet et Bardon ont déclaré : “Il ne faudrait pas que Pompidou soit élu, nous allons être emmerdés avec toutes les crasses que contient la procédure, la seule solution est de faire ressortir les partouzes de Mme Pompidou et Poher sera élu.” » Il assure que ses chefs « ont par tous les moyens tenté de trouver des photos pornos représentant Mme Pompidou alors que tout le monde sait qu'elles n'ont jamais existé ». Il prête des propos malveillants au juge Patard, accusé d'avoir obtenu une promotion en menaçant de « convoquer M et Mme Pompidou »*. Il dit avoir entendu un de ses collègues lancer : « Delon, nous l'aurons quand nous voudrons », et d'autres clamer qu'« il fallait à tout prix faire tomber Marcantoni ». Une visite à l'usine Treca a pourtant montré, prétend-il, que les dimensions du matelas du gangster ne correspondent pas à celles de la housse qui servit de linceul à Markovic...

En résumé, rien n'aurait été fait dans les règles, la hiérarchie policière se serait montrée partisane et l'on aurait voulu, tout à la fois, abattre Pompidou, impliquer Delon et enfoncer Marcantoni. Isorni peut se frotter les mains : cette confession tombée du ciel ressemble à un réquisitoire contre l'instruction.

La Chancellerie est forcée de réagir. Elle ordonne au parquet général d'ouvrir une enquête administrative expresse. Les trois commissaires mis en cause protestent, jurent que tout est faux. « C'est la deuxième phase d'une manœuvre », confie Samson au juge Patard. Pour lui,

* Il a obtenu le grade de premier juge d'instruction le 23 septembre 1969, sans pour autant changer d'affectation.

« Bétremieux n'a pas agi seul, il est manipulé »*. Encore faut-il savoir par qui.

L'ex-CRS est un personnage trouble et ses mobiles ne le sont pas moins. En qualité d'officier de police judiciaire adjoint, il a pris part à deux perquisitions chez Marcantoni, des auditions à Saint-Tropez, des investigations sur la toile à matelas qui enveloppait le cadavre. Il n'avait pas de rôle opérationnel, il jouait les utilités. À l'automne 1969, il a fini par attirer l'attention de ses chefs en raison de ses relations avec un truand cité en marge de l'affaire, François Anastassios, dit « François le Grec », longtemps acoquiné à Marcantoni. Bétremieux a alors avoué que, par l'intermédiaire d'Anastassios, il était en contact avec Pierre Lemarchand et l'informait secrètement des directions de l'enquête – ce qui a provoqué sa mise à l'écart.

« Ces renseignements étaient purement politiques et en aucun cas n'ont gêné le déroulement normal de cette affaire », prend-il soin de prévenir dans sa lettre à Isorni. Personne ne lui demandera ce que peuvent être des « renseignements purement politiques » sur une affaire criminelle. En tout état de cause, « Le Grec » a des attaches qu'il ne cache pas – comme Lemarchand – avec les gros bras de l'UDR. Aussi la proximité entre le CRS et le voyou exhale-t-elle un entêtant parfum de barbouzerie. Anastassios a combattu contre l'OAS. En Mai-68, il a contribué, dans l'environnement du SAC, à la protection de personnalités gaullistes. Avec lui, Bétremieux est en terrain de connaissance. Le choix d'en appeler à un avocat viscéralement hostile au régime, Isorni, pour relayer ses accusations peut sembler moins cohérent. Dans le labyrinthe des réseaux occultes, certains passages ne conduisent pas où ils devraient.

---

* Cahiers du juge Patard, 15 mai 1970. *Archives de l'auteur.*

Convoqué pour les besoins de l'enquête administrative, Bétremieux explique simplement :

« Je ne connaissais pas Me Isorni, je savais qu'il était l'un des avocats de Marcantoni, il m'a semblé le plus actif et j'ai pensé qu'il n'aurait pas peur de dévoiler la vérité [10]. »

En réalité, tout indique que la rédaction de sa lettre a été précédée de démarches auprès de l'avocat – pour ne pas dire que celui-ci en est l'inspirateur.

« Bétremieux est incapable, j'ai eu l'occasion de le constater, de rédiger dans les termes qui sont ceux de la lettre », fait remarquer le commissaire Redonet, qui « suppose que cette lettre a été adressée à l'instigation de Marcantoni ou de son entourage » [11].

Ce qui est sûr, c'est qu'elle s'inscrit idéalement dans la stratégie dessinée par Isorni : feindre la défense de Pompidou pour servir celle de Marcantoni.

Le 16 mai, l'avocat sort de son chapeau une deuxième lettre de Bétremieux. Le flic indélicat y révèle l'épisode caché de l'audition d'Alain Delon à Saint-Tropez, le 3 octobre 1968 : le coup de téléphone de Djorge Markovic, qui proclamait que son cousin était mort d'une balle dans la tête, ce que l'autopsie n'avait pas encore démontré*. Pour les enquêteurs, il y a longtemps que cette coïncidence n'a plus rien de mystérieux. Seulement la procédure n'en fait pas état et la hiérarchie judiciaire n'a jamais été mise dans la confidence. Outre qu'elle accroît la tension entre la justice et la police, cette révélation renforce l'impression d'opacité qui entoure le dossier Markovic.

Patard avertit Samson. « Selon lui, le but est de discréditer les enquêteurs et de diviser la police et les magistrats », relève le juge [12]. C'est bien l'effet qui se produit. Lorsqu'il se précipite au parquet pour minimiser l'incident,

* *Cf. supra,* p. 24.

on lui répond que le procureur est « en conférence avec M. Arpaillange à la Chancellerie ». À son retour, Lajaunie lui répercute les reproches entendus au ministère. Le juge n'aurait pas dû prévenir si vite le SRPJ, s'étonne-t-on place Vendôme, sur un ton soupçonneux. Pour Lajaunie, la révélation de Bétremieux « confirme la défiance qu'il a toujours marquée à l'encontre de la police », note Patard[13].

Au milieu de l'été, la procédure administrative est classée sans tapage. Le CRS est suspendu, puis révoqué pour motif disciplinaire. Le directeur de la PJ de Versailles, René Camard, est poussé vers la retraite. Samson, lui, sera muté à Paris, sans promotion.

Jusqu'au bout, le « commissaire Pas-de-chance » aura mérité son surnom.

Chez les espions du SDECE, le nettoyage est également en marche. Pierre Pascal, le conseiller de Pierre Messmer qui avait donné l'alerte entre les deux tours de la présidentielle, est devenu le chef du cabinet de Jacques Chaban-Delmas à Matignon. De ce promontoire, il garde un œil sur le renseignement. Il n'a pas oublié le jeu étrange de la base Bison avec la source « Karamel ». Le récit qu'il en livre, consigné dans son rapport déjà cité*, a fait frémir au sommet de l'État et déclenché, au mois de février 1970, une opération « mains propres » au cœur du secret.

Le directeur du service, le général Guibaud, pris en flagrant délit de déloyauté, doit couper des têtes pour sauver la sienne. Le 27 février, le lieutenant-colonel Pierson est relevé de son commandement et puni de trente jours d'arrêt pour s'être « affranchi de la voie hiérarchique ». Son adjoint, le commandant Leroy, est muté d'office à la direction centrale.

---

* Rapport confidentiel de Pierre Pascal, 2 février 1970. *Cf. supra*, p. 201 et sq.

Le capitaine Sentenac, chef de la section K, est relevé de ses fonctions et consigné chez lui ; sa révocation est signée le 5 mars. Les agents Marchiani et Pradier sont mis au ban du service – le premier prend les devants et démissionne ; le second est renvoyé à son corps d'origine, le ministère des Finances*. Deux sous-officiers et un capitaine complètent la charrette des bannis. C'est comme si la foudre venait de tomber sur la base Bison.

L'onde de choc se propage à l'ensemble du service.

« Le SDECE ne marche pas du tout ; il est complètement désorganisé, les clans ont repris le dessus, c'est une maison qui non seulement ne produit rien mais qui est presque nocive », tance Foccart devant Pompidou. Il suggère d'en confier le commandement à « un civil de forte personnalité »[14].

Alexandre de Marenches correspond exactement à ce profil. Pompidou le nomme à la tête du SDECE le 14 octobre 1970, avec pour mission d'y rétablir l'ordre et, quoique le ministère de la Défense reste son autorité de tutelle, de se placer à l'ombre de l'Élysée. Foccart n'est pour rien dans le choix de ce châtelain au physique de colosse, passionné de géopolitique, ami des grands de ce monde et anticommuniste forcené ; c'est Messmer qui l'a recommandé à Pompidou. « Si vous décidez de nommer au SDECE un directeur soucieux seulement des affaires

* Pradier et Marchiani, on s'en souvient, accompagnaient Sentenac au siège de l'UDR quand celui-ci tenta d'alerter Anne-Marie Dupuy des rumeurs visant le couple Pompidou. Le 8 mai 1971, Pradier écrira à la collaboratrice du Président pour lui reprocher de ne pas les avoir défendus par la suite : « Votre silence nous a condamnés car il ne fait aucun doute que vous aviez la possibilité de démontrer notre bonne foi, que vous connaissiez parfaitement, à M. Pompidou », accusera-t-il. Ce document est cité par Jean-Christophe Notin dans sa biographie d'Alexandre de Marenches, *Le Maître du secret*, *op. cit.*, p. 32.

extérieures, loyal, indépendant de toute hiérarchie politique, militaire ou administrative, Alexandre de Marenches est le meilleur que vous puissiez nommer », lui a écrit l'ancien ministre – et futur Premier ministre – dans une lettre manuscrite [15].

Le matin du 10 novembre, alors que vient d'être annoncée la mort de Charles de Gaulle, c'est le coup de balai à la caserne Mortier. Marenches succède à Guibaud et déclenche les hostilités. Juste avant la prise d'armes, le colonel Beaumont est mis à la porte sans ménagement. Viennent ensuite le tour de son directeur de cabinet, le colonel Paul Durand, puis celui du chef de la section du contre-espionnage, le colonel Jacques Hervé de Lavillois – ce dernier est le beau-frère de Paul Coste-Floret, proche d'Alain Poher ; il est suspecté d'avoir servi d'officier de liaison entre le SDECE et le président intérimaire durant la période électorale. Une vingtaine de directeurs, de chefs de service et de cadres importants sont démis de leurs fonctions.

Un sort particulier est réservé à Beaumont : son éviction est annoncée par un communiqué du ministre, comme pour en souligner l'importance. « Depuis la création du SDECE en 1946, c'est la première fois que le gouvernement rend publique une décision qui touche le personnel permanent de ce service », remarque *Le Monde* [16]. Le comte de Marenches a beau jurer qu'il se désintéresse de l'affaire Markovic, cette humiliation ressemble à un châtiment.

Pendant que les têtes roulent dans les services secrets, René Patard n'est informé de rien. Depuis la sortie de prison de Marcantoni, il sent l'affaire lui échapper. Le coup médiatique de Delon a accentué son malaise et l'opération Bétremieux, derrière laquelle il voit clairement la main d'Isorni, l'a mis dans l'embarras. Aussi, lorsque parvient sur son bureau une lettre de Borivoj Ackov, le juge de Versailles pense-t-il immédiatement qu'un nouveau traquenard lui est tendu.

Le texte est daté du 1er mai 1970, long de quatre pages, rédigé au stylo-bille bleu dans une syntaxe approximative. Le Yougoslave est toujours derrière les barreaux, mais il a quitté Fresnes pour la maison d'arrêt de La Talaudière, à Saint-Étienne, « pour soi-disant raisons de sécurité, car paraît-il on a voulu me tuer », signale-t-il. Il ajoute : « Mon transfert a été effectué dans le secret le plus absolu, par l'ordre de M. le ministre de la Justice (...) On a tout fait pour me faire comprendre que c'est Alain Delon qui a engagé des hommes pour me faire le travail, car soi-disant je l'ai compromis avec mon témoignage. Je vous certifie que je n'ai pas cru un seul mot de tout cela. »[17]

Le prisonnier se dit néanmoins inquiet « qu'on [le] transforme en passoire » et se lance dans une suite de réflexions désordonnées. « On me monte contre Delon pour me filer la peur, pour que [je fasse] écrire ou secouer du monde contre lui, pour laisser opérer des autres », avance-t-il, en précisant qu'il n'a « pas voulu mordre à l'hameçon » : « J'ai pris mes précautions, et exactement le 1er mars 1970, j'ai fait une lettre en expliquant tout de A à Z, mon triste rôle dans cette affaire, etc., tout par ordre sans oublier le moindre détail. »

Au fil de la plume, il évoque les menaces reçues dans sa cellule, « des écouteurs » installés au parloir, « les promesses de la police que [ses] déclarations sont sur le secret du garde des Sceaux »...

Que signifie ce charabia ? En évoquant son « triste rôle » dans l'affaire, Ackov veut-il insinuer qu'il a été manipulé pour compromettre Claude Pompidou ? En faisant référence aux « promesses de la police », sous-entend-il que l'origine du coup monté doit être cherchée dans cette direction ? Patard hésite, réfléchit, soupèse le danger. À l'automne 1968, les dépositions d'Ackov ont fait dévier son enquête et la tempête politique a tout obscurci. S'il se dépêche de l'interroger encore, les mêmes causes peuvent produire les mêmes effets – en pire, même, car Pompidou n'est plus l'ancien Premier ministre mais le nouveau président de la République.

Les tergiversations du juge durent plus de deux mois, sans qu'il s'en ouvre à quiconque ni qu'il en fasse mention dans ses cahiers. Le 22 juillet, alors que la Chancellerie est focalisée sur la gestion du cas Bétremieux, il ordonne l'extraction d'Ackov de sa prison stéphanoise et le fait amener devant lui. L'interrogatoire est bref, il donne lieu à un procès-verbal de vingt-quatre lignes, où les questions ne figurent pas.

« J'ai écrit ma lettre dans un moment de panique, car j'avais cru comprendre que ma vie était en danger, déclare Ackov. On m'a laissé entendre que les mesures de sécurité prises à mon endroit provenaient précisément du fait qu'on voulait me supprimer, j'ai fini par avoir peur et j'ai décidé de vous informer de cette situation[18]. »

Qu'a-t-il voulu dire au sujet de son « triste rôle » dans l'affaire Markovic ?

« J'ai écrit sous le coup de l'émotion, je me suis mal exprimé. Lorsque je parle de triste rôle, je n'entends pas par là évoquer le témoignage que j'ai fait dans cette affaire, mais j'ai plutôt voulu dire que la conséquence de ce témoignage s'est terminée tristement pour moi, en ce sens que, depuis que je suis (...) condamné, certaines mesures ont été prises à mon égard (isolement, surveillances particulières). »

La déposition se termine sur ces phrases équivoques :

« Lors des dépositions que j'ai faites, j'ai répondu plutôt à des questions suggérées que posées ; je parle des auditions par les policiers. Avant la visite des policiers, je n'ai pas eu de contacts avec des personnes extérieures au service de police. »

Le premier point laisse entrevoir que ses confidences mentionnant Claude Pompidou lui ont été soufflées par les enquêteurs – bien que la formulation biscornue empêche d'être catégorique. Le second point est mensonger. En effet, il est établi qu'Ackov a reçu au moins deux visites en prison avant sa première audition, le 30 octobre 1968 : celle de son avocat, Jean Hug, et celle de l'officier Collet, qui est certes policier mais étranger au service chargé de l'enquête*.

Pour le juge Patard, l'essentiel est sauf : rien dans les propos d'Ackov n'est de nature à relancer le volet politique de l'affaire. Il n'en demande pas plus. Toutefois, la lecture de ses notes personnelles révèle qu'il a insisté – en vain – pour tenter d'en apprendre davantage. Mais Ackov a dénié avoir subi des pressions de l'officier Collet ; le policier lui aurait seulement « montré le journal annonçant la mort de Stevan » – ce qui ne colle pas avec la version qu'il a donnée à ses supérieurs**. Le Yougoslave a, de même, écarté toute intervention occulte de Me Hug : « Ackov déclare cet avocat incapable d'une telle manœuvre », note Patard. « Sur ma question de savoir s'il a été manipulé, il le conteste », résume le magistrat[19].

Le procureur, lui, reste convaincu que le prisonnier « a été manipulé par des gens qui avaient intérêt à introduire un fait politique dans le dossier en vue de provoquer l'arrêt de l'information » et que « Delon possède des moyens de pression sur les Pompidou » – ce qui est loin d'être démontré.

---

* *Cf. supra*, p. 122.
** *Ibid.*

Pour autant, le chef du parquet de Versailles s'abstient d'ordonner la moindre vérification sur les circonstances qui ont entouré l'irruption de l'étrange Yougoslave dans le dossier Markovic. Sa hiérarchie – le procureur général et le ministère de la Justice – n'insiste pas. À croire que tout le monde est pressé d'oublier cette fâcheuse péripétie. Comme la source « Karamel », le témoin Ackov ne doit plus faire parler de lui.

Un fait évident est ainsi passé sous silence, qui n'a pourtant pu échapper ni au juge ni au procureur : l'écriture d'Ackov dans sa lettre du 1er mai 1970 n'a rien à voir avec celle de sa lettre initiale, adressée à Alain Delon en octobre 1968. La première était régulière, presque élégante, et l'orthographe quasi irréprochable ; la seconde est scolaire, malhabile et le texte, rempli de fautes. Tout indique qu'elles ne sont pas de la même main.

Qui a tenu la plume pour Ackov en 1968, et ainsi contribué à faire de lui un protagoniste de l'affaire ? Cette question non plus ne sera pas posée, aucune enquête ne sera ouverte pour le découvrir – il n'en existe en tout cas nulle trace dans le dossier judiciaire, ni dans les archives du ministère de la Justice.

Dans son cahier, Patard inscrit la conclusion désabusée du procureur Lajaunie : « Le maximum a été fait du côté judiciaire. Il n'y a qu'à laisser courir… »

Il y ajoute la sienne : « On ne saura jamais le fin mot de l'histoire. »[20]

Les deux magistrats, désormais, n'ont plus qu'un désir : quitter Versailles et abandonner à d'autres le dossier maudit.

18

La déposition secrète

À la Chancellerie, les conciliabules s'enchaînent. Après les funérailles de De Gaulle, l'heure est peut-être venue d'enterrer l'affaire Markovic – et toutes les haines qu'elle a réveillées.

L'année 1970 se termine, Pompidou est au pouvoir depuis un an et demi et le crime reste inexpliqué. Où trouver une issue dans ce dédale de contre-vérités et de fausses pistes ? À défaut de résoudre l'énigme, les autorités judiciaires se contenteraient d'une sortie dérobée : il suffirait d'admettre que la justice n'a pas trouvé. Mais après tant de recherches tous azimuts, de convocations à grand spectacle et de manchettes de journaux, inutile de miser sur un classement discret – qui se satisfera d'une fin sans solution ni coupable ?

Le 25 novembre, le directeur des affaires criminelles, Pierre Arpaillange, reçoit le procureur général, Guy Chavanon, et le procureur de Versailles, Jean-Jacques Lajaunie. « On parle de l'affaire M. », consigne-t-il dans un mémorandum. Les trois magistrats parviennent vite à ce constat : « C'est le noir complet. » [1]

L'éventualité d'un non-lieu, qui fermerait le dossier et mettrait fin aux poursuites contre Marcantoni, est à l'ordre du jour. Mais la décision appartient au juge d'instruction.

Or, relève Arpaillange, « Patard n'accepterait pas de signer un non-lieu, il considère que ce serait une forfaiture ».

Le procureur Lajaunie prendrait-il au moins des réquisitions en ce sens ? « Ce serait contraire à ma conscience », objecte-t-il. Il admet néanmoins qu'il « ne peut pas non plus proposer le renvoi de l'affaire devant la cour d'assises » pour faire juger Marcantoni, « surtout en considération des problèmes politiques que ce renvoi poserait : à l'audience, l'attitude de la police pourrait être démontrée d'une manière éclatante... ».

Selon lui, mieux vaudrait faire traîner la procédure, « sans doute jusqu'à la fin du septennat »...

« Ce n'est pas pensable, le garde des Sceaux ne l'admettra jamais », tranche Arpaillange.

Pour Patard comme pour Lajaunie, l'intransigeance face aux *desiderata* de la Chancellerie n'est pas qu'une question de principe ; c'est le meilleur moyen d'obtenir de l'avancement – quand un magistrat devient gênant pour le pouvoir, le plus simple est de lui offrir un beau poste et de le remplacer. Or justement, Patard lorgne un siège à Paris et Lajaunie espère terminer sa carrière comme procureur général en province. Ils ne se feront pas prier pour céder la place. Arpaillange s'inquiète tout de même de leur attitude quand ils seront partis.

« Et si votre successeur requiert un non-lieu ? demande-t-il au procureur.

— J'admets qu'on puisse avoir des avis différents, rassure Lajaunie. Moi-même, si je voyais le dossier pour la première fois, je n'aurais peut-être pas le même point de vue...

— Donc si vous êtes nommé, il serait indispensable que personne ne sache votre position.

— C'est d'accord[2]. »

Un substitut général, Charles Giafferi, est chargé d'examiner le dossier avec un œil neuf et de livrer un diagnostic. Il lui faut à peine plus d'une semaine pour accomplir sa tâche. Lui aussi conclut au non-lieu, mais sans trop de hâte : le dossier est « à laisser à l'instruction quelque temps », recommande-t-il[3]. À l'Élysée, Marie-France Garaud donne son aval. Patard et Lajaunie restent – provisoirement – en place à Versailles, avec pour mission de temporiser. Que le dossier prenne tranquillement la poussière ; le moment venu, un nouveau duo viendra le refermer.

Patard acquiesce. Il s'apprête à préparer ses cartons. Il lui reste une foultitude de regrets et un atout caché : « l'opération Misha ».

C'est le plus grand secret de l'affaire Markovic. À partir du printemps 1970, des tractations officieuses ont eu lieu entre le juge Patard, le commissaire Samson et un témoin essentiel. Le dossier d'instruction n'en comporte pas la moindre trace. Seules les notes personnelles de Patard et les archives de la Chancellerie y font allusion. Avec le temps, leur lecture permet de reconstituer cet épisode ténébreux, où la vérité a paru plus proche que jamais… à moins que tout cela n'ait été qu'un fantasme de plus.

Misha Slovenac est né en 1940. Comme beaucoup de réfugiés yougoslaves, il a vécu de séductions et de rapines, fréquenté les prisons et les palaces, côtoyé le luxe et le danger. Au propre comme au figuré, c'est un personnage fuyant. Entré en France en 1962, il est expulsé l'année suivante après une condamnation pour vol. Après un an d'internement dans un hôpital psychiatrique serbe, il s'évade et revient à Paris en 1965. Nouvelle arrestation ; il est remis dans un avion et s'évanouit dans la nature à l'escale de Munich. Le revoilà en France en 1967, cette fois muni de faux papiers. C'est alors qu'il se lie d'amitié avec Markovic.

Les policiers entendent parler de Misha dès les premiers jours de l'enquête. C'est à lui que le jeune Uros, inquiet de ne pas voir revenir Stevan, a demandé de se renseigner sur Marcantoni, compte tenu de ses connexions dans le banditisme. Et c'est encore à lui que Zorika, la sœur de Milos Milosevic, l'ex-garde du corps de Delon, a téléphoné quand elle a appris l'assassinat – Stevan lui avait dit de l'appeler en cas d'urgence. Les deux fois, Misha aurait tenu des propos menaçants et laissé entendre qu'il en savait long sur le crime*. Le temps de l'identifier, la PJ s'est présentée à son adresse mais a trouvé porte close. Le Yougoslave avait filé à l'anglaise.

Par la suite, son nom revient souvent au fil des interrogatoires. On lui prête des relations dans l'entourage de Delon, des conversations fréquentes avec Markovic, un prestige dans la communauté serbe, où son allure de play-boy, ses manteaux de fourrure, ses voitures de sport et ses accointances avec la pègre lui valent autant d'admiration que de crainte. Durant l'été 1968, Misha séjournait sous un faux nom à Saint-Tropez, à l'hôtel Byblos ; la liste de ses communications téléphoniques prouve que Markovic et lui se sont parlé presque chaque jour. Parmi les exilés, le bruit court en outre que Stevan aurait fait une visite éclair à Ramatuelle pour un tête-à-tête avec Delon, et que Misha l'aurait ramené à Paris en une nuit, à bord de son Aston Martin. Rien de tout cela n'est vérifiable tant que l'intéressé reste un fantôme.

Le 28 mai 1969, le gardien d'un immeuble parisien entend des bruits suspects dans le parking et alerte la police. Le cambrioleur est interpellé et placé en garde à vue.

---

* *Cf. supra*, p. 91 et 92.

C'est Misha Slovenac. Prévenu, le commissaire Bardon accourt pour l'interroger. Face à lui, le voyou yougoslave se montre prudent et évasif. S'il admet avoir bien connu Markovic, il se méfiait de sa propension à la frime et aux extravagances. L'unique « affaire » montée ensemble – le braquage d'un magasin d'appareils photo – l'aurait dissuadé de toute « association durable » avec lui [4]. Pas fâché pour autant, Stevan lui a présenté Delon. Durant l'été 1968, Markovic, en disgrâce auprès de l'acteur, a harcelé Misha au téléphone pour qu'il intercède en sa faveur « afin que Delon lui envoie un contrat garantissant son emploi dans l'équipe qui tournait *La Piscine* ». Markovic avait besoin de ce document pour faire renouveler sa carte de séjour. « Quelque temps après, il m'a appris qu'il avait reçu le papier et que son problème était réglé », explique Misha*.

Du mystérieux aller-retour de Stevan, il jure ne rien savoir : « Je suis extrêmement étonné. Si Stevan était descendu à Saint-Tropez, il n'aurait pas manqué de me faire signe et lorsqu'il m'a eu au téléphone par la suite, il aurait dû m'en parler. Cependant, son comportement est parfois si peu cohérent qu'il est possible que, ne voyant pas venir cette lettre, il se soit affolé et ait effectué ce voyage pour [la] réclamer. » Quant aux menaces rapportées par Uros et Zorika, il les banalise : l'un et l'autre étaient en état de choc, ils ont surinterprété. Lui prétend avoir conseillé au premier de se mettre « en sécurité », à la seconde de « laisser faire la police », rien de plus [5].

Trois semaines plus tard, Misha est conduit chez le juge Patard : « Contrairement à ce que l'on peut généralement

* Le document figure effectivement au dossier : le 4 septembre 1968, le directeur de production de la Société nouvelle de cinématographie (SNC), Paul Laffargue, confirme l'engagement de Stevan Markovic « en qualité de doublure cascadeur pour M. Alain Delon » sur le tournage du film.

penser, je ne suis pas en mesure d'apporter des explications plus utiles sur les circonstances et les causes de la mort de Stevan Markovic, car je les ignore », soutient-il à nouveau[6].

Sous le coup d'une condamnation à trente mois de prison, visé par plusieurs mandats d'arrêt pour « vols avec effraction », Misha Slovenac est écroué à la prison de la Santé. La campagne présidentielle monopolise alors l'attention des médias ; de l'affaire, seuls les tourments qu'elle occasionne à Pompidou retiennent l'attention à ce moment-là. La réapparition du témoin yougoslave passe quasiment inaperçue.

Les mois passent, plus personne ne parle de Misha. Soudain, à la fin de l'hiver, un ami photographe fait passer un message à la police : la détention lui pèse, il est disposé à parler. Le 5 mars 1970, le commissaire Samson informe le juge Patard que Misha est « prêt à donner des choses intéressantes ». Il aurait même précisé : « Ce que je vais dire va mouiller un ami (Delon) », griffonne le magistrat dans l'un de ses cahiers[7].

En pleine tourmente depuis le pataquès causé par le CRS Bétremieux, la hiérarchie policière hésite à s'aventurer hors des sentiers de la procédure, *a fortiori* pour négocier avec un repris de justice. « Feu orange pour opération Misha », note Patard[8]. Le directeur de la PJ, Max Fernet, récemment promu par Marcellin, juge la manœuvre « inopportune ». Le procureur, lui, y croit. Il convoque Samson et lui fait la leçon : il travaille sous les ordres du juge d'instruction et n'a « pas à rendre compte à sa direction ».

Le commissaire s'entretient alors avec le Yougoslave à la Santé. Une partie de poker s'engage. Misha exige d'être libéré avant de dire ce qu'il sait. Mais comment mesurer si ses informations sont à la hauteur de ses prétentions ? Début mai, un accord est conclu « pour une mise en liberté en deux temps » : le détenu doit d'abord livrer une confession détaillée à Samson ; ensuite il sera extrait de sa prison et convoqué par le juge Patard, à qui il répétera le tout dans une audition officielle, au terme de laquelle il recouvrera la liberté[9].

En gage de sa coopération, Misha suggère que l'on entende l'un de ses compatriotes, Milorad Marjanovic. Le magistrat s'exécute. Marjanovic révèle qu'il a rencontré Markovic et Misha dans un bar des Champs-Élysées, dans les premiers jours de septembre 1968, un matin vers 6 heures. Toutefois, il refuse de signer sa déclaration.

« D'après ce que Misha a dit, il venait de ramener Stevan de Saint-Tropez, où il était allé voir Delon », écrit Patard[10]. Il y aurait donc bien eu un rendez-vous secret entre Delon et Markovic pendant le tournage de *La Piscine*.

Samson retourne voir Misha Slovenac et recueille sa confession, comme convenu. Il en tire un texte de neuf feuillets rédigé au style indirect, sans date ni tampon, qu'il remet au juge le 28 mai : le récit des événements qui, selon l'étrange témoin, ont conduit à la mort de Stevan Markovic. En voici l'essentiel*.

Au début de l'année 1968, « Stevan commence à envisager une séparation définitive avec le couple Delon ». Pour s'enrichir et se venger, il propose à Misha de cambrioler la propriété de l'acteur à Tancrou et l'appartement de la rue François-Ier, dont il connaît les systèmes d'alarme. Misha refuse.

Au mois d'août, son chauffeur rapporte à Delon – sur la foi des confidences d'une femme de chambre – que Stevan a couché avec Nathalie. « Mortifié, l'acteur prépare

* Le texte suivant est un condensé de la déposition de Misha Slovenac, rédigé par l'auteur. Les passages entre guillemets sont directement extraits du document.

ses affaires et part à Saint-Tropez sans rien dire à Stevan, qu'il laisse derrière lui à Paris. » Misha, lui, part pour la cité varoise, où il réside à l'hôtel Byblos. Markovic l'y appelle sans cesse. Il lui demande d'abord de réclamer à Delon le contrat de travail dont il a besoin pour son autorisation de séjour en France. Il charge ensuite Misha « d'une autre commission » : dire à l'acteur que « Stevan est mécontent » de sa disgrâce et se dit « en droit d'exiger que Delon fasse quelque chose pour lui ».

« C'est le début d'un processus de chantage », décrit Misha.

Misha se rend chez Delon à La Bouscarde, la villa qu'il occupe à Ramatuelle avant d'emménager à La Capilla. Le Yougoslave reconstitue leur dialogue :

« Tu me dis que Stevan s'attend à ce que je fasse quelque chose pour lui, mais à quel titre ? interroge Delon.

— J'ai l'impression qu'il serait en mesure de te nuire, répond Misha.

— Que veut-il ?

— De l'argent.

— Combien ?

— Je ne sais pas.

— Qu'est-ce qu'il a à offrir ?

— Je n'en sais rien, mais j'ai l'impression que Stevan pourrait profiter des faiblesses qu'il a pu constater.

— Dis à Stevan que s'il a quelque chose à me dire, il vienne m'en parler lui-même, mais dis-lui aussi que sa présence dans cette maison n'est ni désirée ni désirable. »

Misha raconte cet échange à Markovic et propose de servir d'intermédiaire. Stevan lui promet une part de la somme qu'il touchera, mais indique qu'il est « en rapport pour cela avec Marcantoni », lequel aura « plus de poids pour faire pression sur Delon ». Il a déjà confié au gangster « une partie des documents » afin qu'il les montre à l'acteur.

Bientôt, Delon « veut voir ce qui reste ». Stevan demande à Misha de venir le chercher à Paris en voiture « car Delon veut parler avec lui des modalités de paiement ». Comme Misha ne veut pas jouer les chauffeurs, c'est un compatriote musicien, Dimitri Angelakov, qui transporte Markovic dans sa Mercedes jusqu'à Toulon, le 4 septembre. De là, Markovic gagne Le Lavandou, où Misha vient le récupérer le lendemain et le conduit jusqu'aux abords de La Capilla. Delon les rejoint et s'enferme avec Stevan dans l'Aston Martin. La discussion dure quarante minutes. « Misha ne sait pas ce qui a été dit, mais il sait que c'est à ce moment-là que Stevan a montré à Delon le reste des documents. »

Peu après, l'acteur convoque Misha :

« A-t-il autre chose ? demande-t-il.

— Certainement, répond Misha.

— Que va-t-il faire ?

— Dépenser son argent, puis il reviendra à la charge.

— Bon, il ne reviendra plus à la charge, alors ! »

Dans la nuit du 5 au 6 septembre, Misha ramène Markovic à Paris. Durant le trajet, Stevan confie que Delon lui a remis le certificat de travail et laissé les documents – il était de toute façon persuadé qu'il y en avait d'autres. « C'est maintenant Marcantoni qui a l'affaire en main et c'est à lui que Delon donnera l'argent », annonce-t-il, évoquant un montant de « 6 à 10 millions anciens ».

Le 6 septembre au matin, Markovic fonce à la préfecture de police pour faire régulariser son permis de séjour. Misha repart à Saint-Tropez. Il y revoit plusieurs fois Delon ; le nom de Stevan n'est plus prononcé entre eux.

Vers le 15, Markovic rappelle Misha : il a « monté une bonne combine » avec Marcantoni, qui lui demande l'ensemble des documents. Misha le met en garde et lui conseille de « ne pas tout donner ».

Le 17, Stevan espère que « Marcantoni va le payer bientôt » mais s'inquiète ; il se demande si le gangster « ne joue pas double jeu au profit de Delon ». Misha lui enjoint de « ne jamais voir Marcantoni seul, sinon dans des endroits publics et fréquentés ». Afin de le rassurer, Stevan dit avoir « pris ses précautions » : il a laissé des lettres. Pour renforcer sa protection, il demande à Misha d'en informer Delon.

Misha fait croire qu'il a « fait le nécessaire », mais il ne dit rien à l'acteur.

Le 21, Markovic rappelle : « Je dois toucher l'argent demain, Marcantoni a fait le nécessaire. Il faut que j'aille chez lui, à sa villa, prendre cet argent. Mais ça sent le coup fourré, il a exigé que je vienne seul et ne dise à personne où j'allais. Accompagne-moi, j'ai besoin qu'on sache que je ne suis pas seul. Si tu viens, je te garantis 3 millions. » Misha ne bouge pas.

Stevan le relance encore le matin du 22, à quelques heures du rendez-vous fatidique : Marcantoni doit envoyer quelqu'un le chercher, « il y a quelque chose qui ne [lui] plaît pas ». Stevan donne à Misha le nom de cet émissaire, qui sera donc « l'homme du taxi » – Misha ne révèle pas son identité, mais précise qu'il est « plus petit et plus mince que Marcantoni » et que « les enquêteurs le connaissent ».

Après la disparition de Stevan, Misha reçoit un appel du jeune Uros Milicevic. Celui-ci lui apprend qu'avant de monter dans le taxi, avenue de Messine, vers sa destination inconnue, Markovic « lui avait confié certains documents à mettre en sécurité s'il ne revenait pas ». Misha tente de les obtenir, en vain. Plus tard, Uros dit à Misha avoir apporté le paquet chez Alain Delon à Saint-Tropez. « Delon aurait fait le tri, conservé ce qui le concernait et redonné le reste à Uros pour qu'il le remette à Alexander, le frère de Stevan. » Ce qui fut fait.

Une fois la mort de Markovic rendue publique, la parution d'un article de *L'Aurore* citant le nom de Misha incite l'homme du taxi à se manifester. Par son intermédiaire, Misha est alors « pris en main par le clan Delon-Marcantoni ». On le cache dans un studio avant de l'exfiltrer à l'étranger, muni de faux papiers. Le même réseau le fait revenir à Noël – il n'en indique pas la raison – et l'abrite à Neuilly, dans un appartement proche du bois de Boulogne. À la suite d'un « incident » – qu'il n'explique pas non plus – Misha finit par rompre avec le « clan », reprend ses activités illicites et se fait arrêter.

D'après lui, les documents sont toujours en la possession de Marcantoni.

Avec ce témoignage glaçant, la fin de Markovic s'éclaire d'un jour différent. Si Misha dit vrai, l'origine du crime serait bien une tentative de chantage. Non un chantage politique, mais une extorsion dont Alain Delon serait la victime, comme les enquêteurs l'avaient soupçonné au départ. À en croire Misha, les documents de Stevan – il les lui aurait montrés sur le chemin du retour, dans un restaurant près de Montélimar – comportaient « dix lettres manuscrites, un carnet à souches, une série de documents pliés en quatre » et « une trentaine de photographies prises au téléobjectif [où] on voit Delon avec des hommes – rien de porno » – dans une propriété de la banlieue parisienne*. « Hypothèse de Misha : début de preuve d'un trafic de Delon avec des truands », note le juge Patard. Peut-être Markovic s'est-il attaqué à trop puissant pour lui.

Outre qu'il dessine un mobile, le récit de Misha corrobore l'existence de l'aller-retour éclair de Markovic à Saint-Tropez – que Delon a fermement nié – et propose un scénario crédible quant au rôle de Marcantoni, tout en justifiant que le chauffeur du taxi ne l'ait pas reconnu. En outre, l'ensemble est cohérent avec le contenu des lettres-testaments écrites par Stevan, jusque dans la

* Selon les cahiers du juge Patard, 28 mai 1970. *Archives de l'auteur.*

dénonciation d'Alain Delon et de son ami gangster comme « responsables » de sa mort, sans plus de précision.

Cependant, l'histoire de Slovenac comporte des invraisemblances et soulève plusieurs questions. Pourquoi Delon aurait-il restitué des documents qui servaient à le faire chanter ? À supposer même qu'il ait eu l'intention de faire intimider ou disparaître le Yougoslave – rien ne le prouve –, c'était lui laisser la possibilité de les confier à quelqu'un d'autre, ce qui maintenait l'acteur à la merci d'un racket. De même, le recours à Marcantoni pour menacer Delon laisse dubitatif : Markovic pouvait-il vraiment supposer que le truand s'allie à lui contre l'acteur, compte tenu de leur vieille amitié ? Et si le truand avait réellement pris « l'affaire en main », pourquoi maintenir Misha dans la confidence et lui promettre un pourcentage ? Enfin, pourquoi le « clan » qui l'avait exfiltré aurait-il fait revenir à Paris un témoin aussi important, au risque qu'il raconte ce qu'il savait ?

Le récit de Misha se heurte surtout à une discordance chronologique. À l'en croire, Markovic est parti pour Saint-Tropez le 4 septembre et rentré à Paris dans la nuit du 5 au 6. Or les fichiers de la préfecture de police attestent qu'il s'est présenté au service des étrangers le 5 au matin, porteur de l'attestation procurée par Delon. La seule possibilité est donc que Misha se trompe sur la date et que l'aller-retour ait eu lieu dans la seule journée du 4 – départ le matin de la capitale, récupération des documents à Saint-Tropez en début de soirée, retour nocturne et arrivée à Paris à l'aube du 5. Seulement un autre compatriote, Milan Domlija, assure avoir lui-même accompagné Stevan près de La Capilla le 5 en fin d'après-midi…

Devant ces « révélations » ambiguës, l'hésitation grandit. Le procureur Lajaunie refuse d'entrer dans un « marchandage » qui placerait le détenu en position avantageuse.

« Misha peut, une fois libéré, ne pas se présenter et disparaître à l'étranger », s'inquiète-t-il, ou « divulguer à la presse ce qu'il sait et révéler qu'il en a donné connaissance à la police » [11]. Il peut aussi avoir inventé toute l'histoire, mêlé le plausible et l'invérifiable pour abuser la justice et obtenir un sauf-conduit.

Le 11 juin 1970, le Yougoslave reçoit une énième visite du commissaire Samson ; il refuse toujours d'en dire davantage tant qu'il ne sera pas dehors. « Les dés sont jetés, le contrat n'aura pas de suite », se désole Patard [12].

Les mois défilent et, comme la Chancellerie le souhaitait, l'enquête sur le meurtre de Markovic s'enlise dans l'indifférence. En septembre, alors qu'il évoque sa future promotion avec le procureur général, le juge d'instruction persiste à penser que « la clé de l'affaire passe par Misha [13] ». Mais l'intéressé refuse toujours d'officialiser son témoignage.

Début octobre, le magistrat remet la pression et décide de le réentendre. Misha continue à jouer au plus fin.

« L'hypothèse selon laquelle Markovic a été victime d'un règlement de comptes entre Yougoslaves est à écarter absolument, glisse-t-il. Je pense plutôt qu'il a été victime d'une personne ayant une mentalité différente de la nôtre (...) J'ajoute que si Stevan s'est laissé prendre de la sorte, c'est précisément parce qu'il n'a pas su abandonner sa mentalité de Slave. Il n'a pas envisagé que quelqu'un d'autre pouvait avoir une mentalité différente de la sienne [14]. » Suivez son regard...

Le procès-verbal terminé, le détenu relate à Patard que « des amis de Marcantoni » l'ont approché en prison pour l'inciter à « prendre Me Isorni pour avocat » et à dénoncer dans une lettre un « stratagème » policier destiné à lui faire porter de fausses accusations. Place Vendôme, tant d'acrobaties procédurales font bondir : « Le juge prend des déclarations hors PV, c'est inouï ! » s'étrangle Arpaillange[15].

Raison de plus pour accélérer la succession du juge d'instruction. Qui va hériter du dossier Markovic ? Au printemps 1971, la sélection est surveillée par la Chancellerie comme le lait sur le feu, sous l'œil vigilant de Marie-France Garaud. S'ouvre une valse de noms. Contre l'avis du président du tribunal de Versailles et après des « palabres interminables », indique le procureur général Chavanon, le magistrat désigné est Jean Ferré[16]. Il a quarante-six ans, une réputation solide, est en poste à Versailles depuis 1965. C'est un homme de caractère : « Le seul capable de dire zut au procureur », signale Chavanon, sans préciser si c'est pour lui une qualité ou un défaut.

Ferré est censé prendre ses fonctions le 12 mai. C'est le moment que choisit Patard pour jouer le seul atout qui lui reste. Roland Dumas lui a soufflé l'idée d'une confrontation de Misha avec la partie civile, où Alexander Markovic pourrait invoquer le souvenir de Stevan dans l'espoir de l'ébranler. Hélas, le frère Markovic ne peut se rendre en France avant le 15 mai… Impossible de patienter jusque-là. Tant pis. À une semaine de quitter le tribunal, Patard convoque une dernière fois son insaisissable témoin pour essayer de l'amener à briser le secret et à signer, enfin, une vraie déposition.

Pour le magistrat, ce serait une sortie par le haut – et pour son enquête, une avancée miraculeuse.

Mais le Yougoslave ne veut rien savoir. Sûr de lui, il explique qu'il est résolu à attendre sa libération, prévue pour la fin de l'année. D'ici là, il n'est pas prêt à prendre le moindre risque. « Je préfère me taire », souffle-t-il. L'ultime espoir de Patard s'envole. L'opération Misha a échoué.

19

Le linceul et la carte postale

François Marcantoni n'est pas content. Deux ans et demi ont passé depuis sa sortie de prison ; la justice le laisse tranquille – il ne s'en plaint pas – mais il reste sous le coup d'une inculpation pour « complicité d'assassinat ». À Goussainville, sa propriété reste fermée, ses chiens et ses poules ne le voient plus et les mauvaises herbes envahissent le parc. Lui s'est installé à Paris, dans le triplex avec vue sur la Seine délaissé par Mireille Darc, dont Alain Delon lui a prêté les clés. Il n'empêche, ses amis ont beau lui dire de montrer profil bas, l'ancien braqueur a pris goût à la gloire médiatique et la liberté recouvrée ne lui suffit pas : il s'est mis en tête de faire reconnaître son innocence.

Or toutes ses manœuvres ont échoué. À l'instigation de son avocat, il avait tenté de mouiller Pompidou pour effrayer le pouvoir. Au lendemain de l'élection présidentielle, il a feint de le défendre en pensant qu'on lui en saurait gré. Ensuite, quand Isorni a brandi les lettres du CRS Bétremieux, Marcantoni a espéré que l'enquête ne s'en relèverait pas. Puis il a vu les recherches s'orienter vers le monde du cinéma et les soupçons se concentrer à nouveau sur Delon ; il a cru alors qu'on se désintéresserait de lui. Mais rien ne s'est passé comme il l'escomptait et le caïd, quoique moins familier des églises que des cabarets, ne sait plus à quel saint se vouer.

En décembre 1971, des amis corses lui ont recommandé un autre moyen : les offensives de son avocat n'ayant réussi qu'à braquer l'Élysée contre lui, il serait utile d'en changer. Pour le remplacer, un confrère plus en cour lui a proposé à point nommé ses services : René Floriot, ténor du barreau et conseil personnel… du président de la République*. Isorni écarté, Marcantoni pouvait entrevoir une issue favorable. Floriot, compagnon de chasse de Pompidou et pourfendeur des erreurs judiciaires**, se targuait d'avoir obtenu des assurances en haut lieu. Mais une fois encore, l'attente a été vaine.

Le 2 mai 1972, le truand écrit directement au chef de l'État pour s'en plaindre.

> Monsieur le Président,
>
> Mon nouvel avocat, que j'ai choisi dans les conditions que vous savez, vient de me faire connaître qu'à la suite du référendum***, un non-lieu était encore ajourné à une date indéterminée.
>
> J'en suis profondément surpris. Innocent dans une affaire où je n'ai été accablé que pour avoir refusé de vous mettre en cause, parce qu'il n'y avait aucune raison de vous mettre en cause (…) je continue à recevoir des sollicitations pour vous mettre en cause. J'en ai prévenu

---

* René Floriot (1902-1975) avait poursuivi le magazine *L'Express* en 1970 après la parution d'une publicité pour des moteurs de bateau qu'illustrait une photo de Georges Pompidou. Le tribunal a condamné le journal pour cette utilisation abusive de l'image du président à des fins commerciales.

** René Floriot, *Les Erreurs judiciaires*, Flammarion, 1968.

*** Il s'agit du référendum sur l'élargissement de la Communauté européenne au Royaume-Uni, à l'Irlande, au Danemark et à la Norvège, qui se tiendra le 23 avril 1972.

Me Floriot. Je refuse et refuserai toujours. Mais je demande que la justice en termine avec mon affaire.

Je vous prie de croire, Monsieur le Président, à l'expression de mes sentiments respectueux[1].

Si la démarche ne manque pas de culot, elle n'impressionne pas les enquêteurs. Elle n'entraîne d'ailleurs aucune réaction de l'Élysée ni de la Chancellerie. En partance pour Montpellier, où il prend la tête du parquet général, le procureur Lajaunie a rédigé une note d'un autre poids pour synthétiser les éléments à charge réunis contre Marcantoni. Il y considère comme « établi » que Markovic avait bien rendez-vous avec le gangster le jour de sa disparition, « solidement démontré » que la housse de matelas qui enveloppait le cadavre a été fournie par lui et ne doute pas que le mobile du crime soit « en liaison directe avec l'intrigue que menait alors Markovic vis-à-vis de Delon »[2].

« Marcantoni est inculpé pour avoir déterminé Markovic à se présenter seul et désarmé à un rendez-vous qui a servi de guet-apens pour commettre l'assassinat, conclut Lajaunie. Quant à ses éléments matériels, cette inculpation me paraît fondée sans contestation possible. Dans ces conditions, la culpabilité tient à la démonstration d'un seul élément complémentaire : la connaissance, au moment où il a attiré la victime à ce rendez-vous, de l'intention des auteurs principaux d'utiliser la circonstance ainsi créée pour commettre le crime.

De cet élément psychologique, il n'existe bien sûr pas de démonstration formelle. La réponse dépend de l'intime conviction que l'on peut se faire. (...)

Pour ma part, je n'hésite pas à formuler la conviction que j'ai d'une complicité parfaitement consciente de la part de l'inculpé. »

Ce n'est pas le document promis à ses supérieurs pour ouvrir la voie d'un non-lieu ; la Chancellerie est placée devant le fait accompli. Du reste, ce qu'écrit le procureur traduit l'état réel du dossier. D'innombrables présomptions pèsent sur Marcantoni. Et l'emballage plastique qui a servi de linceul à Markovic constitue bel et bien une pièce accablante.

Voir le nom du truand apparaître sur la liste des quelque 865 acheteurs de matelas Treca fabriqués entre décembre 1967 et octobre 1968 était déjà, pour les enquêteurs, une extraordinaire coïncidence*. Le commissaire Bardon a approfondi les recherches, que le juge Patard a eu l'idée de compléter, avant sa mutation, en sollicitant une expertise scientifique. Les résultats renforcent très nettement l'accusation.

L'usine Treca certifie d'abord que cette toile plastifiée n'a été utilisée que pendant une semaine de test, du 14 au 21 décembre 1967, puis à partir du 1er avril 1968. Les policiers réduisent alors le champ de leurs investigations aux clients ayant commandé durant ces deux périodes une literie des mêmes dimensions que la housse en question : ils en dénombrent 253. Parmi ceux-là, 101 ont conservé l'emballage. Le propriétaire de celui qui contenait la dépouille de Markovic fait forcément partie des 152 autres.

Marcantoni figure bien dans le lot.

La perquisition effectuée à Goussainville permet ensuite de vérifier que le matelas de son lit à colonnes porte bien, dans de minuscules œillets d'aération disposés sur les flancs, la marque « Treca », invisible à l'œil nu. Elle permet de constater, en revanche, que les étiquettes commerciales ont été arrachées ; une déchirure et des traces de piqûre en témoignent.

---

* *Cf. supra*, p. 214.

« Si ces étiquettes ont été retirées, cela n'a pu être fait qu'après mon arrestation, par une main malveillante et experte », s'insurge Marcantoni[3].

Hélas pour lui, un témoin impartial surgit pour le confondre : un tapissier dont le nom était inscrit dans l'agenda du gangster et que la PJ prend l'initiative de convoquer, au cas où. L'homme se souvient parfaitement être venu chez Marcantoni pour prendre des mesures en vue de confectionner un couvre-lit, et avoir remarqué à cette occasion la déchirure – « J'ai même proposé au client de la réparer », raconte-t-il. Or c'était le 1er décembre 1968, plus d'un mois avant l'incarcération de Marcantoni… À cette date, la presse évoquait déjà depuis une semaine les recherches policières sur l'origine de la housse retrouvée dans la décharge d'Élancourt[4]. La « main experte » qui a retiré les étiquettes voulait donc cacher la provenance du matelas, qu'elle savait compromettante. Qui, hormis Marcantoni lui-même, pouvait redouter que la police ne trouve un lien entre sa literie et le linceul de Markovic ?

L'enquête continue, avec une extraordinaire minutie. Grâce aux experts, qui réalisent « une série d'analyses physico-chimiques » sur la matière plastifiée, sa composition, sa résistance et son élasticité, Bardon apprend que l'emballage ayant contenu le macchabée a dû être fabriqué « entre le 8 mai et le 18 juin 1968, et plus probablement entre le 7 juin et le 18 juin 1968 »[5]. À nouveau, tout concorde : la literie destinée à Marcantoni a été commandée le 17 mai, mais la grève générale de Mai-68 a paralysé l'usine Treca jusqu'au 4 juin ; le matelas n'a pu être produit qu'après, sachant qu'il a été livré le 7.

Durant le laps de temps défini par les experts, 41 personnes ont acquis un matelas correspondant aux dimensions de la housse et n'ont pas pu présenter l'emballage. Parmi elles, 3 justifient l'avoir rendu aux livreurs ou détruit. Sur les 18 restants,

11 réussissent à apporter des explications assez précises pour « déterminer avec une quasi-certitude la destination de leurs housses »[6]. À l'inverse, 7 sont incapables de dire ce qu'ils ont fait de la toile plastifiée – dont une cliente qui dit l'avoir laissée chez le vendeur, mais celui-ci est décédé ; et un président de chambre à la cour d'appel de Paris, « qu'il n'a pas été possible de rencontrer », signalent poliment les enquêteurs.

Marcantoni est l'un des 5 derniers.

Enfin, les experts confirment que la housse qui renfermait le cadavre s'adapte sans effort au matelas du truand, contrairement à ce que prétendait dans sa lettre le CRS Bétremieux. « Des considérations géométriques simples permettent de dire que l'enveloppe examinée a pu contenir le matelas saisi chez Marcantoni. » Eux-mêmes ont tenté l'expérience : « Le fait que le matelas a pu être replacé dans la housse ne laisse subsister aucun doute », concluent-ils[7].

« Avec ça, savoure le commissaire Bardon, il est bon pour les assises. Il pourra toujours invoquer le hasard, jamais aucun juré n'y croira[8]. »

Le 12 juin 1972, Pompidou accueille à l'Élysée un éditorialiste qu'il estime : Georges Suffert, l'un des créateurs du magazine *Le Point*, qui lui consacrera bientôt sa première couverture*. Les deux hommes s'installent dans ce qui fut le bureau du général de Gaulle. Leur conversation n'est pas destinée à être publiée**.

« Est-ce que, dans ce bureau, on peut vous parler de l'affaire Markovic ? demande le journaliste.

---

* Le 25 septembre 1972, sous le titre : « Crise de régime ? »

** L'extrait suivant ne sera divulgué que dans le numéro du *Point* daté du 29 septembre 1975, soit bien après la mort de Georges Pompidou.

— Pourquoi pas. Il en a entendu d'autres, répond Pompidou.

— Vous m'avez dit, il y a plusieurs mois, que vous finiriez par savoir qui a cherché à vous casser les reins...

— En gros, maintenant je le sais. Une histoire banale, vous savez. Cela peut arriver à n'importe quel homme public. Un bon gros complot, lancé par des personnages secondaires à coups de ragots, répercutés par la presse. C'est la vie. Que des hommes qui avaient été mes ministres, que l'entourage de Couve de Murville et Couve lui-même aient laissé dire, c'est désagréable mais humain. Mais que de Gaulle ait pu croire, ne fût-ce qu'une minute, à ces calomnies, cela je ne l'ai pas supporté. J'en ai été stupéfait, désorienté.

— Est-ce qu'il n'y a pas une autre hypothèse ? Est-ce qu'il n'est pas possible que le Général n'ait rien su ?

— C'est absolument exclu. Je peux vous dire que, durant toute l'époque où j'ai été avec lui aux affaires à des postes divers, il n'y a aucun événement grand ou petit qu'il ne se soit fait expliquer par le détail. Sur une affaire aussi grave, il est évident qu'il a été tenu informé au jour le jour.

— Lorsque vous dites que Couve de Murville a laissé faire, c'est une accusation grave...

— Je vous laisse juge.

— Vous en êtes-vous expliqué avec lui ?

— Non. C'est à lui de m'en parler. Il ne l'a pas fait. J'ai été averti de ce qui se déclenchait contre moi par un simple fonctionnaire. Et ensuite, je me suis débrouillé tout seul pour ne pas couler.

— Si j'allais demander à Couve comment il a vécu l'affaire ?

— Pourquoi pas ? Au contraire, peut-être vous parlera-t-il. Il sait aussi bien que moi qui a déclenché l'opération, qui l'a montée et comment elle s'est déroulée. »

Est-ce un excès d'assurance ou le désir de tourner la page ? Vraisemblablement les deux. En vérité, Pompidou sait l'essentiel et cela lui suffit. Il n'a pas démasqué tous les conjurés mais il a fait mieux : il les a vaincus. À présent, le pouvoir lui impose la magnanimité, sinon l'oubli. Rien n'est pardonné, tout est digéré. « Il a eu l'intelligence de ne pas poursuivre de sa vindicte ceux qui avaient vu, dans cette affaire, une opportunité politique », analyse son fils, Alain Pompidou[9].

« Après l'épisode Markovic, il est devenu plus froid, plus dur, parfois cassant, mais il a pensé avant tout à gouverner le pays », atteste Édouard Balladur[10]. Comme de Gaulle a su rassembler les Français après la Libération, il lui fallait réunir les gaullistes après sa victoire – quitte à fermer les yeux sur les manquements, voire la trahison, de quelques-uns.

Le 5 juillet 1972, Jacques Chaban-Delmas est remercié, Pierre Messmer lui succède à Matignon. Un homme d'ordre pour incarner le nouvel ordre pompidolien. Une figure de probité, aussi, pour balayer le vent mauvais des « affaires » qui empuantit le régime. La mise en cause de plusieurs députés de la majorité dans des opérations immobilières douteuses, sur fond de prévarication des grands et de spoliation des petits, bientôt suivie par les embarras fiscaux de Chaban lui-même – après la publication de sa feuille d'impôt dans *Le Canard enchaîné* – ont fait déborder le vase. Pour décrire ce climat, une formule de Michel Poniatowski, le sicaire de Giscard, a fait mouche : « Le temps des copains et des coquins. »

Aux premiers remous, Pompidou s'est dressé en rempart :

« Je veux que l'on sache que vis-à-vis de la calomnie et des calomniateurs, je dispose d'une réserve inépuisable de mépris[11]. »

Mais le flot ne s'est pas tari et le Président a appris à se méfier des éclaboussures.

Avec le départ de Chaban, « le règne des barons a pris fin », commente Philippe Alexandre sur Radio Luxembourg. Roger Frey n'est plus ministre, Debré sous surveillance. Foccart, de plus en plus cantonné au suivi des régimes africains – il garde autorité sur le SAC, à condition que l'« épuration » ordonnée par l'Élysée s'y poursuive. Quant au SDECE, ses effectifs ont été repris en main et son tout-puissant directeur, le comte de Marenches, est autorisé à répandre le message : on n'y admet « plus de voyous qui exercent ensuite des chantages [12] ».

Pour parachever l'ouvrage et chasser les cauchemars, il est temps de refermer le dossier Markovic.

En sortant du bureau du garde des Sceaux, ce 6 juillet 1972, Pierre Arpaillange n'inscrit qu'une phrase sur son bloc-notes : « Voir comment on peut préparer le règlement de l'affaire Marcantoni [13]. » Le genre d'ordre qui ne se discute pas. René Pleven est reconduit à la Chancellerie, il sait où est son devoir. Maintenant que, à Versailles, Patard et Lajaunie ont disparu du paysage, plus rien ne doit entraver la marche de la justice – même si elle mène à une impasse. Déjà, Markovic est un nom qu'on ne prononce plus : il ne doit plus y avoir qu'une « affaire Marcantoni », et bientôt plus d'affaire du tout. Un mois plus tôt, le procureur général Chavanon a donné l'alerte. « Urgent. Isorni est revenu dans l'affaire. Conscient de la nécessité de faire quelque chose... », note Arpaillange [14].

Les règles procédurales imposent un ordonnancement précis. Quand une enquête arrive à son terme, le juge communique le dossier au parquet pour qu'il puisse faire connaître ses réquisitions, c'est-à-dire son intention de renvoyer ou non les inculpés* devant un tribunal afin qu'ils soient jugés. Le magistrat instructeur se décide ensuite, sous le contrôle d'une chambre de la cour d'appel, dite « des mises en accusation ». Le nouveau procureur de Versailles, Pierre Bézio, est discipliné : dans le dossier Markovic, il s'engage à prendre ses réquisitions en urgence. Il doit néanmoins attendre le rapport de synthèse du SRPJ, que le commissaire Bardon est chargé de rédiger. De son côté, le juge Ferré n'a aucune envie de se précipiter. Il prolonge ses vacances et, au mois de septembre, rien n'a avancé.

« Il a montré aux services de police qu'il n'est pas très pressé », peste le procureur général [15].

La tâche de Bardon s'avère titanesque. En presque quatre années d'enquête, la PJ versaillaise a établi 1 808 procès-verbaux et 36 notes complémentaires, adressé 52 « demandes de renseignements, de vérifications et d'investigations particulières » à des pays étrangers, conduit plusieurs dizaines de perquisitions, effectué 30 déplacements en province, sollicité le concours de 17 autres SRPJ et de la Brigade criminelle, exécuté 11 commissions rogatoires internationales. Le tout forme une somme de plus de 60 000 pages « pouvant paraître obscure ou disparate à celui qui ne l'aurait pas suivi au jour le jour [16] ». Le commissaire sait de quoi il parle :

« Quand j'ai repris le dossier depuis le début, confiera-t-il, j'ai feuilleté des centaines d'interrogatoires sans comprendre pourquoi ils avaient été faits [17]... »

Aussi son travail prend-il du retard. Attendue pour la mi-septembre, la remise du rapport est ajournée au début octobre, puis à la mi-octobre...

---

* Le terme « inculpé » qualifiait la personne poursuivie dans une enquête pénale au stade de l'instruction. Une loi de 1993 l'a remplacé par la locution « mis en examen ».

« C'est excessif ! » piaffe Arpaillange [18].

Chaque fin de semaine, le commissaire est convoqué au parquet. Il doit préciser sa position sur chaque point important, le procureur formule des objections, le presse de modifier certains passages...

« J'avais l'impression de subir un contre-interrogatoire », soupire Bardon [19].

Pendant ce temps, le juge Ferré en profite pour reprendre l'enquête. L'été précédent, il était allé voir clandestinement Misha dans sa prison. Mais il n'avait pas obtenu davantage que Patard du mystérieux Yougoslave – « Je rentre dans ma coquille », a seulement prévenu Misha [20]. Cette fois, c'est Roland Dumas que le magistrat rencontre discrètement. Ensemble, ils trouvent une façon de ralentir le processus : le juge convoquera Alexander Markovic d'ici la fin de l'année pour lui notifier les conclusions de l'expertise sur la housse de matelas ; dans l'intervalle, les experts se seront prononcés sur d'autres détails, ce qui donnera lieu à un rapport additionnel, qu'il faudra également notifier à la partie civile, et ainsi de suite...

Place Vendôme, on s'arrache les cheveux. « Le juge fait sa tête de cochon », se lamente le procureur général Chavanon.

Pourquoi Ferré agit-il de la sorte ? Bézio suspecte qu'il est « travaillé » par son prédécesseur, Patard, et par l'ex-procureur Lajaunie pour ne pas lâcher l'affaire ; mais rien n'accrédite cette thèse. Une autre explication vient à ses oreilles : quand Ferré a été choisi pour reprendre le dossier Markovic, un avancement dans le grade supérieur – premier juge d'instruction – était déjà prévu pour lui ; depuis que cela se sait, il subit « les quolibets de ses collègues » et « on l'attend au tournant ». Pour ménager sa réputation et ne pas avoir l'air d'être récompensé pour son zèle, Ferré est prêt à prendre le contre-pied – plus question de classer le dossier.

« Il n'y a pas moyen de faire faire diligence, c'est la première fois qu'on voit cela ! » tonne Arpaillange[21].

Devant le procureur général, il ajoute : « Je serais le garde des Sceaux, je ferais demander la communication officielle du dossier et je ferais prendre des réquisitions de non-lieu. »* Mais Pleven ne va pas jusque-là et l'issue qui semblait proche s'éloigne une fois de plus.

Ce n'est qu'au mois de juin 1973 que le commissaire Bardon remet son rapport. Au long de 194 pages, il retrace toutes les investigations entreprises depuis la découverte du corps sans vie de Stevan Markovic, qui se soldent par un échec.

« Ni l'enquête policière ni l'instruction judiciaire n'ont pu répondre à deux questions essentielles, écrit le policier. La première sur les circonstances, les lieux et les mobiles de l'homicide. La seconde, si l'on écarte les présomptions relevées à l'encontre de François Marcantoni, sur les auteurs, coauteurs et complices de ces faits. Car les recherches longues et minutieuses n'ont pas pu progresser au-delà des deux personnes désignées par la victime, ni s'éloigner de ces deux personnes[22]. »

S'agissant d'Alain Delon, Bardon conclut sur un dilemme :

« L'enquête n'a pas permis de dégager à son encontre ni preuve, ni présomption. Tout ce qui le concerne reste du domaine des hypothèses.

On peut ainsi supposer qu'il est l'instigateur des faits, s'il a eu recours à Marcantoni pour donner une leçon ou supprimer un personnage odieux à ses yeux parce qu'il avait trahi les règles de l'amitié.

---

* Directeur des affaires criminelles et des grâces au ministère de la Justice jusqu'en avril 1973, Pierre Arpaillange sera exaucé quinze ans plus tard : il deviendra garde des Sceaux dans le gouvernement de Michel Rocard, de 1988 à 1990, sous la présidence de François Mitterrand.

Mais Alain Delon est certainement innocent si le mobile du crime repose sur un trafic de stupéfiants, sur une affaire de jeu ou si Marcantoni a agi unilatéralement. »

Que pense l'intéressé de ces supputations ? En apparence, rien. Lui non plus ne veut plus entendre parler de Markovic. « Paroles, paroles », chante-t-il avec Dalida. Il a la tête ailleurs. Delon ne se voit plus en héros de fait divers, dans la vie comme à l'écran. Dans *Les Granges brûlées*, qui sort en mai 1973, il n'interprète pas un tueur ni un flic mais un juge d'instruction, pâle et opiniâtre, qui se laisse égarer par ses certitudes – toute ressemblance... Dans *Deux hommes dans la ville*, son personnage est celui d'un voyou, mais qui sort de prison, veut se réinsérer et dont un inspecteur obsessionnel guette le faux pas. On y entend Gabin, dans le rôle d'un ex-policier devenu éducateur, grommeler : « Méfiez-vous parce qu'à force de chercher un coupable, on le fabrique... »

Pour mieux s'éloigner de l'affaire, Delon se lance dans les affaires. Cependant, il a beau dire que « le romantisme de la pègre, c'est démodé [23] », ses fréquentations interlopes ressurgissent derrière chacun de ses investissements. Il devient copropriétaire du Pariscope ; le patron de cette boîte à la mode, Yzi Spighel, est un prête-nom du gangster Gilbert Zemour. Il organise un championnat du monde de boxe à Paris* ; on le suspecte – à tort – de s'associer au Milieu pour contrôler les paris. Pour imiter Gabin, Omar Sharif ou Gregory Peck, qui investissent leurs cachets dans les pur-sang, il s'offre un haras et des chevaux de course ; on découvre

* Le combat pour le titre mondial des poids moyens opposera l'Argentin Carlos Monzon et le Français Jean-Claude Bouttier, le 29 septembre 1973 au stade Roland-Garros.

que l'un de ses partenaires est le parrain marseillais Jacky Imbert, dit « Le Mat ». Lui-même *driver* chevronné, le caïd raconte :

« Je devais courir à Cagnes-sur-Mer. J'ai dit à Delon : demain je gagne. J'ai gagné. C'est comme ça qu'il m'a proposé de monter une écurie de courses avec lui[24]. »

Quelques mois plus tard, un scandale de tiercés truqués l'éloigne des paddocks et l'entraîneur recruté par Delon est emprisonné. Le rêve d'une grande écurie Delon s'enfuit au galop.

Dans tous les secteurs où l'acteur tente de s'introduire, les portes se ferment. Ainsi la modeste compagnie aérienne qu'il a reprise compte-t-elle, pour se développer, remplacer ses Caravelle par deux Boeing d'occasion achetés en Israël ; le conseil supérieur de l'aviation marchande s'y oppose. Delon tente aussi de récupérer une société de matériel militaire ; refus des autorités. Il en est persuadé, le gouvernement lui fait payer le scandale Markovic – sa lettre ouverte à Pompidou ne lui est pas pardonnée. La preuve ? À l'automne 1972, le ministre des Affaires culturelles, Jacques Duhamel, a subitement renoncé à le faire chevalier des Arts et des Lettres, comme il le lui avait promis par écrit. Ordre de Matignon, s'est excusé le cabinet. Le « Samouraï » s'est senti humilié.

À la fin de l'été 1973, l'affaire refait surface. « Après presque deux années d'interruption, l'instruction doit reprendre », indique *Le Monde* le 17 septembre. Le journal prête au juge Ferré l'intention de convoquer les principaux protagonistes et s'interroge : « Ces auditions annoncent-elles un rebondissement de l'affaire ou, simplement, la fin de l'instruction ? »

En fait, un passage du rapport Bardon a fait sursauter le magistrat. Il y est question d'une carte postale. Côté face, une image du port de Saint-Tropez. Côté pile, un petit mot signé par Alain Delon et destiné à une de ses amies, une call-girl prénommée Nicole. Le tampon de la poste atteste qu'elle a été postée à Paris, dans le 8e arrondissement, le 23 septembre 1968. À première vue, c'est la preuve que l'acteur se trouvait à Paris et non sur la Côte d'Azur le lendemain de la disparition de Markovic – or il a toujours certifié le contraire. Que venait-il y faire et pourquoi l'a-t-il caché ? Pour Ferré, il y a matière à creuser.

Les policiers se procurent le plan de tournage de *La Piscine*, jour par jour et séquence par séquence. Il en ressort que Delon n'avait aucune scène à jouer le dimanche 22. Il finissait tard le soir du 21 et reprenait le lundi 23 dans l'après-midi. Il lui était donc possible de s'absenter pour la journée, voire d'effectuer un aller-retour entre Saint-Tropez et la capitale et d'y rencontrer Markovic.

Le comédien est convoqué à trois jours du grand match de boxe dont il est le promoteur. On l'imagine affairé, la tête ailleurs. Pourtant, il ne réclame aucun délai – à croire que l'idée de ce combat d'un autre genre ne lui déplaît pas. À l'heure dite, il arrive à Versailles en souriant, veste sombre et cravate. Devant le tribunal, la foule des reporters, badauds et agents en képis est de retour. À l'intérieur, Delon a la surprise de devoir faire face non seulement au juge d'instruction, mais à Alexander Markovic et à son avocat, Roland Dumas. Les questions, elles, ne l'étonnent pas : le mystère de la carte postale a fuité dans la presse.

Delon a préparé sa réponse : la carte adressée à Nicole, il se rappelle l'avoir confiée à son associé, Pierre Caro, dans « un paquet de courrier » qu'il n'avait pas le temps de poster lui-même. Trop simple pour être vrai ? Caro ne se souvient pas ; dans le doute, il suppose avoir oublié de s'acquitter de cette tâche en rentrant à Paris. Il a dû emporter le courrier avec lui, et son épouse a pu le déposer à sa place dans une boîte aux lettres – à ceci près que le couple habite dans les Yvelines, alors que la carte a été postée dans la capitale, tout près de l'avenue de Messine...

Peu convaincu, le juge insiste et questionne Delon :

« Avez-vous quitté Saint-Tropez, le soir du 21 septembre après le tournage de *La Piscine*, pour y revenir le lundi suivant, 23 septembre et reprendre le tournage ce jour-là à 15 heures ?

— J'affirme que je n'ai pas quitté Saint-Tropez les 21, 22 et 23 septembre 1968 », maintient l'acteur.

Pour appuyer ses dires, il brandit son agenda du deuxième semestre de 1968, qu'il a spécialement apporté.

« Vous pourrez vérifier que ces jours-là, j'ai fréquenté un certain nombre de personnes qui pourront être entendues et confirmer que je me trouvais à Saint-Tropez », propose-t-il au juge Ferré.

Cette fois, c'est Delon qui crée la surprise : le nom de Pompidou y figure quatre fois. Le 16 septembre, l'acteur a inscrit : « Inviter Pompidou week-end ». Le 18, il note « Pompidou » dans une liste de personnes à appeler. Le 26, « Pompidou pour week-end ? » Le 3 octobre, « voir week-end Laroche + Monique ? Pompidou + call Nathalie ». Le même jour, on peut lire cette annotation qui marque le début de la tourmente : « 19 h. PJ de Paris ici. Fini 4 h du mat. »

Est-ce un piège tendu au juge ? Delon cherche-t-il, comme Marcantoni avant lui, à impliquer le Président pour effrayer la justice et l'éloigner de lui ? Rien ne garantit que ces mentions n'ont pas été ajoutées après coup, pour accréditer l'existence de relations plus étroites qu'elles n'étaient. Au demeurant, un projet d'invitation pour le week-end n'a rien de répréhensible en soi. Sauf que les premières citations apparaissent pendant la semaine précédant la disparition de Markovic... C'est comme si un inexorable ressac ramenait sans cesse l'affaire vers les rivages de la politique, avec Pompidou dans ses filets.

L'acteur et l'homme politique se connaissaient-ils mieux qu'on ne l'a dit ? C'est possible. « Je connaissais un peu Delon, mais pas assez pour me passionner pour son sort, loin de là », écrit Pompidou dans ses *Mémoires*[25]. À l'éditorialiste Pierre Viansson-Ponté, il en dit un peu plus : « Nous n'avons rencontré les Delon qu'une fois, chez Pierre Lazareff ; deux fois, peut-être, car nous étions aussi à une réception donnée au moment de la sortie du film *Paris brûle-t-il ?*. C'est-à-dire, dans les deux cas, au milieu de plusieurs dizaines ou centaines d'invités. Il aurait parfaitement pu se produire que nous nous rencontrions puisqu'ils louaient une maison à côté de Saint-Tropez, à 2 kilomètres de celle que nous habitions nous-mêmes depuis vingt ans chaque été. Je crois même qu'une fois, ils nous avaient invités mais nous n'y sommes pas allés, cela j'en suis sûr. Et c'est tout[26]. »

Enfin, Pompidou livre à Georges Suffert, son confident du *Point*, ce détail supplémentaire : « Delon ? J'ai failli le connaître mieux. Il m'a invité à dîner à Saint-Tropez. Ma femme et moi avions accepté. Au dernier moment, je crois bien que ma femme a eu mal à la tête et nous nous sommes décommandés. Imaginez un peu ce que l'on dirait maintenant si j'étais allé à ce dîner[27]... »

Pour sa part, Delon décrit, *a posteriori*, des rapports moins distants.

« Je connaissais bien Georges Pompidou, en tant que Premier ministre et puis dans la période transitoire avant qu'il soit président de la République. Il avait une sympathie pour moi, il aimait le couple Alain et Nathalie Delon, c'est vrai, elle aussi. Moi je les aimais beaucoup. C'est exact que l'on s'est rencontrés comme ça. Pas au hasard, parce que c'était prévu, chez Pierre Lazareff, avec Roger Stéphane qui était là aussi, comme Jacques Chazot. On s'est vus deux, trois fois, à l'occasion. Mais ce n'étaient pas des amis pour qui je donnais un dîner à la maison ou qui m'invitaient chez eux[28]. »

Selon Éric Roussel, biographe de Pompidou, plusieurs témoins évoquent en outre « quelques parties de poker » disputées par les deux hommes, notamment chez Lazareff. Un soir, le futur président quittant la table en perdant aurait signé un chèque à Alain Delon. L'acteur l'aurait conservé sans l'encaisser. « Il semble que, à la fin de la procédure, il l'ait montré au juge », confie Roussel[29]. Il n'y en a aucune trace, en tout cas, dans le dossier judiciaire. La hiérarchie judiciaire ne voulait surtout pas relancer des vérifications, encore moins autour du président de la République. Et le juge Ferré n'avait aucune intention de rouvrir la boîte de Pandore.

« On a essayé de me ramener sur cette piste glissante, confiera-t-il. Je ne suis pas tombé dans le piège[30]. »

Le 28 septembre 1973, François Marcantoni est confronté à Alexander Markovic. L'échange est aussi bref que tendu. Le gangster, auprès duquel Isorni a repris sa place, répète que des promesses de non-lieu lui ont été faites mais il refuse de dire par qui – « Je suis tenu par ma parole de tenir secret jusqu'à nouvel ordre ce dont il s'agit », argue-t-il.

L'objectif reste de démontrer que les manœuvres contre Pompidou n'étaient pas de son fait, et qu'il en a pourtant subi les conséquences. Fixant le frère Markovic, il lance :

« Pourquoi la partie civile a-t-elle mis en cause, à un certain moment, M. Pompidou ?

— Je ne désire pas répondre à cette question, elle est sans objet, se défausse Alexander Markovic ; je cherche seulement la vérité sur la mort de mon frère.

— Lorsque vous avez déclaré que M. Pompidou avait assisté à un dîner chez M. Delon, avez-vous dit la vérité ?

— Je ne veux donner aucune réponse, quelle qu'elle soit, sur ce point.

— Quand vous faites cette réponse, est-ce pour aider la vérité ?

— Je ne peux répondre sur ce point. »

Roland Dumas se tait, embarrassé. Jacques Isorni exulte. Le juge Ferré se contente de noter.

Après ce face-à-face, le nom de Pompidou ne sera plus jamais prononcé durant l'instruction.

20

L'histoire sans fin

Durant l'hiver 1973, Georges Pompidou, libéré de l'affaire qui l'a tant blessé, s'enferme dans d'autres souffrances qu'il ne veut pas montrer. Il est malade.

Une affection rare lui provoque depuis longtemps des saignements incontrôlés, des coups de fatigue et des poussées de fièvre, des douleurs dans tout le corps. Depuis son examen sanguin anormal en 1968, l'été suivant son départ de Matignon, il ne s'en est guère préoccupé. Le combat contre la calomnie et la bataille pour le pouvoir ont décuplé ses forces. Après son élection, les médecins ont diagnostiqué une forme particulière de leucémie*, dont ils ont choisi de lui taire la gravité, « étant donné ses lourdes responsabilités et afin de protéger son optimisme naturel [1] ». Les doses massives de cortisone qu'on lui administre désormais font enfler son visage, arrondissent son ventre et dérèglent son humeur.

À cette époque, les apparitions publiques d'un président sont rares ; seuls ceux qui travaillent à ses côtés ou sont reçus dans son bureau remarquent cette évolution – mais ils n'y voient que les stigmates du pouvoir. Au mois de

* La maladie de Waldenström, baptisée du nom du médecin suédois qui l'a caractérisée en 1944.

mai précédent, la couverture télévisée de la rencontre entre Pompidou et Richard Nixon à Reykjavik, en Islande, a stupéfié le monde, tant sa physionomie s'était transformée. « Chaque fois qu'on me serre la main, j'ai l'impression qu'on me tâte le pouls », a-t-il murmuré au secrétaire d'État américain, Henry Kissinger[2]. En France, les chaînes publiques ont escamoté les gros plans.

À son retour de Chine, en septembre, ce n'était plus du tout le même homme. Boursouflé, engoncé dans son costume, marchant avec difficulté. « Un visage comme de porcelaine, rose vif à l'image des poupées d'autrefois, décrit Jean Mauriac, qui couvre le voyage pour l'AFP. Quant à ses yeux, sous ses sourcils toujours noirs, je ne saurais les décrire tant ils brillaient étrangement. Son regard paraissait jeter des flammes, brûler littéralement[3]. » Autour de lui, les rumeurs recommencent à tournoyer, comme aux pires heures de la tempête Markovic. Tandis que les communiqués de l'Élysée invoquent des grippes à répétition pour justifier ses absences, les spéculations vont bon train. Les adversaires de Pompidou ressortent leurs dagues.

« Les actes de ce qui ressemble fort à une tragédie muette se déroulent sur un fond odieux et scandaleux, s'émeut Raymond Tournoux. On brocarde dans les salons sans pitié, haineux, misérables, rarement miséricordieux où, au festin de la cruauté, la pudeur se trouve reléguée en bout de table, à la place de la parente pauvre[4]. » Durant l'automne 1968, Pompidou savait que l'on espérait sa chute ; cinq ans plus tard, il sent que l'on attend sa mort.

Dire qu'il s'y prépare serait excessif. S'il songe à raccourcir la durée du mandat présidentiel pour passer du septennat au quinquennat, ce n'est pas pour hâter son propre départ – il s'accroche, au contraire, à l'idée de se représenter*. En février 1974, alors que des crises d'hémorroïdes lui causent des malaises, il résiste encore par l'ironie. Lors d'un dîner officiel, il lance : « Suivant une coutume auvergnate, je lève mon verre à ma propre santé, parce que j'ai été touché de l'intérêt qu'en ont manifesté certains. » Toutefois, signe annonciateur des fins de règne, il offre de beaux postes à ses proches collaborateurs : Anne-Marie Dupuy est nommée au Conseil d'État, Simonne Servais au Quai d'Orsay, Marie-France Garaud à la Cour des comptes. Michel Jobert devient ministre des Affaires étrangères et le jeune Jacques Chirac, dont Pompidou a mesuré le dévouement quasi filial, est placé à l'Intérieur comme une fusée sur orbite. À peine installé, il découvre à son tour que son prédécesseur, Raymond Marcellin, jouait un jeu obscur. Il s'en ouvre à Jacques Foccart, qui le rapporte dans son *Journal*.

« Lorsque Chirac a interrogé les différents services de police sur les problèmes que j'avais tout particulièrement signalés à Marcellin et que le président de la République avait signalés également, ils n'en avaient jamais entendu parler. Autrement dit, Marcellin m'a mené en bateau et a mené en bateau le président de la République[5]. »

Parmi ces « problèmes » délicats, plusieurs avaient trait au dossier Markovic.

Bien qu'ignorant des manœuvres de l'ancien ministre de l'Intérieur, Pompidou est décidé à en finir avec les pratiques dont lui et son épouse ont été les cibles. Il donne des ordres stricts pour limiter l'espionnage d'État aux affaires de banditisme et de sécurité nationale. En décembre 1973,

* Cette information est donnée par Alain Pompidou dans son témoignage figurant dans le recueil de textes consacré à son père, *Georges Pompidou, Lettres, notes et portraits, 1928-1974*, Robert Laffont, 2012, p. 67.

de faux plombiers ont été surpris en train de poser des micros dans les locaux du *Canard enchaîné*. C'étaient des agents de la DST, agissant sur ordre. Le gouvernement a dû affronter le scandale et le ridicule. Pompidou ne l'a pas digéré.

« J'ai dit à Chirac que je ne voulais plus d'écoutes personnelles, confie-t-il. Avec Marcellin, on écoutait et cela faisait rigoler de savoir que tel ministre couchait avec telle personne. Tout cela n'est pas tolérable. Et puis on s'intoxique : Roger Frey ne jurait que par les écoutes, et Marcellin s'en délectait au point de ne rien voir d'autre. C'est comme les voyeurs qui commencent à être voyeurs tout simplement, puis qui deviennent des maniaques et qui, ensuite, ont envie de passer à l'action. C'est une maladie[6]. »

En mars, sa visite à Moscou tourne au calvaire. Il est terrassé par une hémorragie, on lui administre des médicaments en doses de cheval. Rentré à Paris, il se retire dans son appartement du quai de Béthune et n'en ressort que pour présider son dernier conseil des ministres, le 27 mars. Là, devant l'auditoire sidéré, il s'assied avec peine et prononce une brève déclaration : il décrit ses tourments, explique qu'il a juste besoin de repos et termine sur un pied de nez au destin : « Alors, on verra bien. J'ai le ferme espoir d'embêter tout le monde. »

Dans les heures qui suivent, Pierre Lefranc, chef de file des gaullistes historiques, multiplie les contacts pour lancer un appel à la démission. Les vieux compagnons n'ont jamais digéré la montée en puissance de Pompidou ; maintenant qu'il est au plus mal, ils cherchent le coup de grâce. Balladur le prévient. « Ils n'oseront pas », lâche le Président[7]. La mort les devance : le soir du 2 avril 1974, peu avant 20 heures, Georges Pompidou rend son dernier souffle. Il avait 62 ans.

Le décès n'est rendu public qu'à 22 heures. Sur le communiqué des médecins, Claude Pompidou fait retirer le nom du mal qui vient d'emporter son mari. « C'est le moyen de protéger ce qui reste de la vie privée du couple indissociable qu'elle a formé avec mon père », justifie Alain Pompidou[8]. Jusqu'à la fin, ils se sont blottis l'un contre l'autre, derrière un mur de secret.

Pompidou disparu, le dossier Markovic cesse d'être une affaire d'État. Pour Valéry Giscard d'Estaing, qui lui succède, c'est le vestige d'un passé révolu. Pour Jacques Chirac, qui s'installe à Matignon, c'est un souvenir pénible. Le nouveau Premier ministre se pose en exécuteur testamentaire. Ainsi, quand Giscard prétend interrompre le chantier du « Centre Beaubourg* », qu'il qualifie de « monstruosité », il menace de démissionner. « Je n'accepterai pas qu'on puisse remettre en cause ce qui a été la dernière œuvre de M. Pompidou », affirme-t-il. S'agissant de l'affaire, Chirac se fait gardien de la mémoire. Interdiction à quiconque de souffler sur les braises. Nommé ministre de la Justice, Jean Lecanuet est chargé d'y veiller. Désormais conseillère à Matignon, Marie-France Garaud se tient en alerte.

Car la menace n'est pas éteinte. Elle a toujours les traits de Jacques Isorni. Fidèle à sa tactique de harcèlement, l'avocat repart à l'offensive. Il veut convaincre le gouvernement que, pour le faire taire, il n'y a d'autre solution qu'abandonner les poursuites contre Marcantoni. Il a bien compris que la Chancellerie y est disposée. Seul le juge Ferré semble s'y refuser. Aussi Isorni est-il résolu à obtenir le dessaisissement du magistrat. Il lui faut pour cela démontrer que

* Le futur Centre national d'art et de culture Georges-Pompidou, qui sera inauguré en 1977.

les règles de la procédure ont été violées. En guise de preuve, il dévoile ses échanges confidentiels avec Ferré, d'où il ressort que le juge d'instruction avait promis un non-lieu à Marcantoni « avant le 15 décembre 1973 » s'il renonçait à demander des actes d'enquête supplémentaires – et notamment l'audition du CRS Bétremieux, le policier qui dénonçait « l'orientation politique » du dossier. Marcantoni a obtempéré, le non-lieu attend toujours.

« M. Ferré nous a menés en bateau », fulmine Isorni[9].

Son initiative est assortie des sous-entendus habituels sur les arrière-plans politiques de l'affaire. « Aucun fait nouveau ne justifie ce changement d'attitude [du juge] et le retrait de sa parole, en dehors d'un fait étranger à cette procédure : la mort du président Pompidou, martèle l'avocat. Toute une partie de la procédure démontre que des magistrats et des policiers ont tenté, à la suggestion de plus hautes personnalités, de déshonorer le président Pompidou et son épouse en recourant à tous les moyens. Ni mon client ni moi ne souhaitons être contraints à remuer cette boue[10]... »

Vraiment ? Sans même attendre la décision de la Cour de cassation, Isorni en rajoute : il brandit les *Mémoires* de Michel Jobert, tout juste sortis en librairie, pour réclamer à grand bruit la convocation de l'ancien bras droit de Pompidou. Pour quelle raison ? Jobert fait allusion au fameux carnet de cuir du président défunt, il assure n'avoir « pas oublié » les noms qui y sont inscrits[11]. S'il est interrogé, le déballage promet d'être meurtrier. Mais à quoi bon raviver ces intrigues, sinon pour égarer à nouveau la justice et jeter du sel sur les plaies des gaullistes ? Les deux demandes d'Isorni sont rejetées – la première par la Cour de cassation, la seconde par le juge Ferré.

Tout au long de l'été 1974, les échanges se prolongent entre la Chancellerie et le parquet de Versailles. Le procureur Bézio s'active à la rédaction d'un réquisitoire qui permette d'éviter le procès en cour d'assises. L'entreprise exige souplesse et doigté, car le magistrat doit résumer l'ensemble des pistes suivies et conclure à l'absence de charges contre Marcantoni, même si l'inverse crève les yeux. Jamais un dossier n'a paru aussi sensible.

En plein mois d'août, un rapport préparatoire est transmis au cabinet de Jean Lecanuet. Dans la note qui l'accompagne, un conseiller signale : « Je crois devoir préciser que certaines des raisons pour lesquelles cette affaire a fait l'objet d'une publicité suspecte sont évoquées aux pages 23 à 25. » Le passage en question évoque, avec d'infinies précautions de langage, la déposition d'Ackov et la soirée de 1966 où le Yougoslave a prétendu avoir croisé « l'épouse d'une haute personnalité [12] ». Le nom de Pompidou n'apparaît pas mais le cabinet exige encore plus de prudence. Tout doit être fait pour relativiser l'importance de cet épisode. Dans la version finale du réquisitoire, il ne sera mentionné qu'au terme d'une énumération détaillée des nombreux « fous, déséquilibrés et dépravés sexuels » qui ont fourni aux enquêteurs des informations invérifiables. Ainsi le témoignage qui a bouleversé l'instruction pendant des mois est-il ramené au rang d'une simple anecdote : les déclarations insensées d'un hurluberlu parmi d'autres.

La Chancellerie impose un autre ajout : une réfutation catégorique de l'existence du prétendu dîner avec « la dame citée par Ackov et son époux ». « Il a été établi que les époux Delon n'ont pas reçu les personnalités mentionnées par Alexander Markovic », écrira le procureur [13]. Ainsi la parenthèse sera-t-elle définitivement refermée.

Le projet de réquisitoire est adressé au ministère de la Justice le 24 octobre 1974. Dans une dépêche destinée au garde des Sceaux, le procureur général Chavanon annonce la couleur : « Après une instruction de plus de six années, aucune charge matérielle n'a pu être établie à l'encontre des auteurs de l'homicide volontaire, restés inconnus », écrit-il[14]. Appliquant les consignes avec zèle, le magistrat prend carrément fait et cause pour l'unique inculpé que, dans son empressement, il appelle « Antoine Marcantoni »...

Les housses de matelas ? Rien ne prouve qu'elles sont bien celles qui renfermaient la literie du truand, estime Chavanon. « Même si l'origine de ces emballages était établie sans contestation possible, il n'en découlerait pas nécessairement (...) la preuve de la complicité d'assassinat reprochée à Marcantoni », ergote-t-il, jugeant que « les opérations d'expertises, fort longues et fort coûteuses, ont été surestimées ». C'est faire bon marché des mensonges du caïd corse et de l'incroyable somme de recoupements qui a mené jusqu'à lui à partir d'une simple toile de plastique.

Les lettres-testaments de Markovic ? Impossible d'en tirer quoi que ce soit, ose le procureur général : « Elles paraissent sur bien des points, en raison de la confusion et de l'exaltation du style, procéder surtout d'une imagination excessive ou d'une manie d'affabulation conforme à la personnalité connue de la victime ». C'est oublier que Markovic, s'il avait tendance à réinventer sa vie, a clairement anticipé sa mort. À croire que, dorénavant, l'accusation et la défense ne font qu'un ; pour voler au secours de Marcantoni, Isorni lui-même n'aurait pas fait mieux.

Chavanon va jusqu'à certifier qu'« aucune investigation nouvelle ne serait de nature à apporter dans cette affaire un élément nouveau et déterminant ». Autrement dit : inutile de chercher davantage, il n'y a rien à trouver.

Le juge Ferré ne l'entend toujours pas de cette oreille. Lui ne désespère pas d'arriver à une sortie moins piteuse.

Aux journalistes qu'il reçoit discrètement, à ses collègues qu'il prend à témoin, il dit son amertume. Renoncer à poursuivre Marcantoni serait une capitulation. Sorti vainqueur de ses escarmouches contre Isorni, il va bientôt marquer d'autres points.

Le 5 novembre 1974, il parvient enfin à tirer quelques révélations de Misha Slovenac. L'énigmatique Yougoslave, dont la confession secrète n'a jamais pu être exploitée, s'était volatilisé. Après sa sortie de prison, en novembre 1971, la police l'a suivi pendant des mois. Quand son permis de séjour est arrivé à expiration, l'année suivante, il a réussi à filer pour échapper à l'expulsion. Et voilà qu'il refait surface. Un appel anonyme signale sa réapparition : « Allô, le juge Ferré ? Si vous voulez Misha, il est à Paris [15]... »

La PJ le localise sans tarder chez une antiquaire de la rue ses Saints-Pères, qui lui offre le gîte et le couvert en échange de ses charmes. Misha est arrêté, emmené au tribunal de Versailles, menottes aux poignets. Comme il reste sous le coup d'un arrêté d'expulsion vers Belgrade, il n'a d'autre choix que de parler. Alors il parle. Un peu. Sans aller jusqu'à répéter son récit rocambolesque – celui que le commissaire Samson avait recueilli officieusement en 1970 –, il fournit deux informations décisives pour étayer l'accusation et accepte, cette fois, de les coucher sur un procès-verbal en bonne et due forme.

D'abord, Misha admet avoir « servi d'intermédiaire » entre Markovic et Delon durant l'été 1968. Stevan ne réclamait pas seulement un certificat de travail, raconte-t-il, mais il « voulait que Delon l'aide à trouver une situation ». Il dit avoir eu avec l'acteur « un certain nombre de conversations sur ce point » et précise : « Je me souviens qu'il pensait que Stevan aurait voulu qu'il achète un garage, ou une boîte de nuit. Mais il considérait cela comme purement illusoire. » [16] Ce détail – que Delon n'a jamais cessé de nier – est précieux pour le juge car il étaye la thèse du chantage.

Ensuite, la déposition du Yougoslave contredit la défense de Marcantoni. Durant leurs nombreux échanges téléphoniques, Markovic aurait confié à Misha qu'« il était en relation avec un certain François Marcantoni pour préparer un cambriolage ». Le samedi 21 et le dimanche 22 septembre 1968, juste avant de disparaître, Stevan aurait confirmé avoir rendez-vous avec le gangster. « J'ai compris qu'il avait très peur d'aller à ce rendez-vous et il m'a littéralement supplié de l'accompagner », déclare Misha. C'est un poids de plus pour alourdir le fardeau de Marcantoni.

Le 14 novembre 1974, Alain Delon revient une dernière fois au palais de justice de Versailles. Malgré la grisaille du ciel, il porte des lunettes noires. Ferré lui lit la déposition de Misha. L'acteur répond avec froideur et subtilité. S'il reconnaît avoir évoqué l'achat d'un commerce pour Markovic, il nuance les propos du Yougoslave :

« À la connaissance que vous me donnez de la déclaration de Misha, il me revient en mémoire que dans une de nos conversations, il m'a parlé de l'achat d'un garage ou d'une boîte de nuit dont Stevan aurait eu la direction. Et la réponse qu'il me prête concernant le caractère utopique des soi-disant prétentions de Markovic est bien celle que j'ai dû lui fournir. Mais les choses en sont restées là, à ma souvenance. Je suis incapable de me souvenir aujourd'hui comment nous en sommes arrivés à parler de Stevan à ce sujet-là. J'étais, à cette époque, très préoccupé par mes problèmes professionnels et je n'ai peut-être pas accordé une très grande importance à ce que Misha me disait [17]. »

Delon quitte le tribunal sans se retourner. Sorti trois semaines plus tôt, son nouveau film, *Borsalino and Co*, s'achevait sur une image de lui s'embarquant pour l'Amérique avec sa bande. La mention « À suivre… » apparaissait sur l'écran. Dans l'affaire Markovic, il ne doute pas qu'on en restera là.

L'ultime interrogatoire de François Marcantoni se tient le 19 décembre 1974. Le truand s'y présente renfrogné, refuse de répondre aux questions. Ce sera le dernier acte procédural accompli par le juge Ferré. Le magistrat récapitule les éléments retenus contre Marcantoni au terme de l'instruction : son pedigree dans le banditisme, ses ressources indéterminées – il a acquis sa maison, des parts dans des débits de boisson et des voitures de luxe sans avoir « jamais déposé aucune déclaration de revenu » –, les accusations posthumes de Markovic, son alibi chancelant, l'intimidation d'Uros, la paire de jumelles, l'emballage du matelas… L'addition est salée mais le caïd ne cède rien.

« Je suis inculpé depuis bientôt six ans, réplique-t-il, et la seule allusion qui ait été faite à l'assassinat de Stevan Markovic au cours de cet interrogatoire porte sur l'une de ses lettres, où Alain et Nathalie Delon sont également mis en cause. Or je constate que ni Alain Delon ni son ex-épouse ne sont inculpés[18]. »

L'amitié virile qui unissait le voyou à l'acteur n'a pas résisté aux turbulences judiciaires. En espionnant sa ligne téléphonique, les policiers ont entendu maintes fois Marcantoni tempêter contre le « traitement de faveur » octroyé à Delon. Il est loin le temps où le Samouraï et le Colonel s'échangeaient des adresses, des services, des tuyaux sur un cheval. À l'heure des comptes, les deux hommes semblent moins proches que jamais. Entre eux, c'est chacun pour soi.

Toute la première moitié de l'année 1975 s'écoule en d'inutiles digressions procédurales. En janvier, un compatriote de Markovic se manifeste et prétend apporter de nouvelles lumières à la justice. Le juge Ferré est prêt à le convoquer mais son instruction est officiellement close ; il a besoin d'un feu vert du parquet. Le ministre en personne est consulté. Il donne son aval à la réouverture du dossier, sans toutefois relâcher la pression. « Vous voudrez bien veiller à ce que cette procédure soit menée à son terme dans les meilleurs délais possibles et continuer à me tenir informé », intime Jean Lecanuet au procureur général[19]. L'audition du témoin n'éclaire rien du tout : Ferré peut refermer l'enquête pour de bon. En mai, c'est Roland Dumas qui, au nom de la partie civile, réclame que des pièces issues d'une autre affaire soient jointes au dossier Markovic. Échange de notes, hésitations du parquet, la Chancellerie tranche : la demande est rejetée.

Après un été de réflexion, le juge Ferré rend finalement son ordonnance le 29 août 1975. En cinquante-six pages, il résume les charges qu'il a décidé de retenir contre Marcantoni – celles que le parquet voulait abandonner. Après tant de méandres, de digressions et de contradictions, sa démonstration a le mérite de l'efficacité. Elle met en évidence les activités troubles qui rapprochaient le truand et la victime, la peur qu'éprouvait Markovic avant leur rendez-vous du 22 septembre 1968, « les réticences de Marcantoni portant sur le récit de son emploi du temps, ses mensonges sur ses relations avec l'inculpé et ses tentatives pour détourner l'enquête de sa personne ». S'agissant des recherches sur les emballages de matelas, le juge balaie les critiques du procureur et proclame : « On doit considérer comme démontré que les housses ayant enveloppé le corps sont celles qui protégeaient la literie de Marcantoni au moment de sa livraison. Dès lors, les accusations verbales ou écrites de la victime à l'encontre de l'inculpé prennent une valeur décisive. »[20]

Pour autant, le magistrat admet que le mobile du crime n'a pas pu être déterminé avec certitude. S'il tient l'hypothèse d'un chantage exercé par Markovic sur Alain Delon pour la plus plausible et n'exclut pas que « l'acteur, pour déjouer ses manœuvres, ait décidé de le faire éliminer », il doit néanmoins reconnaître que son implication est loin d'être établie. « Il n'a pas été prouvé qu'Alain Delon pouvait être mêlé directement aux faits qui ont conduit Markovic à la mort », note-t-il. C'est pourquoi il recommande que Marcantoni comparaisse seul devant la cour d'assises ; il le désigne comme le complice d'un assassinat dont ni les auteurs, ni le commanditaire, ni les circonstances ne sont connus.

L'étape finale est prévue pour le 15 décembre 1975, devant la chambre d'accusation, seule habilitée à trancher entre un procès et un non-lieu.

Le 21 septembre, un incroyable rebondissement se produit. Invisible depuis des années, Uros Milicevic, le dernier compagnon de Markovic, refait surface à Paris et… s'accuse du meurtre ! Arrivé par l'Orient-Express en provenance de Pula, en Yougoslavie, il se présente au siège de la PJ, où un commissaire recueille sa déposition.

« C'est moi qui ai demandé à Marcantoni de faire disparaître Stevan », assure-t-il.

À la Chancellerie, au ministère de l'Intérieur, au tribunal de Versailles, c'est la stupéfaction. À quoi joue Uros ? A-t-il perdu la tête ou cherche-t-il simplement à empêcher la clôture de l'affaire ? Il est placé en garde à vue, puis enfermé dans une cellule. Pour ne pas interrompre le processus judiciaire, on charge un magistrat parisien de l'interroger. Le lendemain, le jeune homme est présenté au juge d'instruction Jean Cornuault, qui n'a d'autre solution que de l'inculper de « complicité d'homicide volontaire », puisqu'il s'accuse lui-même. Il tient des propos désordonnés, absurdes.

« J'avais pensé que Stevan allait être tué et quand j'ai vu que cela ne se réalisait pas, j'ai un soir demandé à François Marcantoni de faire en sorte qu'il disparaisse », explique-t-il. Il ajoute avoir voulu faire « coup double » : récupérer l'appartement de son ami et « faire chanter » Alain Delon grâce aux « révélations » de Markovic sur l'acteur. Pour faire bonne mesure, il raconte qu'il ne pouvait « plus supporter » les confidences intimes de Stevan, d'où ses envies de meurtre, et s'arrête sur ces mots : « À mon avis, Stevan Markovic n'est pas mort. »[21]

Le juge requiert une expertise psychiatrique. « Devant le caractère incohérent des propos tenus par l'inculpé, nous suspendons son audition », fait-il noter par le greffier. Uros est écroué. On l'invite à choisir un défenseur.

« Je voudrais que me soit désignée une jeune avocate d'office, répond-il, mais je précise que je ne veux pas qu'elle soit laide ; je tiens à ce qu'elle soit blonde et qu'elle ait moins de 1,75 mètre... » Le *thriller* tourne à la farce.

La presse ne sait comment traiter cette énième péripétie. *Le Point* décrit Uros en « coryphée imprévisible », « mythomane et lucide, affabulateur et roué » dont « on se demande s'il n'a pas, depuis la mort de son ami Markovic, été manipulé par quelque moderne Vidocq au service de nouveaux Machiavel »[22]... Autant dire qu'on n'y comprend plus rien. Dans *France-Soir*, l'un des journalistes qui suivent l'affaire depuis les premiers jours ne masque pas sa colère : « Qui peut encore se passionner pour ce dossier gonflé de vide, pour ce tonneau des Danaïdes que deux juges d'instruction, des centaines de policiers, d'experts et de témoins ont vainement tenté de remplir à coups de procès-verbaux, de dépositions et de rapports[23] ? »

L'affaire ne captive plus, elle agace.

Quelques semaines après, le rapport du psychiatre déclare le jeune Uros « mentalement déficient ». Ses accusations délirantes sont laissées de côté. Plus rien ne doit empêcher la cour d'appel de solder enfin l'affaire Markovic.

Le 15 décembre 1975, les juges de la chambre d'accusation se réunissent à huis clos. Rien n'est laissé au hasard pour aboutir au résultat attendu. La juridiction est présidée par Alain Jégou, ancien membre de la Cour de sûreté de l'État, gage de sa loyauté envers le pouvoir politique. Preuve de son allégeance sans faille, le magistrat a signé deux mois plus tôt la décision qui a permis au milicien Paul Touvier d'échapper à des plaintes pour « crime contre l'humanité ». Jégou est en attente d'un poste à la Cour de cassation. Avec lui, la Chancellerie est à l'abri d'une surprise. L'avocat général, Charles Giafferi, ne tentera pas non plus de coup d'éclat : ses conclusions ont été visées par le directeur de cabinet du ministre ; à l'audience, il ne soutiendra pas l'accusation mais prônera l'acquittement – c'est le monde à l'envers. La voie est libre pour la défense ; Isorni n'a pas à forcer son talent.

Seul Roland Dumas bataille encore. La cause est perdue, mais non le panache. À la barre, l'avocat lit une à une les positions prises pendant des mois par le parquet quand Marcantoni était en prison et que personne ne voulait l'en voir sortir. Par quelle magie les « charges accablantes » d'hier sont-elles devenues des « déductions hâtives » et des « supputations hasardeuses » ? Chacun le comprend à demi-mot. Pour Dumas, des « charges accablantes » existent contre Marcantoni, et aussi contre Alain Delon. Aussi exhorte-t-il les juges à refuser « un non-lieu d'opportunité »[24].

« La cour était drôlement gênée, ces messieurs regardaient le bout de leurs souliers », se souvient l'avocat[25].

Il ne se fait pourtant aucune illusion. Avant le délibéré, il a déjà griffonné à l'encre bleue la déclaration qu'il lira à la sortie de l'audience pour annoncer un futur pourvoi en cassation* : « Cette décision ne me surprend pas, elle me désole… »

L'arrêt est rendu le 12 janvier 1976. C'est un non-lieu général. Au sujet de Marcantoni, les magistrats observent que « sa personnalité apparaît inquiétante et son comportement, au moment des faits et en cours d'instruction, laisse planer un malaise indubitable », mais ils se retranchent derrière l'absence de preuve formelle. Concernant Alain Delon, ils formulent cette réflexion : « Ce serait aller bien loin dans le domaine des hypothèses que de lui attribuer – par une transposition dans la vie réelle des rôles de truands implacables qui ont fait son renom au cinéma – une volonté homicide qui se serait manifestée par des instructions données à son ami Marcantoni pour se débarrasser d'un confident devenu encombrant, devenu par surcroît maître-chanteur [26]. »

En somme, le gangster aurait été victime de sa réputation, et l'acteur, de sa légende.

Assailli par les reporters, Marcantoni, feutre sur le crâne et cigare à la bouche, fanfaronne :

« Je viens de perdre mon titre de plus vieil inculpé de France. S'il l'avait fallu, j'étais prêt à aller aux assises mais, au choix, je préfère le non-lieu.

— Qu'allez-vous faire maintenant ? l'interroge-t-on.

— Je vais récupérer ma caution avec, je pense, les intérêts... De quoi faire un bon repas avec tous ceux qui m'ont soutenu [27]. »

Et il s'éloigne en claudiquant.

Le rideau tombe, le mystère n'est pas levé. Il y avait un cadavre, il y a eu un scandale, il n'y aura pas de coupable.

* La Cour de cassation le rejettera le 25 juin 1977, ce qui marquera la fin définitive de la procédure judiciaire.

Sans ses deux personnages centraux, l'affaire Markovic redevient un fait divers : un meurtre sordide dont la cause n'a plus grande importance. Trop de temps a passé, trop d'intérêts ont été dérangés, trop de pièges se sont refermés ; la vérité est hors d'atteinte, qui la désire encore ? Le jeune Yougoslave rêvait d'une vie facile ; il a été tué pour quelque chose, mais il est mort pour rien.

Du feuilleton qui a tenu en haleine la France de l'après-68, mis la police et la justice sur des charbons ardents, lancé les journaux dans une folle surenchère, alimenté les fantasmes et réveillé les barbouzes, ébranlé le régime et précipité la succession, dévoilé la cruauté du pouvoir et gâché la vie d'un président, il ne reste qu'un polar inachevé.

Quarante ans après, le juge Patard exprimait encore ses regrets :

« On est sûrement passé tout près de la solution [28]. »

D'un pareil scénario, le producteur Alain Delon aurait pu tirer l'un de ses meilleurs films ; encore aurait-il fallu écrire une fin.

* * *

Bruxelles, 11 août 1976. En fin de matinée, dans le quartier de la gare du Midi, une troupe de policiers force la porte d'une chambre, au deuxième étage d'un hôtel. Deux corps à moitié décomposés gisent au sol, dix douilles de calibre 7,65 mm autour d'eux. L'un des deux morts s'appelle Mijodrac Boskovitch. C'est le gérant de l'établissement. Les autorités belges le connaissent aussi comme dirigeant du mouvement « Serbie ressuscitée », organisation royaliste en lutte contre le régime du maréchal Tito. Il a reçu une balle dans la poitrine. Le second a été tué d'une balle dans la tête. C'est Uros Milicevic.

Après un court séjour dans une clinique psychiatrique, le jeune Yougoslave avait quitté Paris sans réagir à la décision de la cour d'appel. Dans la capitale belge, il s'est rapproché de Boskovitch, qui le logeait et lui a promis du travail. Son père, inquiet de rester sans nouvelles, a donné l'alerte. Les médias locaux privilégient la piste politique – trois émigrés serbes ont été tués de la sorte au cours des dix-huit mois précédents. À Belgrade, l'agence de presse Tanyoung s'empresse de disculper les services secrets titistes ; elle retient la thèse d'un « règlement de comptes entre organisations royalistes serbes rivales »[29]*.*

Les meurtriers ne seront jamais retrouvés.

Ainsi l'affaire s'achève-t-elle dans le sang. Son point final est un point d'interrogation.

Épilogue

Les derniers secrets

Ce n'est qu'en 1982, huit ans après sa mort, que paraissent les *Mémoires* interrompus de Georges Pompidou, sous le titre *Pour rétablir une vérité*. Avant cet ouvrage, sa vision de l'affaire n'avait jamais été exposée au public. S'il s'était confié aux rares journalistes qu'il estimait, il leur avait défendu de citer ses propos en les lui attribuant explicitement. Tous ont respecté la consigne.

Le texte laisse transparaître une vive rancœur envers de Gaulle, dans la narration du scandale Markovic comme dans celle des événements de Mai-68. En ces deux circonstances, Pompidou considérait que le Général lui avait fait défaut, pour ne pas dire pire. C'est sans doute ce qui explique que sa veuve et son fils aient tant attendu. De son vivant, Pompidou ne voulait pas ternir une légende dont il était l'héritier, et dont son propre pouvoir continuait de procéder. Aurait-il consenti à une publication posthume, pour l'histoire ? Il n'a pas laissé de dispositions en ce sens, on ne le saura donc jamais.

Considérant que la question méritait d'être portée au niveau présidentiel, Claude et Alain Pompidou, avant de donner leur *imprimatur*, ont fait lire le manuscrit à François Mitterrand, alors installé à l'Élysée. Adversaire politique, le dirigeant socialiste s'était montré élégant au pire de la tempête, en dénonçant l'usage de la calomnie pour abattre un homme. Plusieurs initiés confirment qu'il encouragea la famille à publier le livre – voir le mythe de l'infaillibilité gaullienne ainsi dégradé n'était certainement pas pour lui déplaire.

Il existe une seconde version du texte qui, elle, n'a jamais été divulguée. Pompidou avait repris son manuscrit au début de l'année 1973, sans doute pendant la campagne pour les élections législatives. À en croire plusieurs sources qualifiées, il a alors corsé le passage consacré à l'affaire Markovic ; le ton est plus sévère, parfois vindicatif, et d'autres personnages sont accusés nommément d'avoir participé au complot*. Au moment de la parution, les proches, soucieux d'éviter la polémique – et conscients que l'effet des médicaments avait tendance à exacerber sa colère –, ont préféré s'en tenir à la version initiale. S'il est connu un jour, ce document pourrait aider à compléter le puzzle.

Le fameux carnet de cuir est lui aussi resté inaccessible. Devenu chef de l'État, Pompidou l'avait rangé « sur son bureau, dans son sous-main [1] », juste pour le savoir là et ne pas oublier. Après son décès, c'est son fils qui l'a conservé. Il s'est engagé à le confier un jour à Éric Roussel, biographe de l'ancien président, « quand tous les personnages dont les noms y figurent auront disparu ». Le temps faisant son œuvre, on peut supposer qu'il n'y en a plus pour longtemps.

On saura peut-être alors si Pompidou, comme il le prétendait, était parvenu à percer tous les mystères.

Après avoir échappé à sa mise en cause judiciaire dans les conditions que l'on sait, François Marcantoni n'a pas

* L'existence de cette version amendée a été révélée par Éric Roussel (*Georges Pompidou*, *op. cit.*, p. 265). Elle a été confirmée à l'auteur par Alain Pompidou, lors d'un entretien en décembre 2019.

rasé les murs, c'est peu dire. Le gangster a publié pas moins de cinq autobiographies, accordé des dizaines d'interviews, participé à d'innombrables émissions de radio et de télévision, fréquenté le monde artistique et les grands restaurants. En toute occasion, il s'est posé en martyr, victime innocente d'un scandale qui visait bien plus important que lui. Quelques détails insignifiants mis à part, les seules variations notables de son récit portent sur sa relation avec Alain Delon.

« Dans cette histoire, je n'étais ni plus ni moins accusé qu'Alain », écrit-il en 1976, quelques mois après le non-lieu. Il déplore que lui seul ait été emprisonné mais précise, magnanime : « Je n'éprouve aucune jalousie à l'égard de celui qui est resté mon ami. »[2]

Au même moment, un rapport de la police marseillaise révèle que le truand réclame à l'acteur des compensations financières aux souffrances qu'il a endurées[3]. S'estimant injustement sollicité, Delon fait appel à des amis qui en imposent, parmi lesquels le parrain Gaëtan Zampa. Une entrevue au sommet est organisée, sous l'arbitrage d'une autre figure du Milieu, Marius Bertella, fondateur de la légendaire bande des Trois-Canards, qui, après réflexion, « donne raison à Marcantoni ».

À supposer que l'épisode soit exact, nul ne sait quelle en a été la conséquence. Dans son deuxième livre, le truand se fait moins charitable : « Je ne suis pas jaloux de la position confortable dans laquelle se trouva Delon tout au long de cette affaire, mais déçu par son attitude à mon égard, même après le non-lieu[4]. » Et il ajoute, cinglant : « Que je puisse dire maintenant que l'attitude de Delon dans l'affaire Markovic n'est pas au-dessus de tout soupçon, j'en fais mon affaire[5]. »

Les années passant, le caïd à la retraite connaît de nouvelles infortunes. Débouté en 1979 par la commission d'indemnisation du ministère de la Justice, qu'il avait saisie d'une demande de dommages et intérêts pour « détention abusive », il doit ensuite s'acquitter d'un demi-million de francs d'arriérés d'impôt. Qui vole à son secours pour régler l'essentiel du redressement ? Alain Delon.

« Il m'a apporté, avec d'autres, un soutien moral et financier », remercie Marcantoni dans un livre suivant[6]. En 1981, son conseiller fiscal a pourtant constaté que l'acteur, en contrepartie de la somme, avait pris des hypothèques sur la maison de Goussainville « dont le montant total excédera la valeur vénale de la propriété », si bien que « M. Marcantoni est pratiquement dépossédé de son immeuble »[7]. Apparemment, les deux hommes ont trouvé un accord puisque, quelques années plus tard, le gangster cède son domaine à la municipalité de Goussainville, avec l'autorisation d'en disposer tant qu'il lui plaira. Delon n'est pas mentionné dans la transaction.

Marcantoni est mort en 2010. Il a beaucoup parlé, jamais rien avoué.

L'affaire Markovic n'a pas entravé la carrière d'Alain Delon au cinéma. Non seulement la justice l'a mis hors de cause, mais l'enquête criminelle dont il a été le protagoniste involontaire a, d'une certaine façon, contribué à sa légende en clair-obscur. Il a continué à tourner sous la direction des plus grands metteurs en scène, collectionné les récompenses prestigieuses. Jamais il n'a cessé d'alterner les rôles de flic et de gangster.

Limogé de la base Bison en 1970, le capitaine Paul Sentenac s'est battu pour son honneur. L'armée avait justifié sa mise à l'écart par une « réorganisation du service ». En 1973, le Conseil d'État a considéré qu'il s'agissait d'une sanction disciplinaire déguisée – l'officier était en réalité accusé d'avoir agi « en dehors de sa hiérarchie » quand il lança la section K sur la piste des prétendues photos de Claude Pompidou. Le 13 octobre 1976, la haute juridiction administrative a estimé que la hiérarchie du SDECE n'avait pas caractérisé de faute et que la procédure n'avait pas été respectée ; aussi Sentenac a-t-il été rétabli dans son grade, et l'État, condamné à lui verser 44 500 francs d'indemnité.

Très amer, il n'a pas voulu réintégrer le service, ni l'armée de l'air dont il était issu. Il n'a jamais pardonné les conditions de son éviction. Quatre décennies après, il concentrait son amertume sur Georges Pompidou, jusqu'à lui imputer – contre toute évidence – une responsabilité dans l'affaire Markovic, invoquant pêle-mêle la « félonie » de l'ancien président, les « mensonges, partouzes, assassinat », l'« étouffement de la justice » et la « neutralisation des services spéciaux »[8]...

« Personne n'a voulu savoir la vérité », maugréait Sentenac en 2013[9]. Rien ne dit que lui-même s'en soit approché. Il est mort l'année suivante.

Les conclusions de l'enquête interne du SDECE ont été classées « secret défense ». Les écoutes téléphoniques de la source « Karamel » ont été mises à l'abri par Pierre Pascal, collaborateur de Pierre Messmer puis de Jacques Chaban-Delmas, qui les gardait dans son coffre. Le ministère des Armées en a perdu la trace. Pascal est mort en 2022.

En 1985, un courrier inattendu est arrivé au cabinet de Roland Dumas. Un certain Bruno R. sollicitait son concours pour récupérer la dépouille de Stevan Markovic, enterrée au cimetière d'Élancourt. C'était le fils que le Yougoslave avait eu avec sa compagne en 1962, et qu'il n'a ni reconnu, ni rencontré.

Le célèbre avocat était alors ministre des Affaires étrangères. Une de ses associés s'est chargée du dossier. Les formalités administratives réglées, la mairie de la commune a donné son accord et « l'exhumation des restes mortels » a eu lieu au printemps 1986, sans la moindre publicité.

Stevan Markovic repose depuis au cimetière de Neuilly-sur-Seine, dans un caveau familial qui ne porte pas son nom.

Notes

1
Deux hommes en vue

1. Déposition d'Alain Delon, 3 octobre 1968.
2. Déposition de l'officier de police judiciaire Raymond Amar, 3 juin 1970.
3. *Lettre* du général de Gaulle à Georges Pompidou, 10 juillet 1968.
4. Conférence de presse du général de Gaulle, 9 septembre 1968.
5. *Cf.* Raymond Tournoux, *Le Tourment et la Fatalité*, Plon, 1974, p. 279.
6. *Cf.* Jacques Foccart, *Le Général en mai, Journal de l'Élysée*, tome II, Fayard/Jeune Afrique, 1998, p. 384.
7. Georges Pompidou, *Pour rétablir une vérité*, Flammarion, 1982, p. 202.
8. *Cf.* Raymond Tournoux, *op. cit.*, p. 266.

2
Le mort d'Élancourt

1. Déposition de Jean Haro, 1er octobre 1968.
2. Témoignage de René Patard à l'auteur, décembre 2012.
3. Rapport d'autopsie des docteurs Bailly et Lecœur, 2 octobre 1968.
4. Témoignage de René Patard à l'auteur, mars 2014.
5. Témoignage de Claude Bardon à l'auteur, 23 septembre 2022.
6. Rapport confidentiel du procureur de Versailles, 31 octobre 1968. *Archives du ministère de la Justice.*

7. Rapport de synthèse du commissaire Bardon, 21 juin 1973.
8. Déposition de Raymonde D. A., 28 novembre 1968.
9. Bernard Violet, *Les Mystères Delon*, Flammarion, 2000, p. 200.
10. Déposition d'Alain Delon, 12 octobre 1968.
11. Déposition de Nathalie Delon, 11 octobre 1968.
12. *Ibid.*
13. *Ibid.*
14. Déposition de Milutin Kopanlija dit « Kopé », 6 novembre 1968.
15. Déposition de Marcel Gasparini, 10 octobre 1968.
16. Déposition d'Alain Delon, 12 octobre.
17. *Cf.* Raymond Tournoux, *Le Tourment et la Fatalité*, *op. cit.*, p. 281.
18. *Cf.* Philippe Alexandre, *Le Duel de Gaulle-Pompidou*, Grasset, 1970, p. 236.
19. *Ibid.*, p. 239.
20. Georges Pompidou, *Pour rétablir une vérité*, *op. cit.*, p. 197.
21. *Ibid.*, p. 199.

3
Rendez-vous avenue de Messine

1. Déposition d'Uros Milicevic, 8 octobre 1968.
2. *Ibid.*
3. Déposition d'Alphonsine Tanguy, femme de chambre d'Alain Delon, 18 octobre 1968.
4. *Ibid.*
5. Déposition d'Uros Milicevic, *op. cit.*
6. *Ibid.*
7. *Ibid.*
8. *Ibid.*
9. Audition d'Uros Milicevic par le juge Patard, 4 octobre 1968.
10. Déposition de Vojislav Milicevic, 25 octobre 1968.
11. Déposition de Ljubomir Milosevic dit « Chvaki », 18 décembre 1968.
12. Déposition de Milutin Kopanlija dit « Kopé », 6 novembre 1968.
13. Déposition de Claudie Hoss, 18 novembre 1968.
14. Déposition de Doris X, 11 décembre 1968.
15. *Ibid.*
16. Déposition de Bernadette Rey, 10 octobre 1968.

17. *Ibid.*
18. Déposition de Nathalie Delon, 12 octobre 1968.
19. Déposition d'Uros Milicevic, *op. cit.*
20. Audition d'Uros Milicevic, 4 octobre 1968.
21. *Ibid.*

4
Le commissaire « Pas-de-chance »

1. Déposition d'Alexander Markovic, 5 octobre 1968.
2. Déposition d'Alexander Markovic, 9 janvier 1969.
3. *Ibid.*
4. Témoignage de René Patard à l'auteur, mars 2014.
5. Rapport du commissaire Guy Denis, SRPJ de Paris, 8 novembre 1951.
6. *Ibid.*
7. François Marcantoni, *La Conjuration*, Olivier Orban, 1976, p. 65.
8. Déposition d'Eugène Dahmani, 7 octobre 1968.
9. Rapport de synthèse du commissaire Bardon, *op. cit.*
10. Déposition d'Uros Milicevic, 8 octobre 1968.
11. Témoignage de René Patard à l'auteur, mars 2014.
12. Rapport de synthèse du commissaire Bardon, *op. cit.*
13. *Ibid.*, p. 27.
14. Déposition d'Uros Milicevic, 12 octobre 1968.

5
Le Samouraï et le Colonel

1. Déposition de Nathalie Delon, 11 octobre 1968.
2. Déposition de Nathalie Delon, 12 octobre 1968.
3. Audition de Nathalie Delon par le juge Patard, 24 mars 1969.
4. Déposition de Nathalie Delon, 12 octobre 1968.
5. Audition de Nathalie Delon par le juge Patard, 24 mars 1969.
6. Audition de François Marcantoni, 12 octobre 1968.
7. *Ibid.*
8. Audition de François Marcantoni, 13 octobre 1968.
9. *Ibid.*
10. Bernard Violet, *Les Mystères Delon*, *op. cit.*, p. 23.

11. Déposition de Barthélemy dit « Mémé » Guérini, 27 novembre 1968.

12. Interview d'Alain Delon par Frédéric Taddeï, « Ce soir ou jamais », France 3, 1er décembre 2010. Citée par Vincent Quivy in *Alain Delon, ange et voyou*, Seuil, 2017, p. 128.

13. Déposition d'Alain Delon, 12 octobre 1968.

14. « La folle nuit du boulevard Gouvion-Saint-Cyr », *L'Aurore*, 14 octobre 1968.

15. Déposition d'Alain Delon, 14 octobre 1968.

16. « Longuement entendus, M. et Mme Alain Delon ont donné des précisions sur leur employé », *Le Monde*, 15 octobre 1968.

17. Mireille Darc, *Tant que battra mon cœur*, XO Éditions, 2005, p. 165.

6
Un fleuve de boue

1. « M. Couve de Murville rend hommage au “rôle éclatant” de M. Pompidou dans le succès électoral de la majorité », *Le Monde*, 21 octobre 1968.

2. Entretien avec René Patard, décembre 2012.

3. Laurent Martin, « Pourquoi lit-on *Le Canard enchaîné* ? », in *Vingtième Siècle* n 68, 2000, p. 51.

4. « Journaliste et agent de l'Est : l'affaire Clémentin, l'espion qui venait du *Canard enchaîné* », enquête de Vincent Jauvert, *L'Obs*, 15 février 2022.

5. Michel Jobert, *Mémoires d'avenir*, Grasset, 1974, p. 79.

6. Bernard Tricot, *Mémoires*, Quai Voltaire, 1994, p. 345.

7. Témoignage d'Édouard Balladur à l'auteur, 24 mai 2022.

8. Témoignage de René Patard à l'auteur, décembre 2012.

9. *Le Monde*, 30 octobre 1968.

10. Réquisitoire de renvoi devant le tribunal correctionnel de Borislav Mesarovic, mars 1971. Poursuivi pour « tentative d'escroquerie », il sera condamné à un an de prison le 10 juillet 1973.

11. « C'est de la dynamite, a dit la police française en recevant le mémoire de Zorika Milosevic », *L'Aurore*, 24 octobre 1968.

12. Déposition de Zorika Milosevic devant la police italienne, 29 octobre 1968.

13. Georges Pompidou, *Pour rétablir une vérité*, Flammarion, 1982, p. 252.

7
Un hélicoptère pour Colombey

1. Déposition de Borivoj Ackov, 30 octobre 1968.
2. Témoignage de René Patard à l'auteur, décembre 2012.
3. Bernard Tricot, *Mémoires, op. cit.*, p. 346.
4. Témoignage de Bernard Tricot à Frédéric Abadie et Jean-Pierre Corcelette. *Cf. Georges Pompidou, le désir et le destin*, Balland, 1994, p. 264.
5. *Cf.* Philippe Alexandre, *Le Duel de Gaulle-Pompidou, op. cit.*, p. 288.
6. *Cf.* Bernard Tricot, *op. cit.*, p. 348.
7. Procès-verbal de transport de Borivoj Ackov, 2 novembre 1968.
8. Audition de Borivoj Ackov, 2 novembre 1968.
9. Jacques Foccart, *Le Général en mai, op. cit.*, p. 412.
10. *Cf.* Raymond Tournoux, *Le Tourment et la Fatalité, op. cit.*, p. 143.
11. Audition de Borivoj Ackov par le juge René Patard, 5 novembre 1968.
12. Témoignage de René Patard à l'auteur, mars 2014.
13. Audition de Borivoj Ackov, *op. cit.*
14. *Cf.* Philippe Alexandre, *op. cit.*, pp. 289-290.

8
Ils ont menti au Général

1. Jacques Foccart, *Le Général en mai, op. cit.*, p. 413-414.
2. *Ibid*, p. 414.
3. *Cf.* Philippe Alexandre, *Le Duel de Gaulle-Pompidou, op. cit.*, p. 289.
4. Bernard Tricot, *Mémoires, op. cit.*, p. 346.
5. *Ibid.* p. 347.
6. Témoignage d'Alain Pompidou, in *Georges Pompidou, Lettres, notes et portraits, 1928-1974*, Robert Laffont, 2012, p. 48.
7. Claude Pompidou, *L'Élan du cœur*, Plon, 1997.
8. Jacques Foccart, *op. cit.*, p. 417.
9. Interview de Maurice Couve de Murville recueillie par Georges Suffert le 28 juillet 1972. *Cf.* « Le mystère Markovic, un complot ténébreux », *Le Point* du 29 septembre 1975.
10. Philippe Alexandre, *op. cit.*, p. 291.

11. Jacques Foccart, *op. cit.*, p. 416.
12. *Ibid.*
13. Georges Pompidou, *Pour rétablir une vérité, op. cit.*, p. 256.

9
Pompidou mène l'enquête

1. Jean Vautrin, *Docteur Herman et Mister Vautrin*, entretiens avec Noël Simsolo, Éd. Écriture, 2010, p. 150.
2. « 4 questions sont posées par les amis de Markovic », *Le Parisien libéré*, 31 octobre 1968.
3. Mireille Darc, *Tant que battra mon cœur, op. cit.*, 2005, p. 170.
4. *Cf.* Raymond Tournoux, *Le Tourment et la Fatalité, op. cit.*, p. 302.
5. Michel Jobert, *Mémoires d'avenir, op. cit.*, p. 81.
6. Témoignage d'Édouard Balladur à l'auteur, 24 mai 2022.
7. Éric Roussel, *Georges Pompidou*, JC Lattès, 1994, p. 263.
8. Témoignage de Jean-Louis Méteye à Marcel Montarron, *Cf. L'Histoire vraie des Brigades mobiles*, Robert Laffont, 1976, p. 290.
9. Éric Roussel, *op. cit.*, p. 263.
10. Maurice Grimaud, *Je ne suis pas né en mai 1968, Souvenirs et carnets*, Tallandier, 2007, pp. 389 et 417.
11. Alain Peyrefitte, *C'était de Gaulle*, Gallimard 2002, p. 1052.
12. *Ibid.*, p. 1053.
13. Philippe Alexandre, *Le Duel de Gaulle-Pompidou, op. cit.*, p. 208.
14. *Ibid.*, p. 292.
15. Bernard Tricot, *Mémoires, op. cit.*, p. 350.
16. Jacques Foccart, *Le Général en mai, op. cit.*, p. 449.
17. Alain Peyrefitte, *C'était de Gaulle, op. cit.*, p. 1257.
18. Foccart parle, *Entretiens avec Philippe Gaillard*, Fayard/Jeune Afrique, 1995, p. 431.
19. Jacques Foccart, *op. cit.*, p. 414.
20. Audition d'Ambroise Roux par le juge Patard, 13 novembre 1968.
21. Jacques Foccart, *op. cit.*, p. 446.
22. Georges Pompidou, *Pour rétablir une vérité, op. cit.*, p. 259.
23. *Cf.* Éric Roussel, *op. cit.*, p. 264.
24. Philippe Alexandre, *op. cit.*, p. 313.
25. *Cf.* Raymond Tournoux, *op. cit.*, p. 302.

10
La source « Karamel »

1. Témoignage de René Patard à l'auteur, mars 2014.
2. Témoignage de Claude Bardon à l'auteur, 7 novembre 2017.
3. Déposition de Doris X, 11 décembre 1968.
4. Déposition de Djorge Markovic, 5 novembre 1968.
5. Déposition de Viktor Markovic, 23 décembre 1968.
6. Déposition de Viktor Markovic, 24 décembre 1968.
7. Cité par Frédéric Abadie et Jean-Pierre Corcelette, in *Georges Pompidou*, *op. cit.*, p. 277-278.
8. Témoignage de Claude Bardon à l'auteur, 7 novembre 2017.
9. *Cf.* Frédéric Abadie et Jean-Pierre Corcelette, *op. cit.*, p. 280.
10. *Ibid.*, p. 279.
11. Jean Rochet, *5 ans à la tête de la DST*, Plon, 1985, p. 197.
12. Témoignage d'Anne-Marie Dupuy cité dans *L'Affaire Markovic*, film documentaire de Reynold Ismard et Catherine Erhel, France 3, 2011.
13. Éric Lemasson, *Marchiani, l'agent politique*, Seuil, 2000, p. 55.
14. Témoignage de Paul Sentenac à l'auteur, janvier 2013.
15. Georges Pompidou, *Pour rétablir une vérité*, *op. cit.*, p. 261.
16. *Ibid.*
17. Jean Rochet, *op. cit.*, p. 198.

11
Devine qui vient dîner ?

1. Philippe Alexandre, *Le Duel de Gaulle-Pompidou*, *op. cit.*, p. 316.
2. Jacques Foccart, *Le Général en mai*, *op. cit.*, p. 491.
3. Témoignage d'Édouard Balladur à l'auteur, 24 mai 2022.
4. Raymond Tournoux, *Le Tourment et la Fatalité*, *op. cit.*, p. 309.
5. Richard Burton, *Journal intime*, Séguier, 2020, p. 245.
6. Philippe de Gaulle, *De Gaulle mon père*, entretiens avec Michel Tauriac, tome 2, Plon, 2004, p. 239.
7. Pierre Viansson-Ponté, *Histoire de la République gaullienne*, tome 2, *Le Temps des orphelins*, Fayard, 1971, p. 612.
8. Roland Dumas, *Le Fil et la Pelote*, *Mémoires*, Plon, 1996, p. 179.
9. Témoignage de Roland Dumas à l'auteur, 22 juin 2021.
10. Propos rapportés par le magazine yougoslave *Feuilleton*, décembre 1968.

11. Témoignage de Roland Dumas à l'auteur, *op. cit.*
12. Audition de partie civile d'Alexander Markovic, 9 janvier 1969.
13. *Ibid.*
14. Témoignage du juge Patard à l'auteur, mars 2014.
15. *Ibid.*
16. Rapport de synthèse du commissaire Bardon, *op. cit.*
17. *Ibid.*
18. Rapport confidentiel du procureur de Versailles, 30 septembre 1969.
19. Jacques Foccart, *op. cit.*, p. 535.
20. *Ibid.*

12
Le tigre blessé

1. Georges Pompidou, *Pour rétablir une vérité, op. cit.*, p. 262.
2. Témoignage de René Patard à l'auteur, mars 2014
3. *Ibid.*
4. Ordonnance de mise au secret signée du juge Patard, 17 janvier 1969.
5. *Cf.* Raymond Tournoux, *Le Tourment et la Fatalité, op. cit.*, p. 315.
6. *Ibid.*, p. 144.
7. *Ibid.*, p. 301.
8. Philippe Alexandre, *Le Duel de Gaulle-Pompidou, op. cit.*, p. 328.
9. Pierre Rouanet, *op. cit.*, p. 311.
10. Georges Pompidou, *op. cit.*, p. 265.
11. Jacques Foccart, *Le Général en mai, op. cit.*, p. 557.
12. *Ibid.*, p. 563.
13. *Ibid.*, p. 552.
14. Audition de François Marcantoni par le juge Patard, 23 janvier 1969.
15. *Ibid.*
16. Audition d'Alain Delon, 23 janvier 1969.
17. Déposition de Milan Domlija, 17 décembre 1968.
18. Audition d'Alain Delon, 24 janvier 1969.
19. *Ibid.*
20. Michel Jobert, *L'Autre Regard*, Grasset, 1976, p. 128.
21. Pierre Viansson-Ponté, *Histoire de la République gaullienne*, tome 2, *op. cit.*, p. 615.

22. Raymond Tournoux, *op. cit.*, p. 320.
23. Témoignage de René Patard à l'auteur, mars 2014.
24. Confrontation entre François Marcantoni et Alexander Markovic, 12 février 1969.
25. *Ibid.*
26. Confrontation entre Alain Delon et Alexander Markovic, 13 février 1969.
27. Cité par Frédéric Abadie et Jean-Pierre Corcelette, in *Georges Pompidou*, *op. cit.*, p. 235.
28. *Cf.* Raymond Tournoux, *op. cit.*, p. 334.
29. Jacques Foccart, *Le Général en mai*, *op. cit.*, p. 608.
30. *Ibid.*, p. 611.
31. *Ibid.*, p. 632.
32. « Le mystère Markovic, un complot ténébreux », article de Georges Suffert, *Le Point*, 29 septembre 1975.
33. Georges Pompidou, *op. cit.*, p. 267.
34. Philippe Alexandre, *op. cit.*, p. 348.
35. Jacques Foccart, *op. cit.*, p. 633.
36. *Cf.* Philippe Alexandre, *op. cit.*, p. 351.
37. *Cf.* Arnaud Teyssier, *L'Énigme Pompidou-de Gaulle*, Perrin, 2021, pp. 271-272.
38. Raymond Tournoux, *op. cit.*, p. 331.
39. Georges Pompidou, *op. cit.*, p. 268.
40. Jacques Foccart, *op. cit.*, p. 650.

13
L'évasion d'Alain Delon

1. Mireille Darc, *Tant que battra mon cœur*, *op. cit.*, p. 171.
2. « Qui est vraiment Alain Delon ? », article d'Olivier Todd, *Le Nouvel Observateur*, 10 mars 1969.
3. « L'Express va plus loin avec Alain Delon », entretien recueilli par Pierre Billard, Michèle Cotta, Jacques Derogy et Claude Imbert, *L'Express*, 10 mars 1969.
4. Déposition de Marcel Gasparini, 23 janvier 1969.
5. Déposition d'Ismet Osmanovic, 28 janvier 1969.
6. Note de Me Roland Dumas l'attention du juge Patard, 12 février 1969.
7. *Ibid.*
8. Témoignage de René Patard à l'auteur, décembre 2012.

9. « L'audition du comédien se poursuit à Versailles », article de Marceau Petit et François Luizet, *France-Soir*, 14 mars 1969.
10. Audition d'Alain Delon par le juge Patard, 12 mars 1969.
11. Audition d'Alain Delon par le juge Patard, 13 mars 1969.
12. *Le Nouvel Observateur*, 10 mars 1969, art. cité.
13. *L'Express*, 10 mars 1969, art. cité.
14. « Le Clan des Siciliens : Delon et Gabin, un sacré couple », article de Samuel Blumenfeld, *Le Monde*, 25 juillet 2018.
15. Jacques Foccart, *Le Général en mai*, *op. cit.*, p. 617.
16. *Ibid.*, p. 713.
17. Jean Mauriac, *L'Après-de Gaulle, Notes confidentielles, 1969-1989*, Fayard, 2007, p. 103.
18. « M. Georges Pompidou jouera un rôle important dans la campagne des partisans du "oui" », article de Raymond Barillon, *Le Monde*, 24 mars 1969.
19. Philippe Alexandre, *Le Duel de Gaulle-Pompidou*, *op. cit.*, p. 350.
20. Georges Pompidou, *Pour rétablir une vérité*, *op. cit.*, p. 269.

14
L'ennemi de l'intérieur

1. Georges Pompidou, *Lettres, notes et portraits*, 1928-1974, Robert Laffont, 2012, p. 484.
2. Interview de Claude Pompidou, *Elle*, 29 juin 1969.
3. Maurice Grimaud, *Je ne suis pas né en mai 1968*, *op. cit.*, p. 423.
4. Aude Terray, *L'Incomprise*, Éditions du Toucan, 2010, p. 155.
5. Raymond Tournoux, *Le Tourment et la Fatalité*, *op. cit.*, p. 366.
6. *Ibid.*, p. 356.
7. Jacques Foccart, *Dans les bottes du Général*, *Journal de l'Élysée*, tome 3, Fayard/Jeune Afrique, 1999, p. 17.
8. *Cf.* Frédéric Abadie et Jean-Pierre Corcelette, *Georges Pompidou*, *op. cit.*, p. 280.
9. Jean Mauriac, *L'Après-de Gaulle*, *op. cit.*, p. 385.
10. *Ibid.*, p. 386.
11. Jacques Foccart, *Dans les bottes du Général*, *op. cit.*, p. 31.
12. Témoignage de Michel Roussin à l'auteur, 24 février 2022.
13. Rapport confidentiel de Pierre Pascal, 2 février 1970. *Archives de l'auteur.*
14. Georges Pompidou, *Pour rétablir une vérité*, *op. cit.*, p. 254.

15. Rapport confidentiel de Pierre Pascal, *op. cit.*
16. Pierre Messmer, *Après tant de batailles*, Albin Michel, 1992.
17. Témoignage recueilli par Claude Faure et cité in *Aux services de la République*, Fayard, 2004, p. 397.
18. Roger Faligot et Rémi Kauffer, *Porno Business*, Fayard, 1987, pp. 73-74.
19. Frédéric Abadie et Jean-Pierre Corcelette, *op. cit.*, p. 287.
20. Lucien Aimé-Blanc, *L'Indic et le Commissaire*, avec la collaboration de Jean-Michel Caradec'h, Plon, 2006, pp. 79-81.
21. Procès-verbal de remise de pièce établi par le juge Patard, 19 septembre 1969.
22. Témoignage de René Patard à l'auteur, mars 2014.
23. Rapport de l'officier Claude Cancès au commissaire Pierre Ottavioli, 25 septembre 1969.
24. Réquisitoire définitif de non-lieu sur l'affaire Markovic, 23 juin 1975.

15
Les avocats du diable

1. Rapport confidentiel du procureur de Versailles, 30 septembre 1969.
2. Audition de François Marcantoni, 23 janvier 1969.
3. Rapport d'expertise médicale des docteurs Bailly et Lecœur, 19 février 1969.
4. *Ibid.*
5. Compte rendu de perquisition, 16 avril 1969.
6. Interrogatoire de François Marcantoni par le juge Patard, 2 mai 1969.
7. Rapport confidentiel du procureur de Versailles, *op. cit.*
8. Témoignage de Claude Bardon à l'auteur, 7 novembre 2017.
9. Déposition d'Anne Sénac, 10 avril 1969.
10. Interrogatoire de François Marcantoni, 15 avril 1969.
11. « Jacques Isorni, brillant et posthume avocat du maréchal Pétain », *Le Monde*, 11 mai 1995.
12. Jacques Isorni, *Mémoires*, tome 3, Robert Laffont, 1988, p. 158.
13. Témoignage de René Patard à l'auteur, mars 2014.
14. Jacques Isorni, *op. cit.*, p. 177.
15. Communiqué de Me Jacques Isorni cité par *Le Monde*, 9 juin 1969.

16. Jacques Isorni, *op. cit.*, p. 180.
17. Pierre Lemarchand, *Barbouze du Général*, Le Cherche Midi, 2005, p. 10.
18. François Audigier, *Histoire du SAC, La part d'ombre du gaullisme*, Stock, 2003, p. 88.
19. François Marcantoni, *La Conjuration*, *op. cit.*, p. 71.
20. Georges Pompidou, *Pour rétablir une vérité*, *op. cit.*, p. 260.
21. Témoignage de Claude Bardon à l'auteur, 23 septembre 2022.
22. *Rapport de la Commission d'enquête sur les activités du SAC, tome 2*, Alain Moreau, 1982, p. 742.
23. *Ibid.*
24. « Les explications du candidat centriste sur les "polices parallèles" », *Le Monde*, 12 juin 1969.
25. Roland Dumas, *Le Fil et la Pelote*, *op. cit.*, p. 180.
26. Pierre Péan, *L'Homme de l'ombre*, Fayard, 1990, p. 437.

16
Sueurs froides à l'Élysée

1. Jacques Foccart, *Dans les bottes du Général*, *op. cit.*, p. 98.
2. *Cf.* Raymond Tournoux, *Le Tourment et la Fatalité*, *op. cit.*, p. 375.
3. Témoignage d'Édouard Balladur à l'auteur, 24 mai 2022.
4. *Georges Pompidou, Lettres, notes et portraits, 1928-1974*, *op. cit.*, p. 484.
5. Jacques Foccart, *Dans les bottes du Général*, *op. cit.*, p. 50.
6. Témoignage d'Éric Roussel à l'auteur, 25 août 2022.
7. Jean Rochet, *5 ans à la tête de la DST*, *op. cit.*, p. 197.
8. *Ibid.*, p. 198.
9. Témoignage d'Édouard Balladur à l'auteur, 24 mai 2022.
10. Éric Roussel, *Georges Pompidou*, *op. cit.*, pp. 646-647.
11. Note du SRPJ de Versailles, 20 juillet 1969. *Archives du ministère de la Justice.*
12. Témoignage de René Patard à l'auteur, mars 2014.
13. Déposition de Maïtena Doumenach dite « Marie Laforêt », 17 juin 1969.
14. Rapport du commissaire Aimé Brémond, Section économique et financière de la PJ, 31 octobre 1969.
15. Déposition de Nicole Grisoni dite « Nicoletta », 26 juin 1969.

16. Déposition de Mireille Aigroz dite « Mireille Darc », 27 juin 1969.

17. Mireille Darc, *Tant que battra mon cœur, op. cit.*, p. 174.

18. Déposition de Jean-Pierre Melville, 15 septembre 1969.

19. Cahiers du juge Patard, 10 octobre 1969. *Archives de l'auteur.*

20. Note de Pierre Arpaillange, 9 septembre 1969. *Archives du ministère de la Justice.*

21. Note de Pierre Arpaillange, 8 octobre 1969. *Archives du ministère de la Justice.*

22. Interrogatoire de François Marcantoni, 10 septembre 1969.

23. Interrogatoire de François Marcantoni, 3 octobre 1969.

24. Cahiers du juge Patard, 18 octobre 1969.

25. Note de Pierre Arpaillange, 20 octobre 1969. *Archives du ministère de la Justice.*

26. Note de Pierre Arpaillange, 23 octobre 1969. *Archives du ministère de la Justice.*

27. Audition d'Alain Delon, 3 décembre 1969.

28. « L'audition de M. Alain Delon », *Le Monde* du 5 décembre 1969.

29. « François Marcantoni, détenu pour complicité d'assassinat, obtient une mise en liberté provisoire », *Le Monde* du 5 décembre 1969.

30. Note de Pierre Arpaillange, 9 décembre 1969, *Archives du ministère de la Justice.*

17
Règlements de comptes

1. « Chez les Pompidou à l'Élysée », article de Jean Cau, *Paris Match*, 14 février 1970.

2. « Tout a commencé après Borsalino », article de Jean Laborde, *L'Aurore*, 27 avril 1970.

3. Rapport du commissaire Aimé Brémond, Section économique et financière de la PJ, 19 décembre 1969.

4. Note de Pierre Arpaillange, 7 novembre 1969. *Archives du ministère de la Justice.*

5. « Alain Delon accuse des policiers de préparer une machination pour le faire arrêter », lettre ouverte d'Alain Delon, *France-Soir*, 26-27 avril 1970.

6. « La nouvelle affaire Delon », *Paris Jour*, 27 avril 1970.

7. « Piège pour un homme seul », article de Jacques Derogy, *L'Express*, 4 mai 1970.
8. Audition d'Alain Delon par le commissaire Gustave Jobard, chef de la Brigade criminelle, 25 avril 1970.
9. Lettre de Michel Bétremieux à Jacques Isorni, 28 avril 1970.
10. Audition de Michel Bétremieux par le substitut général Pierre Clerget, 21 mai 1970. *Archives du ministère de la Justice.*
11. Audition de Pierre Redonet par le substitut général Pierre Clerget, 9 juillet 1970. *Archives du ministère de la Justice.*
12. Cahiers du juge Patard, 16 mai 1970. *Archives de l'auteur.*
13. *Ibid.*
14. Jacques Foccart, *Dans les bottes du Général, op. cit.*, p. 261.
15. Lettre de Pierre Messmer à Georges Pompidou, 11 juin 1970. *Archives de l'auteur.*
16. « Le gouvernement annonce le limogeage de l'un des directeurs au Sdece », *Le Monde*, 8 janvier 1971.
17. Lettre de Borivoj Ackov au juge Patard, 1er mai 1970.
18. Déposition de Borivoj Ackov, 22 juillet 1970.
19. Cahiers du juge Patard, 19 septembre 1970. *Archives de l'auteur.*
20. *Ibid.*

18
La déposition secrète

1. Note de Pierre Arpaillange, 25 novembre 1970. *Archives du ministère de la Justice.*
2. *Ibid.*
3. Note de Pierre Arpaillange, 10 décembre 1970. *Archives du ministère de la Justice.*
4. Déposition de Misha Slovenac, 29 mai 1969.
5. *Ibid.*
6. Audition de Misha Slovenac par le juge Patard, 17 juin 1969.
7. Cahiers du juge Patard, 5 mars 1970. *Archives de l'auteur.*
8. Cahiers du juge Patard, 27 avril 1970. *Archives de l'auteur.*
9. Cahiers du juge Patard, 5 mai 1970. *Archives de l'auteur.*
10. Cahiers du juge Patard, 21 mai 1970. *Archives de l'auteur.*
11. Cahiers du juge Patard, 4 juin 1970. *Archives de l'auteur.*
12. Cahiers du juge Patard, 11 juin 1970. *Archives de l'auteur.*

13. Cahiers du juge Patard, 23 septembre 1970. *Archives de l'auteur.*

14. Audition de Misha Slovenac par le juge Patard, 7 octobre 1970.

15. Note de Pierre Arpaillange, 12 octobre 1970. *Archives du ministère de la Justice.*

16. Note de Pierre Arpaillange, 10 mai 1971. *Archives du ministère de la Justice.*

19
Le linceul et la carte postale

1. Lettre de François Marcantoni à Georges Pompidou, 2 mai 1972.

2. Note confidentielle du procureur de Versailles, 20 mars 1972.

3. Audition de François Marcantoni par le juge Patard, 23 mai 1969.

4. Rapport de synthèse du commissaire Bardon, *op. cit.*

5. Ordonnance du juge Ferré, 29 août 1975.

6. Rapport du commissaire Bardon, 13 septembre 1974.

7. *Ibid.*

8. Témoignage de Claude Bardon à l'auteur, 7 novembre 2017.

9. Témoignage d'Alain Pompidou, in *Georges Pompidou, Lettres, notes et portraits*, *op. cit.*, p. 62.

10. Témoignage d'Édouard Balladur à l'auteur, 24 mai 2022.

11. Conférence de presse de Georges Pompidou, 23 septembre 1971.

12. Raymond Tournoux, *Le Tourment et la Fatalité*, *op. cit.*, p. 449.

13. Note de Pierre Arpaillange, 6 juillet 1972. *Archives du ministère de la Justice.*

14. *Ibid*, 7 juin 1972.

15. Note de Pierre Arpaillange, 29 septembre 1972. *Archives du ministère de la Justice.*

16. Rapport de synthèse du commissaire Bardon, *op. cit.*

17. Témoignage de Claude Bardon à l'auteur, *op. cit.*

18. Note de Pierre Arpaillange, 18 septembre 1972. *Archives du ministère de la Justice.*

19. Témoignage de Claude Bardon à l'auteur, *op. cit.*

20. Note de Pierre Arpaillange, 7 octobre 1971. *Archives du ministère de la Justice.*

21. *Ibid.*, 29 septembre 1972.
22. Rapport de synthèse du commissaire Bardon, *op. cit.*
23. « Citizen Delon », article de Patrick Séry, *Le Nouvel Observateur*, 13 août 1973.
24. Témoignage de Jacky Imbert à l'auteur. *Cf.* « Jacky Le Mat, le dernier parrain », article d'Hervé Gattegno, *Le Nouvel Observateur*, 4 novembre 1993.
25. Georges Pompidou, *Pour rétablir une vérité*, *op. cit.*, p. 252.
26. « Georges Pompidou et "l'affaire" », article de Pierre Viansson-Ponté, *Le Monde*, 30 septembre 1975.
27. Déclaration de Georges Pompidou recueillie par Georges Suffert le 4 mars 1969. *Cf.* « Un complot ténébreux », *Le Point* du 29 septembre 1975, *op. cit.*
28. Frédéric Abadie et Jean-Pierre Corcelette, *Georges Pompidou*, *op. cit.*, p. 273.
29. Témoignage d'Éric Roussel à l'auteur, 25 août 2022.
30. Témoignage de Jean Ferré à Jean-Pax Méfret, Pygmalion, 2007, p. 220.

20
L'histoire sans fin

1. Témoignage d'Alain Pompidou, in *Georges Pompidou, Lettres, notes et portraits*, *op. cit.*, p. 66.
2. Raymond Tournoux, *Le Tourment et la Fatalité*, *op. cit.*, p. 461.
3. Jean Mauriac, *L'Après-de Gaulle*, *op. cit.*, p. 116.
4. Raymond Tournoux, *op. cit.*, p. 461.
5. Jacques Foccart, *La Fin du gaullisme, Journal de l'Élysée*, tome V, Fayard/Jeune Afrique, 2001, p. 573.
6. *Ibid.*
7. Frédéric Abadie et Jean-Pierre Corcelette, *Georges Pompidou*, *op. cit.*, p. 405.
8. Témoignage d'Alain Pompidou, *op. cit.*, p. 69.
9. Jacques Isorni, *Mémoires*, *op. cit.*, p. 189.
10. Communiqué de Jacques Isorni, 28 juin 1974.
11. Michel Jobert, *Mémoires d'avenir*, *op. cit.*, p. 81.
12. Rapport confidentiel du procureur de Versailles, 9 août 1974. *Archives du ministère de la Justice.*
13. Réquisitoire définitif de non-lieu sur l'affaire Markovic, 23 juin 1975.

14. Note du procureur général de Paris, Guy Chavanon, au garde des Sceaux, 24 octobre 1974. *Archives du ministère de la Justice.*
15. Réquisitoire définitif de non-lieu sur l'affaire Markovic, *op. cit.*
16. Audition de Misha Slovenac par le juge Ferré, 5 novembre 1974.
17. Audition d'Alain Delon par le juge Ferré, 14 novembre 1974.
18. Interrogatoire de François Marcantoni par le juge Ferré, 19 décembre 1974.
19. Lettre du garde des Sceaux, Jean Lecanuet, au procureur général Guy Chavanon, 13 février 1975. *Archives du ministère de la Justice.*
20. Ordonnance du juge Ferré, 29 août 1975.
21. Interrogatoire d'Uros Milicevic par le juge Cornuault, 22 septembre 1975.
22. « Le mystère Markovic », *Le Point*, 20 septembre 1975.
23. « Le "repentir" d'Uros Milicevic va allonger la note de l'affaire Markovic », article de Robert Caron, *France-Soir*, 26 septembre 1975.
24. Notes de plaidoirie de Roland Dumas, 15 janvier 1975.
25. Témoignage de Roland Dumas à l'auteur, 22 juin 2021.
26. Arrêt de non-lieu, chambre d'accusation de Paris, 12 janvier 1976.
27. « Me Roland Dumas forme un pourvoi en cassation contre le non-lieu rendu en faveur de M. Marcantoni », *Le Monde*, 14 janvier 1976.
28. Témoignage de René Patard à l'auteur, mars 2014.
29. *Le Monde*, 14 août 1976.

Épilogue

1. Franz-Olivier Giesbert, *Jacques Chirac*, Seuil, 1987, p. 144.
2. François Marcantoni, *La Conjuration*, *op. cit.*, p. 108.
3. Cité par Bernard Violet, *La Face cachée des people, Showbiz, milieu, business et politique*, L'Archipel, 2009, p. 113.
4. François Marcantoni, *Mais qui a tué Markovic ?* Éditions Pierre-Marcel Favre, 1985, p. 80.
5. *Ibid*, p. 84.
6. François Marcantoni, avec la collaboration de Christian Chatillon, *Strass et voyous*, Les Portes du soleil, 2009, p. 266.
7. Lettre adressée à Jacques Isorni, 26 janvier 1981. *Archives de l'auteur.*
8. Lettre de Paul Sentenac à l'auteur, 25 décembre 2012.
9. Témoignage de Paul Sentenac à l'auteur, janvier 2013.

Index

Table

NORD COMPO
multimédia

Composition et mise en pages
Nord Compo à Villeneuve-d'Ascq

Imprimé en France par CPI
en octobre 2023

Dépôt légal : octobre 2023
N° d'édition : 597332-0
N° d'impression : 176257